JN409669

M&A 최후의 승자는 누구인가

김택수 저

SAMIL | 삼일인포마인

머리말

2015년 졸저 “M&A 최후의 승자는 누구인가”의 초판을 발행하고 나름 독자들의 호응에 힘입어 2016년 2쇄를 하였으나, 이제는 서점에서도 절판되는 상태에서 3쇄를 하기보다는 2쇄 후 변화된 인수합병 시장과 추세 등을 고려하여 M&A을 넘어서 ‘경영의 지침’이 되는 책을 개정증보판으로 만들어 보고자 하였다.

경영이란 의사결정 과정의 연속이라고 할 수 있다. 최고경영자가 어떤 사업을 할 것인지, 그 사업을 위해 어떤 물건을 만들 것인지, 그 물건을 만들기 위해 어떤 기계, 어떤 기술을 사용해서 어디서 생산할 것인지, 인력을 얼마나 투입할 것인지 모두가 최고경영자 아니면 위임받은 자가 결정해야 할 사항이다. 이러한 기업의 경영과정에서 가장 어렵고, 가슴 벅차고 설레는 결정이 아마 M&A에 대한 결정일 것이다. M&A에 대한 결정은 그 기업의 역사에서 창업 이후 기업의 발전에 아니면 기업의 운명에 가장 큰 결정적인 사건이 될 것이기 때문이다.

개정증보판에는 2쇄 발행 후 우리나라의 IMF 외환위기 과정에서 한국산업은행이 어쩔 수 없이 경영을 맡아 관리하고 있던 회사들을 공개매각을 하면서 주인을 찾아가는 과정을 설명하고, 그 M&A 과정에서 발전되는 한국 M&A 발전사를 예를 들어 설명하고 있다. 어떻든 그 전에도 부실기업 정리 차원의 관제 M&A가 있었지만, 이러한 과정을 거쳐 이제 우리나라의 M&A 다운 역사가 쓰여지고 있으며 이후는 짧은 역사에도 불구하고 괄목할만한 성장이 이루어졌다.

또한 최근에 이루어진 M&A에 대하여 살펴보았다. 삼성전자, LG전자, SK하이닉스, 롯데그룹, CJ제일제당 등의 그룹이 실행한 M&A를 분석해보면서, 그 방향성을 알아보았다. 이제까지 거래가 성사된 M&A를 살펴보면 순순히 매수자와 매도자의 의지와 의사로 M&A가 이루어져 인수목적에 부합된 인수합병이 많이 이루어진 것은 매우 바람직한 일이다.

또한 우리나라에서 한참 성행하고 있는 사모펀드 운영회사의 사모펀드의 현황과 그 활동상을 알아보고 그 역할을 검토하여 보았다.

이제까지 실행된 M&A 주체 간의 거래를 보면, 국내기업 간 M&A는 별로 가격에 대한 문제가 발생하지 않는 것 같으나 국내기업과 사모펀드, 국내기업과 외국기업 간의 M&A에는 인수가격이 문제가 되는 경우가 간혹 있는 것 같다. 언론에서 외국기업의 호갱이 되었다는 MBK파트너스의 홈플러스 인수가 대우건설 이후로 인구에 회자되는 사건이 되었다. 그 외에도 필자의 눈으로는 과도한 인수금액을 지불한 사례가 상당하다는 느낌을 지울 수 없는데, 왜 이러한 문제가 반복적으로 발생하는지 그 원인과 처방을 제시하였다.

또한 2쇄 출판 후 예를 들어 설명한 회사를 추적하여 변경된 자료나 그 후속조치에 대해 독자들의 궁금증을 풀어주기 위해 그 결과를 최신 자료로 업데이트 하였고, 최신의 예도 풍부하게 실음으로써 교과서에서 보는 이론적인 M&A와 실제 M&A 간의 괴리를 줄이도록 노력하였다.

본서는 다른 저서의 내용과 달리 M&A를 장점보다는 위험성을 강조하였으며, 특히 최고경영자의 의사결정의 실패 문제를 원인과 처방을 심도 있게 다루었다. 무엇보다도 게임이론에 입각해 제안가격을 결정하는 모델을 제시하였기에, 이에 따라 준비하고 접근한다면 정말 벅찬 감격의 순간이 찾아 올 것이다.

끝으로 개정증보판 출판을 기꺼이 권하고 용기를 준 삼일인포마인 송상근 대표이사와 조원오 전무, 그리고 편집을 맡은 분들께도 감사의 말씀을 드립니다.

2019. 9. 2.
은산 김 택 수

차례

차례

차례

차례

M&A

제 1 장

서 언

‘행복한 가정은 모두 비슷비슷하지만 불행한 가정은 모두 제각각의 이유로 불행하다.’ 톨스토이의 소설 <안나 카레니나>는 이렇게 시작한다. 그러나 비즈니스의 세계는 다르다. 성공한 기업은 모두 서로 다른 방식으로 성공했고, 반면에 실패한 기업은 비슷비슷한 이유로 사라졌다.

이처럼 기업이 성장하는 방식에는 현대(정주영 회장 시절), 삼성, LG처럼 각 사업에 대해 별도의 회사를 설립하고 시장에서 독과점적인 위치를 확보하여 그룹으로 성장한 경우도 있지만 대우, SK, STX그룹처럼 주로 M&A를 통하여 성장한 경우도 있다. 대우그룹이나 STX그룹은 M&A로 성장하였지만 그 결과는 불행하게도 그룹의 해체로 나타났고, 현존하는 재벌 중 M&A를 통하여 그룹으로 성장한 예는 SK그룹을 제외하고는 별로 많지 않다.

이처럼 우리나라의 기업 성장은 미국의 전통적인 회사인 GM, GE, 듀폰, 버드와이저(지금은 AB인베브에 인수되었음) 등과 현재 IT를 이끌고 있는 구글, MS, 페이스북 등이 주로 M&A를 통하여 폭발적으로 성장하는 것과는 매우 대조적이다.

M&A를 가장 잘 활용하여 최고의 재벌 반열에 오른 SK그룹은 우리나라에서 매우 이례적인 예이다. SK그룹에서 인수한 SK이노베이션(구 석유공사)과 석유유통회사, SK텔레콤, 워커힐 호텔 등은 매우 성공적인 M&A 결과이다. 또한 최근에 인수한 하이닉스의 경우도 주위의 우려에도 불구하고 큰 성공을 거두어 SK그룹 주력사업으로 위상을 인정받고 있다. SK그룹이 이렇게 성공적인 M&A를 수행할 수 있었던 것은 아무래도 장기에 걸친 그룹의 성장전략으로서 M&A를 치밀하고 신중하게

준비하고 연구했기 때문일 것이며, 이제는 M&A의 축적된 경험과 지식이 노하우가 되어 그룹의 보이지 않는 자산으로 형성되어 있다.

여기에 더해 눈여겨 보아야 할 그룹이 있다. 바로 한화그룹이다. 한화그룹도 한양화학(현 한화케미칼)의 인수로 화약회사에 머물던 그룹의 위상을 화학으로 확장할 수 있었고, 이후 화학회사인 삼성종합화학과 삼성토탈, 방위사업인 삼성테크윈과 삼성탈레스를 인수함으로써 석유화학과 방위사업에서 규모의 경제를 실현하여 그룹의 성장모태가 되어온 사업에서 국내외 최고의 위상을 과시하게 되었다. 한화그룹의 M&A는 다른 그룹에 비해 큰 특징이 있는데, M&A 의사결정은 인수합병에 일가견이 있는 총수의 독단적인 결단에 의해 이루어진다는 점이다.

그러나 과거에 있었던 규모가 큰 M&A에 대하여 살펴보면, 보통은 M&A에 성공하였다고 하더라도 '승자의 저주'[1]의 덫에 걸려 M&A가 그룹에 치명적인 결과를 가져온 경우가 허다하다. 과거의 예를 보면, 금호아시아나 그룹과 웅진그룹이 대표적이라 할 수 있다. 이는 결국 최고경영자의 의사결정 실패로 귀결되는 것이다. 그러한 실패로 귀결될 수밖에 없는 이유는 가치평가와 자금차입에 대한 잘못된 정보를 최고경영자에게 제공한 결과일 수도 있고, '지고는 못사는' 최고경영자의 쓸데없는

1) '승자의 저주'는 〈플루타크 영웅전〉에 나오는 이야기이다. 기원전 3세기 그리스 도시국가 에피루스의 왕 '피루스'는 전쟁의 귀재였다. 피루스는 이탈리아 반도 남쪽의 도시국가 타렌툼의 구원요청을 받고 두 차례에 걸쳐 로마로 쳐들어가 승리를 거두었다. 하지만 원정군이었던 피루스 군대 병력의 3분의 1 이상을 잃는 등 치명적인 피해를 입었다. 피루스는 철군하면서 되뇐다. '만약 이런 승리가 한 번만 더 있더라도 나는 망할 것이다' 여기에서 '피루스의 승리(Pyrrhic victory)'는 막대한 희생을 치르고 얻은 승리, 상처뿐인 승리를 일컫는다. '피루스의 승리'의 경제판이 '승자의 저주'이다. 경쟁에 이겼지만 승리를 위해 과도한 비용을 치름으로써 오히려 위험에 빠지거나 막심한 후유증을 겪는 상황을 뜻한다.

자존심으로 인수가격을 터무니없이 과다하게 지불한 탓일 수도 있다. 또한 최고경영자가 자기 회사의 위치와 역량에 대해 과대확신한 결과일 수도 있다. 어쨌든 모든 결과에 대한 책임은 최고경영자에게 귀결될 수밖에 없으므로, 최고경영자는 M&A를 단행하기 전에 인수합병의 핵심적인 내용에 대해 잘 알고 있어야 한다. 손자병법에 나오는 '지피지기면 백전불태'의 명언을 잘 새겨야 할 것이다.

신자유주의 경제학에서 전제하고 있는 '합리적인 인간'이나 '효율적 시장가설'이 작동된다면 '승자의 저주'는 발생할 수 없을 것이다. 그러나 미국의 행동경제학자 리처드 탈러는 <승자의 저주(The Winner's Curse)>에서 각종 실험과 통계를 토대로 승자의 저주가 예외현상이 아니라 일반적인 사실이라고 갈파하였는데, 이처럼 시장은 종종 비합리적인 인간의 형태에 의해 움직인다. 비합리적인 의사결정은 언제든지 일어날 수 있다는 사실을 직시하면 그러한 비합리적인 의사결정이 일어나지 않도록 기업의 의사결정 체계나 이사회와 같은 제도를 통해 제어될 수 있도록 하여야 한다.

한국의 재벌들에게 승자의 저주가 빈발하는 이유는 견제받지 않는 무소불위의 총수권력이 작동하기 때문일 것이다. 재벌뿐만 아니라 토론이나 합의 없이 모든 것을 독단적으로 결정하는 최고권력자나 리더가 지배하는 조직의 의사결정 결과로 흔히 나타나는 일반적인 현상이다.[2)]

2) 과거에 발생한 항공기 사고를 조사한 통계를 보면, 부조종사가 조종타를 쥐었을 때보다 기장이 조종타를 잡았을 때 추락사고가 훨씬 많이 발생했다. 이는 부조종사가 조종타를 잡고 있을 때는 상사인 기장이 부조종사의 행동과 판단에 자연스럽게 이의를 제기할 수 있으나, 기장이 조종타를 잡고 있을 때 부하인 부조종사가 기장의 행동이나 판단에 반대 의견을 솔직히 피력할 수 없는 결과가 통계로 나타난 것이다.

네덜란드의 하우다(Gouda)라는 도시의 시청 건물벽에는 다음과 같은 경구가 새겨져 있다.

'다른 쪽의 의견에도 귀를 기울여라(Audite et alterampartem).' 실패를 반복하지 않으려면 다시 한번 이 말의 의미를 새겨 볼 일이다.

제1절

도약에의 꿈

M&A에는 인생역전을 노리는 복권과 같이 매우 치명적인 유혹이 있다. 회사를 설립하여 성장시키는데 많은 노력과 시간이 소요되는데 비해 M&A에 성공하면 시간을 효과적으로 단축할 수 있을 뿐만 아니라 경쟁하는 동업종에서 일거에 선두주자로 나설 수 있고, 재벌순위에서 경쟁기업을 따돌리고 도약할 수 있기 때문이다. 어떤 경우에는 원하는 사회적 지위도 차지할 수 있을 것이다. CEO 입장에서는 M&A(주로 북미 기업의 경우)는 성공만 하면 지금까지의 부진한 성과를 덮어주고 보상도 듬뿍 받는 최고의 카드이다.

이처럼 상당수의 최고경영자 또는 기업가는 동업종이건 아니건 간에 이상적인 회사 또는 매력적인 회사를 만들고 싶거나 소유하는 것이 꿈일 것이다. 아무리 당첨 확률이 낮아도 누군가는 복권에 당첨되듯이 어느 한 기업가는 그러한 꿈을 현실에서 이룩하나, 대부분의 기업가는 도약의 꿈을 꾸다가 일장춘몽이 되기도 한다.

우리가 장미를 보고 있을 때에는 그 아름다움과 고혹적인 향기에 취해 장미에 가시가 있다는 것을 순간 모르고 지나친다. 그러나 그 장미를 가지고자 집어 든 순간 그 아름다운 꽃 아래 있던 가시가 손에 잡히면서 가시가 있다는 것을 알게 된다. 이와 마찬가지로 M&A에는 여러 장점이 있지만, 분명히 그 이면에는 처음에는 보이지 않았던 위험이 도사리고 있다. 그 위험이라는 것이 조금만 주의를 기울이면 바로 회피할 수 있는 것이라면 별 상관이 없겠지만, 그것이 치명적인 위험이 될 수도 있는 경우에는 그 위험을 제거하여야 한다. 따라서 M&A로 도약의 꿈을 이루고자 한다면 인수합병의 장점에 더하여 위험도 신중하고 깊이 있게 고려하여야 한다.

M&A를 인수대상회사의 최대주주의 거래의사에 따라 우호적 M&A와 적대적 M&A로 분류한다고 할 때, 우호적 M&A는 계약에 의해 우호적으로 경영권이 이전되는 것을 말하는데 이 책에서 다루고자 하는 것은 우호적 M&A에 대한 것이다. 흔히 M&A의 꽃이라 불리는 적대적 M&A는 현실적으로 매우 어렵고 위험이 크기 때문에 여기서 다루지 않는다.

현실적으로 매우 어렵다는 것은 우리나라 상법상 기업소유권을 가진 지배주주(흔히 기업의 오너)는 주주총회에서 기업경영권을 갖는 이사진을 선출하도록 되어 있으므로 주주총회와 이사회를 장악한 최대주주의 뜻에 거슬려서는 경영권 확보가 난망하고, M&A를 규제하고 있는 법률인 「자본시장과 금융투자업에 관한 법률」(자본시장법)에서도 경영권을 확보하기 위한 주식공개매수 등에 제약이 많다는 것을 말한다. 또한 위험이 크다는 것은 적대적 M&A가 실패하면 주가하락으로 큰 손실을 볼 수 있을 뿐만 아니라, 민·형사상으로 문제가 될 가능성이 크다는 것을 의미한다.

물론 SK글로벌 공격을 감행한 소버린처럼 큰 이익을 남긴 경우도 있지만, 이제까지 적대적 M&A는 상처만 남았다고 할 수 있다. 기업의 소유구조가 뚜렷한 지배주주가 없이 소액 주주로 구성되어 있는 경우에는 기업의 경영지배권을 가진 이사와 이사회에서 M&A에 대한 실질적인 의사결정을 할 수 있으므로, 그 기업을 지배하고 있는 최고경영자의 의지와 탐욕(최고경영자에게 엄청난 상여 등을 지급할 것을 약속받은 식으로)으로 적대적 또는 협잡적인 M&A가 일어나기도 한다.

누군가는 M&A에는 상상할 수 있는 가장 비관적인 시나리오보다 더 많은 시간과 자금이 소요된다고 한다. 그리고 연구결과도 비합리적인 의사결정에 의해 M&A가 실패할 확률이 높다고 한다. 그렇다 하더라도 꿈을 버릴 수는 없다. 아무리 위험한 미지의 탐험의 길도 철저한 준비가 되어 있으면 새로운 세계를 열 수 있듯이, 도약의 꿈을 실현하기 위해서 M&A라는 현실에서 위험이 되는 다음 세 가지 사항을 주목하면 실패의 확률은 낮아지고 성공의 고지는 눈앞에 있을 것이다.

첫째, 우호적 M&A 거래는 계약조건 중 기업의 '인수가격'이 중요한 요건이 된다. 그러므로 인수가격 결정을 위한 기업분석(Due Diligence와

기업실사) 및 기업가치의 평가가 M&A 과정의 핵심이라 할 수 있다. 평가된 기업가치는 인수가격을 결정하는데 기준가격 역할을 하므로, 최고경영자는 기업가치 평가에 관심을 가져야 한다. 우선 평가기준을 이해하고 평가의 기준이 될 지침을 내려주어야 할 것이며, 전문가가 평가한 결과를 재검토하여야 한다. 이후 여러 의견을 종합한 후 최종적으로 제시할 최종제안가격을 결정하여야 한다.

이제까지 이루어진 M&A의 성공 여부는 결국 인수가격의 문제일 수도 있다. 인수 후 승자의 저주에 빠진 예를 보면, 결국은 인수가격의 산정이 잘못되어 실제 기업가치보다 훨씬 많은 금액을 지불함에 따라 발생한 재무적 위험에서 발생한 경우가 많다. 승자의 저주에 빠진 금호그룹이나 웅진그룹은 높은 가격으로 매수한 바람에 결국 실패하게 된 것이고, 과거 문제가 된 석유공사의 '하베스트 트러스트 에너지'의 매입도 과도한 인수가격이 문제가 된 것이다.

둘째, 우호적 M&A에서는 신기술이나 새로운 사업모델 등 비계량적 항목들이 거래가액 결정에 매우 큰 비중을 차지한다는 점이다. 예를 들면 실리콘밸리에서 이루어지는 IT기업의 경우에는 새로운 기술이나 비즈니스 모델의 가격이 우리가 상상할 수 없을 정도로 높은 가격으로 결정되는 경우가 많다. 이는 보유하고 있는 기술이나 사업모델의 잠재적 가치를 현가화한 것으로 볼 수 있는데, 이는 그러한 가치를 인식할 수 있거나 사업안목을 가진 최고경영자의 직관에 의존할 수밖에 없다. 이러한 기업은 인수 후 성공할 확률이 일반적인 인수합병보다 매우 낮아 최고경영자 또는 사업인수책임자의 탁월한 직관이 더욱 요구된다. 만약 사업에 대한 직관이나 안목이 없으면 아예 그 방면의 M&A는 시도하지 말아야 한다. 거대한 자금을 들여 인수한 기업이 처음 기대한 수익을 올릴 수 없다면 재무적 위험은 상대적으로 커질 수 있기 때문이다.

셋째, 모든 거래에는 세금이 따른다는 점에서 M&A도 예외가 아니다. 비록 매수 측에서는 직접적인 세금문제가 없지만, 매도인 측에서는 주식 매도에 따른 양도소득세 등이 과세될 경우 그 세금을 매수인 측에 이전하려 한다면 매수가격이 올라감에 따라 영향을 받게 된다. 또한 비상장 회사를 대상으로 하는 M&A는 세무적인 문제가 더 중요한 고려대상이 된다. 예컨대 대상 회사가 부동산을 보유하고 있을 경우(특히 골프장의 경우) 기업 인수자가 인수 후 과점주주가 된다면 취득세납세 의무가 생기며, 부동산의 비중이 50%를 넘게 되면 기업을 양도하는 주주가 개인일 때 동 주식은 기타자산 해당 주식이 되어 양도소득세 누진세율(6~42%)이 적용된다. 또한 가격의 책정에 객관성이 결여되는 경우에는 제3자 증여세 과세 여부가 문제될 수도 있다.

제2절
국내 M&A 시장의 특징

❶ 시장의 특징 개관

과거 국내 M&A 시장의 특징은 크게 산업구조조정이나 부실기업정리 차원에서 정부투자기관인 산업은행의 주도하에 이루어진 M&A가 많았다는 점과 법정관리에 넘어간 기업을 파산법원이 공개경쟁입찰에 의하여 매각하는 것이 주류를 형성하고 있었다는 점이다. 그러한 예로서는 외환위기 이후 산업은행의 관리나 법정관리 중에 있었던 대형기업인 하이닉스, 현대건설, 대우건설, 대한통운 등의 매각이 이루어진 것이 대표적이다. 그런데 한국의 M&A 시장은 세계 M&A 시장과는 대조적으로 주로 비관련 다각화를 위한 이종 업종 간의 M&A 유형이 높은 비중을 차지하고 있다.

다시 말하면 세계 M&A 시장은 비용절감 및 시너지효과와 함께 시장점유율 확대를 통한 경쟁력 강화에 초점을 맞추고 있지만, 한국은 특정 시장에서 발생하는 변동이나 위험으로부터 기업 전체의 안정을 확보하기 위해 전체 자산을 키우는 소위 '몸집 불리기'를 위한 M&A에 초점을 맞추어 왔다.

근래 M&A 특징은 재무구조개선을 목표로 계열사를 사모펀드로 매각하는 M&A와 경영지배권의 공고화 등을 위한 계열기업 간의 M&A가 주를 이루고 있으나, 대주주의 경영권 보호 등의 규제로 적대적 M&A가 거의 이루어지지 않고 있는 점도 또 하나의 특징이다.

2 핵심사업의 강화와 비주력기업 구조조정

국내의 경우에는 과잉투자나 경영부실에서 오는 부실기업을 정리하는 차원에서 또는 정부의 경제정책 일환으로 산업구조조정을 꾀하는 차원에서 정부 주도로 인수기업에 금융과 세제상의 혜택을 주어가며 타율적으로 이루어진 것이 외환위기 전 인수합병의 큰 특징 중의 하나라고 할 수 있다.

최근에 우리나라에서 이루어지는 M&A는 선진국에서의 M&A와 같이 시장점유율 확대, 시너지 효과에 의한 효율성 증가, AI 관련사업(인공지능)으로 진출 등을 동기로 자율적으로 추진되는 경우가 대부분이다.

주로 재무적 안정성을 확보하기 위한 목적으로 알짜 기업을 매각하는 경우도 있고, 전문화를 위해 경쟁력 없는 산업부문을 재벌그룹끼리 서로 매각하는 경우도 있다.[3)]

이는 성장동력 확보 차원에서 원천기술의 확보, 그리고 전문화를 통한 시장점유율 확보 차원에서 바람직한 방향이다.[4)]

3 기업집단 내 M&A

국내 M&A는 기업집단 내에서의 M&A가 주류를 이루고 있다. 이는 동일 대주주의 지배하에 있으므로 M&A가 언제든지 용이하여 자회사

3) 삼성과 한화, 삼성과 롯데의 빅딜은 대표적인 사례라 할 수 있다. 삼성과 한화의 M&A는 서언(14쪽)에 설명되어 있고, 삼성과 롯데의 빅딜은 롯데첨단소재(구 SDI케미칼), 롯데정밀화학(구 삼성정밀화학), 롯데BP화학(삼성BP화학)이다.

4) 삼성은 비주력기업을 한화와 롯데에 매각하고 반도체, 스마트폰, 자율주행차에 필요한 원천기술을 확보하기 위해서 루프페이, 하만, 뉴넷케나다 등을 인수한 바 있다.

중 하나가 경영 부실에 직면하였을 때 합병을 통하여 이를 구제할 수 있고, 기업집단 차원의 조직 재정리, 재무구조의 개선 등이 대주주의 의도에 따라 손쉽게 이루어질 수 있기 때문이라고 판단된다.

이러한 기업집단 내의 M&A는 효율성 증진 등 합리적 동기보다는 대주주의 지배권 확보와 이익보호 동기에 의해서 추진되는 경우가 많아 효율적 자원배분이라는 M&A의 순기능을 충분히 살릴 수 없는 문제가 있다.

4 재무구조 개선

M&A에 의해 추구되는 여러 가지 기대효과, 즉 기술 시너지효과, 재무시너지효과, 마케팅시너지효과, 생산시너지효과 중에서 국내 M&A는 주로 금융정책, 부실기업대책의 일환으로 재무구조개선을 그 동기로 추진되는 경우가 많다.

다시 말하면 금융기관의 여신결정이 주로 자본금 규모 등 기업의 외형적 규모에 의해 결정되는 경우가 많아 은행의존도가 유난히 높은 국내기업들은 재무상황을 개선하려는 목적으로 M&A를 추진한 사례가 많았다. 그러나 M&A 이후에 인수기업과 피인수기업의 경영상황이 악화되는 경우가 많은 것으로 나타나 M&A로 시너지효과를 얻지 못하고 있다.[5)]

5 대주주소유 지분

우리나라의 M&A에 있어서 한 가지 특징적 상황은 외국에 비해 소유분산이 활발히 이루어지지 않아 대주주의 소유지분이 상대적으로 높고,

5) 한국은행 경제연구원, BOK 경제연구 〈기업인수의 재무적 성과: 한국의 사례보고〉

그 결과로 적대적 M&A가 매우 어렵다는 점이다.

따라서 공개매수에 의한 M&A가 극히 드물고 대주주 간 합의에 의한 M&A가 대부분이어서 실제로 지배권 양도에 따른 프리미엄은 대부분 대주주의 몫이고, 소액주주로의 부의 이전은 거의 이루어지지 않고 있는 실정이다.

제3절

성공적인 M&A를 위한 준비 자세

우리 기업들도 이제는 세계시장으로 진출하면서 세계 각국에 영업기지로 자회사를 설립하면서 다국적화하고 있으며, 각 사업분야에서 세계 랭킹 상위에 오르면서 거대 기업으로 성장하고 있다. 이러한 성장전략으로서 가장 강력한 수단이 M&A 전략이다.

SK하이닉스가 메모리 시장의 우위를 확보하기 위해 원재료의 수직 계열화를 추구하기 위해 에스케이실트론을 인수한 것이나, CJ제일제당의 세계시장을 확보하기 위한 냉동식품회사 전문업체 쉬완스컴퍼니(Schwan's Company)를 인수한 것, LG그룹이 전장사업의 시장점유율 확보를 목적으로 세계 최대 자동차용 헤드라이트 및 조명업체인 ZKW를 인수하는 등 여러 기업에서 활발한 M&A가 일어나고 있다. 하지만 M&A에 대한 경험과 지식이 부족한 상태에서 치밀한 준비 없이 기업 M&A를 시도하거나 M&A 과정에서 발생하는 많은 문제를 해결하지 못하면 기업 전체가 위험에 빠질 가능성도 매우 높다.

기업 전체의 운명을 짊어지고 있는 CEO가 M&A를 시행하기 전에 준비해야 할 사항을 6가지로 요약해 보았다.

① 전략적인 의사결정이 필요하다

M&A의 목적은 시장확대, 제품군의 다양화, 지적자산의 획득, 비관련 사업 다각화, 시장의 독과점 강화 등 다양한 양상이 있다. 최고경영자의 장기적인 경영정책에 따라 M&A의 목적이 달라질 수 있으므로, 최고경

영자의 전략의지가 매우 중요하다. M&A가 성공할 경우 전략목표가 달성되어 획기적으로 회사가 성장할 수도 있지만, 실패할 경우에는 생존이 문제가 될 정도로 심각한 위험에 빠질 수도 있다. 이러한 결과가 초래되는 것은 M&A 의사결정이 전략적 의사결정의 요소를 가지고 있기 때문이다.

M&A에 대한 전략적 요소를 살펴보면 다음과 같다.

첫째, 최고경영자의 의사결정이 필요한 사항이다. M&A는 기업 내부의 여러 부문과 동시에 관계되기 때문에 전사적인 안목과 자원배분의 권한을 가진 최고경영자의 결단이 필요하다.

둘째, 대규모의 자원동원이 필요한 경우가 많다. M&A는 대규모의 투자가 필요하기 때문에 자본 · 인적자원 · 물적 자산에 관한 심각한 배분 문제를 발생시킨다.

셋째, 기업의 경영성과에 장기적인 영향을 미친다. M&A는 장기 투자의 문제를 다루며, 이러한 투자결과의 영향은 오랫동안 지속된다.

넷째, 미래지향적이다. 특히 현재의 사업을 미래의 사업으로 전환하고자 하는 목적으로 M&A를 하려는 경우에 특히 그렇다. 이러한 사업의 인수는 현재의 지식과 정보보다는 미래에 대한 예측과 상상력에 기초한다.

다섯째, 외부환경에 대한 고려를 중시한다. M&A에 대한 의사결정은 경쟁자 · 소비자 · 공급자 · 정부 등 외부로부터의 영향을 고려하여 결정되어야 할 사항이다.

❷ M&A의 목적 또는 필요성이 절실해야 한다

M&A를 성공적으로 끝내기 위해서는 명확한 M&A 목적 또는 필요성을 절감하여야 한다. 즉, 회사의 필요에 따라 시장지배력의 확대나 규모의 경제를 달성하기 위해 M&A가 필요한 것인지 아니면 사업다각화 또는 브랜드 획득, 기술 확보, 인재 확보를 위해 M&A가 요구되는 것인지 명확하게 정의하여야 하고, 그것이 회사의 상황에서 절실한 것인지 숙고하여야 한다.[6)] 이러한 필요성은 최고경영자가 숙고해 보고, 그 결과에 대하여 객관적인 외부 컨설턴트에게도 자문해보는 것이 좋다. 만약 최고경영자가 내부 임직원에게 인수합병의 필요성을 질문하면 익명성이 보장되지 않는 상황에서는 최고경영자의 의사를 금방 알아차리고 그 의견에 동조할 가능성이 높으므로[7)] 객관적인 해답을 얻을 수 없을 것이다.

---

6) 일본 경영자 사이에 최고의 스테디셀러인 1984년 출간된 『실패의 본질』에서 목표 또는 목적의 중요성을 음미해 보자. 태평양전쟁 때 일본군이 벌였던 미드웨이 · 과달카날 등 6개 작전을 예로 들면서 일본군이 전략목적 관점에서 어떻게 실패했는지 분석한 책이다. 이 책이 지적하는 당시 일본군의 최대 문제점은 작전의 목적이 불분명했다는 것이다. 일본군은 각각의 작전을 통해 무엇을 얻으려 하는지에 대한 판단이 지휘부에서부터 흔들렸다. 작전이 성공하기 위해서는 목적이 명확해야 하고, 그 목적을 참가한 구성원이 공유하고, 구성원 각자가 임무를 정확히 인식해야 한다고 이 책은 설명하고 있다. 이 책에서 목표설정의 실패 사례로 미드웨이 해전을 든다. 진주만 공습으로 기선을 잡았던 일본 해군이 압도적인 전력을 갖고도 미군에 참패한 전투이다. 당시 일본군의 목적은 처음에는 미드웨이 섬 공략, 나중에는 미 함대 격멸로 바뀐다. 작전 목적이 애매했던 데다 시간에 따라 바뀌었기 때문에 각 함대 사령관과 함장들도 작전 목적과 임무를 제대로 공유하지 못했다. 반면 미 해군의 니미츠 제독은 처음부터 '항공모함 이외에는 절대 손대지 마라'며 항모격멸에만 집중했다. 항모부터 없애 해전의 주도권을 잡고, 이후 일본의 거점을 하나씩 차지한 뒤 일본 본토로 들어가 전쟁을 끝낸다는 계획의 첫 단계임을 분명히 했고, 이러한 의도는 여러 함장에게까지 정확히 전달되었다. 미국은 작전의 목적을 명확히 하였기 때문에 전쟁에서 승리할 수 있었다는 것이다. (조선일보 Weekly Biz(2014. 4-5) C1 최원석 기자)

7) 권력거리지수가 높을수록 동조할 가능성이 높아진다. 권력거리지수는 네덜란드 조직인류학 연구자인 헤이르트 호프스테더가 '상사에게 반론할 때 느끼는 심리적 저항을 조사하여 수치화한 것이다. 각국의 문화적 풍토에 따라 나라마다 차이가 있다.

그렇다면 최고경영자가 행하려고 하는 M&A의 작전 목적은 무엇일까? 그리고 그 목적과 자신의 역할을 구성원이 얼마나 공유하고 있을까? 단순히 자산규모를 늘려 재벌그룹 행세를 하고 싶어서 그러는지 아니면 그룹 순위를 끌어올리기 위해서인지 냉정하게 따져보아야 한다. 예전에 운송과 물류, 화학에 특화된 금호그룹이 대우건설을 인수한 것은 그룹 순위를 끌어올리기 위한 것 이상으로 그 필요성을 찾기 힘들고, 각 사업 단위별로 독립사업을 하는 웅진그룹이 이제까지의 사업경험과 연관성이 거의 없는 극동건설을 갑자기 인수한 것도 재벌그룹으로 발돋움하고 싶은 유혹이 크지 않았나 싶다. 따라서 냉정하게 인수하고자 하는 사업이 기존의 사업과 시너지 효과가 난다든지, 향후 먹거리 사업으로 매우 적당하다든지 하는 객관적인 분석이 따라야 할 것이다.

3 기존 사업과의 적합성의 검토가 필요하다

최고경영자가 처음 의도했던 인수합병 목적을 달성하기 위해서는 보통 세 가지의 적합성을 확보하여야 하는데 여기에는 재무적 적합성, 전략적 적합성, 인적·조직 문화적 적합성이 있다.

먼저 재무적 적합성은 인수합병 기업이 인수합병 후에 재무적으로 건실한 상태를 유지할 수 있는가를 의미한다. 만약 재무적 적합성에 대한 검토가 제대로 이루어지지 못하면, 기업인수에 필요한 적절한 자금조달을 하지 못하여 향후 현금흐름이나 수익에 대한 잘못된 추정을 하게 되어 M&A가 실패하게 된다. 과거 M&A 후 재무적 위험에 빠진 예가 이를 반증한다.

전략적 적합성은 인수합병 기업이 인수합병 후에 시장에서 경쟁력 확보나 핵심역량의 강화 등을 촉진할 수 있는가를 의미한다. 이는 인수합병 기업이 향후 지속적으로 성장할 수 있는가에 대한 여건을 파악·조성하는 일이기 때문에 중요하다.

다음으로는 인적·조직 문화적 적합성은 서로 다른 기업문화, 관리시스템, 조직구조, 임금체계를 가지고 있는 기업들이 합병 후 새로운 하나의 조직으로 통합하여 인수합병의 목적에 맞게 시너지 효과를 내는 일이다. 인수합병을 경험한 관리자들은 통합과정에서 가장 중요한 이슈는 사람에 관한 것이라고 지적한다. 예전에는 인수합병에서 공장이나 시설 등 자산이 상대적으로 중요하게 생각되었지만, 이제는 핵심 인재의 유지가 가장 중요한 이슈가 되고 있다.

인수합병이 피인수기업 인재들에게 첫째, 자리에 대한 안정감을 주어야 하고 둘째, 자신감을 심어주어야 하며 셋째, 새로운 기회를 가져다준다는 점을 인식시켜야 한다. 또한 핵심 인재들은 인센티브를 주어서 붙잡아야 한다. 이때도 신속함이 생명이다. 속도가 늦어지면 늦어질수록 능력 있는 핵심 인재들은 먼저 회사를 떠날 수 있다. 자칫하다간 핵심 인재는 다 빠져나가고 둔재들만 남아 있는 깡통조직을 얻게 된다. 이러한 조치를 신속히 취하는 것은 각 기업이 보유하고 있는 인력과 기술, 조직을 완전히 흡수통합하여 인수합병을 성공적으로 이끌기 위해서 필요하며, 이는 새로운 회사의 성패를 결정짓는 매우 중요한 일이다.

이제까지의 인수합병 사례를 보면, 재무적·전략적 적합성에 대해서는 매우 구체적인 사항까지도 사전 검토가 이루어지는 것이 일반적이다.

이는 재무적·전략적 적합성의 검토 결과가 기업 인수가격 등과 같이 당장 가시적인 결과로 나타나기 때문이다. 그러나 인수합병의 실패로 끝난 사례를 보면 인적·조직 문화적 적합성에 대한 충분한 사전 검토가 이루어지지 않은 것으로 나타난다. 예를 들어 인수합병 후 양기업의 중복되는 연구개발, 영업, 생산과 같은 부문을 어떻게 처리하여 시너지를 확보할 것인지, 또한 엔지니어, 마케팅 기획자, 일반관리자 등의 통합으로 인한 잉여인력을 어떻게 배치할 것인지, 각 관리자, 중간관리자 등을 인수기업 아니면 피인수기업 출신으로 할 것인지 등 어떻게 하면 통합기업으로서 인수합병의 목적에 맞는 충분한 역량을 발휘할 것인지 등에 대해서는 사전에 충분히 검토를 하지 않는 것으로 나타났다.

대한전선은 지금은 (주)니케로 오너가 바뀌었지만, 한때는 진로그룹 부실채권에 투자하여 현금을 약 2,500억 원 확보하여 그 자금으로 남광토건을 인수하는 등 맹렬히 M&A를 시도하여 자회사를 매우 많이 늘렸었다. 전선을 생산하는 회사가 뜬금없이 건설회사인 남광토건 등을 인수한 것이 과연 회사의 사업구조와 기존의 기업문화와 어울릴 수 있었을까 하는 의구심이 든다. 아마 오너의 생각으로는 이전 공장의 신축과 기존 공장터의 개발을 위해서 건설회사를 인수하지 않았을까 하는 생각이 든다. 이후 대한전선은 부채를 감당할 수 없는 상태가 되자 그 부채를 해결하기 위해 비싸게 취득한 자회사 및 주식 등을 싼 가격에 처분하였으나 부채 등이 크게 줄어들지 않아 불어나는 이자 등을 감내할 수 없었고, 결국 재무적으로 해결할 방안이 없어 그냥 경영권을 놓아버린 것이다. 만약 자회사를 늘리는 전략보다 그때 그 자금으로 부채를 모두 갚아버렸다면 지금의 대한전선은 어떻게 되었을까 상상이 갈 것이다.

또한 M&A를 가장 잘한다는 SK그룹도 기업문화와 전혀 맞지 않는 인터넷 사업에서 실패한 사례를 보여주었다. 싸이월드와 검색엔진인 엠파스 등을 인수하여 의욕적으로 출발하였으나 결과는 싸이월드는 PC에서 모바일로 시장 패러다임이 변화하는데 뒤떨어짐에 따라 분사하게 되었고, 검색엔진 엠파스는 매각하려 해도 인수자가 없어 자연도태하게 되었다. 결국은 기업문화와 맞지 않는 사업을 시도하다 많은 자금과 사업기회를 날리는 결과를 가져왔다.

4 체계적인 위험관리 시스템이 필요하다

M&A는 다양한 목적을 가지고 실현되고 있지만, 그 목적이 무엇이든 M&A의 본질은 바로 변화에 있으며 이는 불확실성과 위험을 의미한다. 결국 M&A 과정에서 이루어지는 변화들을 이해하고 그에 따른 여러 가지 위험들에 대비하지 않는다면 성공적인 결과를 기대할 수 없을 것이다. A.T.Kearney는 효과적인 위험관리가 M&A 성패를 좌우한다는 내용의 연구결과를 발표한 바 있다.

과거 몇 년간 전 세계적으로 이루어진 M&A 결과, 전체 통합기업의

58%가 주주가치를 증가시키지 못한 것으로 나타났으며, M&A 과정에서 효과적인 위험관리 시스템이 운영되지 않았던 것으로 나타났다. 이러한 연구 결과에서도 나타나듯이 M&A를 추진하는 상당수의 기업들이 위험관리에 큰 관심을 보이지 않고 있다. 그러나 잠재적 위험요인의 파악과 철저한 검토가 선행되지 않는다면, 실제 발생하는 위험에 대응할 수 없음은 물론이고, 결과적으로 M&A의 성공을 기대하기 어렵게 될 것이다.

대표적인 실패 사례로 STX그룹을 들 수 있을 것이다. 흔히 전후방 수직계열화를 하면 매우 유리할 것 같지만, 그만큼 위험도 따른다는 것을 이해해야 한다. 이 그룹은 처음에는 선박 관련 엔진 등 단조제품 등을 생산하는 회사로 시작하여 대동조선을 인수하여 STX조선회사로 사세를 키우다가, 이후 선박으로 장사하는 범양상선과 크루즈선박을 만드는 노르웨이의 아카야즈(현 STX유럽)를 인수하였다.

이후 STX조선은 중국 대련에 거대한 조선소를 건설하는 등 사세가 엄청나게 신장하여 한때 재계 순위 12위까지 올라갔으나, 조선해운 경기의 불황으로 모두가 쓰나미에 휩쓸리는 꼴이 되었다. 조선해운 경기가 좋을 때는 시너지 효과가 나서 신장속도가 빠르다는 장점이 있지만, 불황에는 그 불황의 충격을 완화시킬 수 있는 장치가 없어 바로 도산될 위험에 처하게 된다.

이처럼 새로 인수할 회사가 그룹의 사업에 시너지가 될 것인지, 아니면 불황에 닥치게 되면 치명적인 위험이 될 것인지 심도 있게 검토하여야 한다. 보통 사업을 인수하게 되거나 새롭게 시작할 때면 장점은 크게 보이고 단점은 거의 보이지 않거나 무시되는 경우가 많다. 특히 오너가 무엇인가 하려고 할 때는 임직원의 입장에서는 거의 드러내 놓고 반대하기가 어렵다. 따라서 오너가 임직원의 솔직한 의견을 들으려면 되도록 인수하겠다는 속내를 드러내 놓지 않는 것이 좋다.

5 인수에 소요될 자금의 규모가 감당할 수준인가

M&A 전략에 있어서 가장 중요한 사항이 자금조달계획이다. M&A는 다양성과 비정형성을 띠고 있기 때문에 다양한 자금조달 기법을 동원할 수 있지만, 인수기업의 재무구조와 자금조달능력에 따라 다를 수 있다. 현재의 재무구조가 양호하다면 재무구조가 나빠지지 않을 정도의 범위에서 자금을 차입하여도 무리가 없겠지만, 그렇지 않을 경우에는 인수를 포기하는 것이 좋을 것이다. 재무구조가 한번 나빠지면 그 나빠짐의 정도가 기하급수적으로 나빠지기 때문이다. 예를 들어 빚을 얻어 빚을 갚는 구조가 되면 이자율이 급속히 올라가고, 그러다 일 년이면 부채가 갑절이 되어 있는 경우가 종종 있다. 그런데 오너는 절대 그런 생각을 하지 않는다. 그래서 무리하다고 조언을 해도 운영하는 데 문제가 없다고 생각하는 경향이 있다. 그런 성격 탓으로 무리하게 차입하여 인수하려고 하는데, 이는 매우 위험한 발상이다.

과거의 예를 보면 재무구조가 시장에서 별로 좋지 않다고 생각한 그룹인 금호그룹이 계속해서 대우건설, 대한통운 등을 인수하였을 때 시장에서의 신호는 부정적이었다. 이는 외부에서는 객관적으로 평가하였으나 내부 경영진은 안이한 생각에 젖어 있었다는 것을 의미한다. 또한 지금에 와서는 현대그룹이 현대건설을 인수하지 않았다는 것을 안도의 눈으로 보는 시각도 있다. 만약 현대그룹이 4조 원의 가격으로 현대건설을 인수하였다면, 그 결과는 그룹의 해체로까지 이어질 수도 있는 일이었을 것이다.[8] 그런 의미에서 보면 한화그룹이 대우조선해양의 인수를 포기한 것도 매우 잘한 일이라고 본다.

만약 어떤 회사를 인수한다면, 인수 후 인수자금 정도의 유동성을 바로 확보하여야 한다. 과거 STX그룹이 범양상선을 인수할 때 유동성에 대하여 걱정하였지만 STX는 범양상선을 싱가포르 증시에 상장하여 인수자금을 모두 회수하는 재무적 전략을 구사하여 시장의 우려를 한방에 날려버린 바가 있다.

6 M&A에 적절한 시점이어야 한다

일반적으로 기업을 창업하고 규모 있게 성장시킨 경영자 중 일부는 사업의욕이 매우 강하여 M&A를 하고자 하는 욕심이 과한 경우가 있다. 아니면 흔히 재벌 또는 사업가의 2세들이 세습 경영하는 경우 선대 창업자에 버금가는 업적을 쌓을 목적으로 M&A 시장에 뛰어들어 그룹의 규모를 키우고 싶어 한다. 그러나 모든 것이 때가 있듯이 다음과 같은 단계를 밟아 M&A 시장에 들어와야 성공할 확률이 높다.

첫째, 우선 재무구조의 개선에 힘써야 한다. 실제 금융비용이 발생하는 차입금을 거의 쓰지 않을 정도로 재무구조가 탄탄해야 한다. 현금이 풍부하게 되면 거래 시 현금으로 결제함으로써 할인해서 자재를 구입하는 등 다른 경쟁기업에 비해 월등한 가격경쟁력을 확보할 수 있다. 만약

8) 현대그룹은 2016년 8월 그룹의 주력기업이라 할 수 있는 현대상선이 현대그룹에서 분리됨에 따라 현대엘리베이터가 지주사 역할을 하고 있으나, 그 규모가 대폭 축소되었다.

현금성 자산을 충분히 확보하지 못한 상태에서 자사 상품과 제품의 시장이 불황국면에 접어들게 되면 단기간에 회복되지 않아 불황기간을 견딜 수 없는 어려운 경우에 처할 수 있다.

둘째, 어느 정도 재정적으로 안정이 되고 자사제품이 시장에서 안정적으로 매출을 달성하면 급여수준을 동종 업종에서 최고 수준으로 끌어올려야 한다. 그래야 좋은 인재들이 모여들게 되며, 뛰어난 인재들은 더 뛰어난 인재를 끌어들여 회사를 발전시킨다. 이렇게 인재들이 모이면 능력이 모자란 직원들도 각성하게 되거나 아니면 자연스레 도태되어 조직이 인재들의 집단이 된다. 결국 M&A도 사람이 하기 때문에 사람에 투자하는 것이 성공의 지름길이 될 수 있다.

셋째, 만약 어느 업종으로 외연을 늘리고자 할 때는 미리 그 분야에 경험과 능력이 있는 직원을 채용하여 연구시킬 필요가 있다. 그러면서 그 분야의 전문가를 초청하여 강의를 듣거나 자문계약을 체결하고 오랫동안 자문을 받아야 한다. 같은 업종으로 진출하는 것보다 다른 업종으로 진입하는 것이 실패 확률이 훨씬 높기 때문에 철저한 사전준비로 위험관리를 해야 하기 때문이다.

넷째, 자금을 일부 차입하여도 재무상태에 별 영향을 미치지 않을 정도로 재정적으로 안정되어있고,[9] 인재들이 확보되어 있을 때 이제까지 연구 내지 자문을 받은 분야의 사업매물이 있다면 그때가 비로소 M&A를 검토할 시점인 것이다.

9) M&A에 있어서 자금조달 방식으로 경영권과 무관한 재무적 투자자를 구하여 기업을 인수하는 방식도 있으나, 재무적 투자자는 안정적인 투자 자금의 회수를 위하여 전략적 인수자의 보증을 요구하므로 재무적 위험에서 완전히 벗어나기는 어렵다.

이러한 절차를 요약하면 우선 회사의 성장을 위해 매출신장과 재무 안정성에 치중하고, 어느 정도 안정이 되면 보다 큰 사업 또는 새로운 사업에 맞는 인재를 구하여야 한다. 다음으로 인수합병을 고려하는 것이 가장 바람직하다는 것이다.

M&A를 잘 구사한다는 평을 듣는 SK그룹과 한화그룹 같은 기업집단은 나름대로 노하우가 쌓여 있지만, 중견기업보다 한 단계 위에 있거나 아니면 10대 그룹 밖에 있는 그룹은 M&A 경험이 일천하고 M&A가 오너에 의해서 좌우되기 때문에 인수합병 후 위험에 처하는 경우가 많다. 따라서 M&A를 검토할 때는 최고경영자와 경영진은 매출과 같은 외형, 재무안정성, 사업에 대한 경험과 지식을 갖춘 인재집단의 포진 같은 요건을 갖추었는지 자문해 볼 필요가 있다.

제2장

M&A 개요

19세기 중반 미국을 중심으로 기업이 대형화되고, 시장체제가 강화되는 과정에서 자유경쟁이 심해짐에 따라 독과점의 욕구가 강하게 분출되었다. 경쟁이 심해지는 상황에서 이윤을 확보하기 위해서는 담합이나 경쟁제한이 절실한데, 이보다 더 강력한 수단은 경쟁업체를 인수합병함으로써 독점적인 지위를 유지하는 것이다. 이러한 목적에서 동일 산업군에서 수평적 결합이 유행하였다. 이에 따라 미국 시장은 지역시장에서 단일시장으로 급속하게 통합되었고, 독점의 피해와 두려움은 반독점법의 제정을 가져오기도 하였다.

1914년에 미국에서 제정된 클레이튼법이 주식매수를 통한 기업결합을 불법화하자 기업들은 가격경쟁력에 의한 독점을 유지하고자 원료에서 부품, 부품에서 완제품까지 수직계열화를 시도하기 위해 원료회사 또는 부품회사를 인수통합하는 단계에 이르게 된다. 이때 대표적인 기업인 포드는 자동차용 철강에서 자동차까지 생산하는 수직계열화를 완성하게 된다.

이후 반트러스트법의 강화로 수평적 · 수직적 결합이 제한됨에 따라 넘쳐나는 자금으로 다른 업종에 진출하는 M&A가 일어남에 따라 기업은 거대 복합화되었고, 그 결과 기업집단이 형성되게 되었다.

이후에는 독과점법의 제약으로 독과점을 형성하기 위한 M&A가 제약을 받고 있으나, 그럼에도 불구하고 기업의 내적 성장이 한계에 달한 경우나 시장 환경 변화에 신속하게 대응하기 위한 성장 전략의 하나로 다른 기업을 인수하는 M&A가 꾸준히 이루어지고 있다.

이처럼 기업들은 시간이 오래 걸리는 내적 성장에서 탈피하여 팽창적 성장이 가능한 외적 성장을 추구하면서 자연스럽게 M&A가 필요하게 되었다. 여기에서 말하는 내적 성장이란 기업의 내부자원을 이용해 성장을 추구하는 것이고, 외적 성장이란 기업의 외부자원, 즉 다른 기업의 자산을 이용하여 성장을 추구하는 것을 의미한다.

따라서 M&A는 내부혁신을 통한 성장보다는 외부재원을 통한 시장지배력의 확대와 규모의 경제실현으로 기업의 외적 성장에 중점을 두고 있다고 할 수 있다. 내적 성장은 기업이 보유한 내부자원을 활용하여 경쟁력을 증대시키거나 기업의 규모를 확대해나가는 것이나 이러한 내적 성장전략은 기업의 시장에 대한 민첩한 접근을 어렵게 할 수도 있으며, 기술 및 인재의 확보를 어렵게 할 수 있다. 반면 외적 성장전략은 기업으로 하여금 시장에 이미 존재하는 기업이나 사업부문을 인수합병하여 시장지배력 강화, 기술 및 인력확보 등을 통한 시너지실현 등을 용이하게 할 수 있다. 이와 같이 M&A는 외적 혁신을 통해 기업의 규모 및 범위의 경제를 실현하거나 시장지배력을 강화함으로써 인수합병 기업의 가치 및 이윤을 극대화하는 전략으로 이용되고 있다.[10)]

M&A의 필요성과 목적은 그렇다 하더라도 본질적인 의미에서 M&A는 기업 자체를 하나의 상품처럼 취급하여 거래하는 것인데, 이는 경영권의 이전과 획득을 목적으로 시장논리에 의해 이루어지는 경제적인 거래라고 정의할 수 있다.

이러한 의미에서 M&A는 자본주의 발전단계 중 비교적 최근의 것으로서 기업 지배구조의 변동을 초래하는 매우 고도화된 자본거래라 할 수 있다.

10) 남영호 · 안병선 · 진현식, 『전략적 M&A 실무』, 세명서관(2010), p.17

제1절

M&A의 의의

1 M&A의 의의

M&A(Mergers & Acquisitions)란 합병과 인수를 의미한다. 기업 간의 M&A는 두 개 이상의 기업 간의 합병(Mergers)과 인수(Acquisitions)를 통칭하는 말이다. 합병은 두 개 이상의 기업이 계약 및 동의에 의해 법률적·사실적으로 하나의 기업이 되는 것을 말하며, 인수는 경영권 획득을 목적으로 인수기업이 대상기업 주식이나 자산의 전부 또는 일부를 취득하는 것을 말한다. 여기에서 기업인수는 합병에서와 같이 법적인 형태의 변화를 가져오기보다는 주주 간의 주식 또는 자산의 이동을 통한 지배권의 변화를 가져오게 되는 점이 합병과의 차이점이라 할 수 있다.

최근에는 M&A가 넓은 의미로 사용되고 있다. 즉 법률적·경제적으로 독립성이 소멸되고, 완전한 결합의 형태를 취하는 기업합병은 물론, 법률적 독립성은 유지되나 금융적으로 결합한 형태를 취하는 기업매수와 금융적 관련을 맺는 합작관계 또는 전략적 제휴까지를 포함해 M&A 개념으로 보고 있다.

M&A와 유사한 개념으로 구조조정과 기업결합을 들 수 있다. 구조조정은 자산차원의 구조조정과 인력차원의 구조조정으로 구분되는데, 주로 조직 내에서 이루어진다는 점이 외부적인 것과 관련된 M&A와 구분된다. 또한 기업결합은 경제력 집중을 억제하기 위한 「독점규제 및 공정거래에 관한 법률」(공정거래법)상의 개념으로, 주로 상법상의 개념인

M&A와 구별된다. 공정거래법에서 기업결합은 자산총액 또는 매출액의 규모가 일정 수준 이상인 기업이 타회사의 주식취득 또는 소유, 임원겸직, 합병, 영업양수 등을 통해 실질적으로 경영을 지배하는 것을 말하며, 이 경우 일정한 거래분야에서 경쟁을 실질적으로 제한받게 된다. 기업결합은 M&A에 포함되는 합병, 영업양수, 주식취득 외에 임원겸직 등이 포함되므로 M&A보다 광의의 개념이고, 한편으로 그 적용대상이 일정 규모 이상인 기업에 한정된다는 차원에서는 M&A보다 협의의 개념이다.

2 기업합병과 기업인수의 차이점

합병은 둘 이상의 기업이 계약에 의해 통합되어 법률적·사실적으로 하나의 기업이 되는 것을 말하며, 인수는 경영권 획득을 목적으로 하나의 기업이 인수대상기업의 주식이나 자산을 전부 또는 일부를 취득하는 것을 말한다.

따라서 기업합병과 기업인수는 다음과 같은 차이점이 있다.

첫째, 기업합병은 둘 이상의 기업이 법적으로 하나의 기업으로 변모하는 것이므로 피합병회사는 그 법적 독립성이 없으며, 그의 채권과 채무는 합병회사로 귀속된다. 하지만, 기업인수의 경우 피인수회사의 경영과 법적 독립성이 유지되어 인수대상기업의 채권과 채무가 인수회사로 귀속되지 않는다.

둘째, 법적 절차상 기업합병은 이사회나 주주총회의 결의가 있어야 하지만, 기업인수는 예외적인 경우를 제외하면 피인수기업의 이사회나 주주총회의 결의가 필요하지 않다. 또한, 인수기업이 피인수기업에 대한 지배의지가 더 이상 존재하지 않으면 지분을 처분하여 지배관계를 청산할 수 있다. 따라서 기업인수는 법률적으로나 절차상 기업합병에 비해 간편하게 기업결합을 할 수 있는 방법이라고 할 수 있다.

제2절
M&A의 목적

M&A는 그 동기가 어디에 있더라도 기본적으로 인수 후의 기업가치가 인수 전 기업가치보다 커진다고 할 때 비로소 그 의미가 있고 추진의 동력이 생길 것이다. 여기서 양자의 가치 차이에 의한 메리트를 시너지라고 한다면, M&A 추진에 있어서 흔히 포함되어 있는 프리미엄이라는 것도 이 시너지에 대한 대가로 볼 수 있다. 결국 M&A가 발생하는 동기에 대한 연구는 M&A를 통해 어떤 시너지 또는 어떤 메리트를 추구하느냐로 귀착된다 할 것이다.

현실적으로 기업이 M&A를 추진하는 동기는 해당 기업의 특수한 사정 외에도 대상거래의 내용 및 형태에 따라 달라질 수 있다. 그 요소는 첫째, 기업성장과 이익의 확보를 위한 시장지배력의 확대의 요구, 둘째, 제품의 가격경쟁력 강화를 위한 원료부터 완제품까지 수직적 계열화의 요구, 셋째, 시장의 성장둔화와 협소함에 따른 사업다각화의 필요성, 넷째, 산업구조 변화에 대응한 해당 부문의 매각, 분할분리 등의 기업구조 개편 등을 들 수 있다. 이를 세분화하여 설명하면 다음과 같다.

1 시장지배력 증대

기업성장과 지속성 유지로서 기업의 목표는 이익에 있다. 시장수익률을 넘는 이익은 독점에서 나온다. 독점은 연구개발과 창작의욕을 북돋우기 위해 특허법에 의해 일정기간 보호되는 독점과 공정거래법의 제약을 받는 독점으로 나눌 수 있으나, 그 독점 이익이 절대적으로 확보된다는 점에서 양자는 유사하며, 독점에 대한 유혹은 매우 치명적이어서 위법을 자행하거나 우회하고자 할 정도로 강하다.

수평적 M&A는 규모(생산능력)의 확대 및 생산의 일관성을 추진하여 생산원가 절감, 시장지배력의 증대로 가격결정력을 높여 초과이익을 얻고자 하는 동기에서 출발한다. 기업은 시장점유율을 확대하기 위하여 거대한 일관 생산시설을 설치하거나 관세장벽을 뛰어넘어 세계적으로 판매를 확대하기 위하여 외국에 생산기지와 판매유통망을 확보하기도 한다. 또한 이러한 관점에서 국내를 넘어 외국의 동종 업체를 인수하기도 한다.

우리가 잘 알만한 미국의 거대기업의 역사는 한 마디로 M&A의 역사라고 말할 수 있다. GM, GE, 듀폰, ITT, 스탠더드 오일, 유니온스틸, 말보로 등은 모두 초기에는 수평적 결합이라는 M&A를 통해 몸집을 키웠다. 이들 거대기업은 경쟁사를 쓰러뜨리기보다는 아예 경쟁기업을 통째로 매수해버리는 것이 시장지배력을 확보하기 위한 훌륭하고 신속한 방법임을 알고 경쟁기업을 합병함으로써 몸집을 불려왔다. 자동차, 전기, 통신, 정유, 철강, 금융업종 등은 남북전쟁을 계기로 그리고 광범위하게 깔린 철도망을 통해 미국시장이 단일시장으로 재편되면서 시장지배력을 강화하기 위해 동종 업종을 합병하는 수평적 M&A가 광범위하게 유행하였으며, 이를 계기로 미국시장은 지속적 성장을 유지하면서 거대한 시장으로 변하였다.

최근에는 새로운 사업모델에서 시장지배력을 확대하기 위해서 이익과 상관없이 규모(매출)를 확대하려는 경향이 있다. 풍부한 자금을 조달하여 손실을 메꾸면서 오로지 사업의 규모를 키워 시장을 지배하려는 의도이다. 전자상거래 업체 쿠팡이나 위메프, 티몬 등을 보면 모바일 전자상거래 사업에 진출하면서 예전에는 상상할 수 없는 자금을 투입하면서 기존의 홈쇼핑업체나 PC에 의한 전자상거래 업체를 위협하고 있다. 이러한 전략을 선택한 업체는 전자상거래업체 아마존이 효시일 것이다. 아마존의 설립자 제프 베조스(Jeff Bezos)는 영업이익과 상관없이 오로지 매출 확대에만 집중했다. 그 결과 오프라인 소매업의 최고 강자인 월마트에 매출 규모로는 미치지 못하지만, 매출의 성장에는 월마트를 훨씬 초과하는 실적을 보임으로써 아마존의 주가는 높게 형성되었다. 주가가 높게 형성된다는 것은 향후 기업가치가 높아질 수 있다는 의미이므로, 영업손실이 발생하더라도 자금을 확보할 수단을 가지게 된다. 이러한 시장확보 전략에는 위버 등도 참여하고 있다.[11] 싸고 풍부한 자금을 바탕으로 시장을 선점하고 시장지배력을 확대함으로써 결과적으로 독점적인 이익을 누릴 수 있다는 치밀한 계산에서 나온 행동이다.

2 수직계열화를 통한 가격 경쟁력 확보

수직계열화는 원재료부터 완제품까지 일관생산을 함으로써 생산원가 절감을 통해 가격결정력을 높여 초과이익을 얻고자 하는 동기에서 출발한다. 수직적 결합은 제품의 원재료에서부터 완성품까지 일관된 생산시스템을 갖추기 위해서 시도하는 M&A라고 할 수 있다. 예를 들어 현대자동차 그룹이 한보철강을 인수하여 자동차생산에서 가장 큰 비중을 차지하는 부품 중 하나인 철판을 계열사가 생산하여 공급하게 하고, 자동차

11) 현재는 이러한 전략이 한계에 부딪치고 있다는 평가가 나온다. 자금을 조달하기가 어려워지면서 더 이상 영업손실을 감당하면서 기업을 유지하는 것이 지속가능하지 않다는 주장이 힘을 얻어가고 있다.

엔진 등에 들어가는 특수강을 공급받기 위해 특수강 생산업체인 동부특수강주식회사를 인수하는 것 등이 수직계열화의 가장 적합한 예이다. 이러한 수직적 결합은 미국의 포드 자동차가 자동차 부품과 자동차용 철강을 생산하여 완제품인 자동차를 생산하기 시작한 것이 최초일 것이다.

❸ 사업다각화

어떠한 제품도 수명주기를 겪기 마련이다. 처음 제품이 출시되고 비약적으로 늘어나는 매출도 어느 정도 기간이 경과하면 성숙기에 접어들게 된다. 이때 기업은 성숙단계에 접어든 사업이나 제품으로 대폭적인 사업 신장이 어려운 경우 축적된 자금으로 신제품, 신규 사업으로 업종 전환을 모색하게 된다. 이때는 현재의 사업과 연관성이 있는 제품군을 개발하거나 아니면 연관성이 있는 사업으로 진출하는 방법과 현재의 사업과 전혀 다른 업종으로 전환하는 방법이 있다.

흔히 앞으로 30년을 먹여 살릴 수 있는 새로운 먹거리 사업을 개발한다는 것은 일종의 사업다각화라고 할 수 있다. 연구개발의 효율성을 높이고 기존 업종에서의 경험을 살리기 위해서는 연관 업종으로 진출하는 것이 효과적이다. 새로운 사업모델과 원천기술을 개발하는 데는 막대한 자금과 오랜 시간이 필요하므로 이미 이러한 기술개발능력이 있는 기업 또는 기술을 가지고 있는 기업을 인수하면 연구개발의 효율성이 제고되고 원천기술을 확보할 수 있다. 원천기술의 확보는 시장에서 배타적 사용에 의해 고부가가치를 보장할 뿐만 아니라 특허괴물로부터의 공격에서 자유로울 수 있다. 또한 이종업종으로 진출하고자 할 경우에는 시장참여 시간을 단축하고 시장참여에 대한 마찰을 줄이기 위한 목적으로 기업매수를 고려하는 것이 좋다. 새로운 시장으로의 참여는 그 시장의 배타성으로 인해 참여가 어렵고, 마찰 또한 크기 때문이다. 그러한 의미에서 삼성의 자동차 시장의 참여가 좌절된 것도 하나의 예이다. 1994년 약 50억 달러의 자금으로 자동차회사를 설립한 삼성그룹이 기존 자동차회사를 인수하였다면 시장의 접근이 빨라지고 기존 업체와의 마찰도 경감시킬 수 있었을 것이라고 본다.

연관업종이나 이종업종으로의 진출 이유는 다음과 같이 요약할 수 있다.

① 연관업종으로의 진출 – 연구개발 효율성을 위한 인수
② 이종업종으로의 진출 – 시장참여 시간 단축 및 마찰경감을 위한 인수

그러나 전설적인 투자자인 피델리티 펀드의 운영자 피터 린치(Peter Lynch)가 "사업다각화는 곧 사업다악화와 같다"라고 한 말을 새겨들어야 할 것이다. 사업다각화는 위험도가 높아 사업다각화를 목적으로 인수한 사업의 성공할 확률이 낮고, 그 결과가 주식시장에도 반영된 결과를 이야기한 것일 것이다.

4 기업구조조정

기업구조조정은 M&A와 달라 보이지만, 크게 보면 M&A의 일종이라고 할 수 있다. 당사자의 입장에서는 수익성이 떨어지는 부문을 독립시켜 매각할 필요가 있고, 상대방의 입장에서는 그 사업부문을 인수함으로써 시장지배력이 확대됨에 따라 경쟁력을 확보할 수도 있기 때문이다. 삼성그룹이 한화그룹에 삼성종합화학과 삼성토탈 등을 매각한 것도 자

체적으로는 경쟁력을 확보하기가 어려웠기 때문이고, 한화그룹이 인수한 이유는 석유계열사를 확보함으로써 에틸렌 생산에서 1위로 뛰어오를 수 있어 석유화학분야에서 경쟁력을 확보할 수 있기 때문이다.

이러한 면에서 두산그룹이 주력산업을 기계와 중공업으로 이동하면서 주력산업과 관련이 없는 식품계열사를 매각한 것과 아모레퍼시픽이 화장품에 전념하기 위해 관련성이 낮은 태평양증권 등 계열사를 매각한 것도 구조조정의 일환이다.

위에서 네 가지로 분류한 M&A의 목적을 좀 더 크게 분류하면 시장지배력의 확대와 사업다각화의 동기로 나눌 수 있다. 세계적인 제약회사가 시장지배력을 확대하기 위하여 공격적으로 같은 업종을 M&A하는 것이나, 중국의 가전회사 하이얼이 GE의 가전사업부문을 인수하는[12] 것이 좋은 사례이다. 사업다각화의 예로는 SK그룹이 섬유에서 시작하여 섬유와 전혀 관계없는 정유회사인 석유공사와 이동통신회사인 한국이동통신(현 SK텔레콤)을 인수한 것을 들 수 있다. 또한 두산그룹이 새로운 먹거리 사업으로 연료전지 사업체를 인수한 것은 사업모델개발과 원천기술개발에 막대한 자금과 시간이 소요되기 때문에 연구개발의 효율성과 시장접근시간의 단축을 목표로 한 것으로 볼 수 있다.

12) 하이얼은 2016년 미국의 GE로부터 가전부문을 54억 달러에 인수하였다.

제3절

M&A의 유형

인수합병은 결합형태에 따라서 또는 거래의사에 따라서 구분될 수도 있고, 인수합병 대가의 지불방법에 따라 또는 거래형태에 따라 분류하기도 한다.

❶ 거래형태에 따른 분류

M&A는 거래형태에 따라 아래와 같이 여러 가지로 분류될 수 있다. 최고경영자는 원하는 바에 따라 이 중 가장 적합한 형태를 취할 수 있다. 예를 들어 특정 사업부문을 인수하고자 할 경우 그 사업부문을 가지고 있는 대상회사를 물색하여 그 사업부문을 인수하는 협상을 하는 것이 회사 전체를 매수하는 것보다 훨씬 위험도 줄어들고, 인수비용도 적게 들 것이다. 또한 회사의 여러 사업부문 중 영업이익률이 떨어지거나 제품의 수명주기가 하향곡선에 있어 대기업에 적당하지 않는 부문은 분리하여 중소기업에 매각하는 것이 더 좋은 결정이 될 것이다. 이처럼 여러 형태를 검토하는 것도 최적의 방안을 찾는 전략적인 방법이다.

가. 기업합병

기업결합의 가장 강력한 법적 형태로 둘 이상의 회사가 결합 또는 통합하여 하나가 되는 것으로 흡수합병과 신설합병이 있다. 한 회사는 존속하고 다른 회사는 해산하여 그 주주 및 재산이 존속회사에 포괄적으로 승계되는 것을 흡수합병이라 하고, 모든 회사가 해산하고 새로운 회사를 설립하여 해산회사의 주주 및 재산을 신설회사에 승계시키는 것을 신설합병이라 한다.

신설합병의 단점으로는 해산하는 회사가 보유하고 있는 인허가 등의 권리 등이 신설회사에 승계되지 않으며, 합병회사 주주 전원에게 신설회사 주식을 발행해야 한다는 제약이 있다. 뿐만 아니라 해산회사가 상장회사인 경우에도 신설회사는 그 지위를 승계하지 못한다. 신설합병은 현실적으로 절차가 복잡하고 세무 측면이나 법률적으로 불리한 점이 많기 때문에 일반적으로는 흡수합병의 방식이 주로 이용된다.

이외에도 삼각합병과 2단계 합병이 있다. 삼각합병이란, 흡수합병하면서 인수대상기업에게 합병 대가로 모회사의 주식을 교부함으로써 모회사와 간접적으로 합병하는 것인데, 이는 모회사의 합병 주주총회 절차를 회피할 목적으로 이용되는 합병이다.

2단계 합병이란, 공개매수 등으로 지배권을 확보한 다음에 2단계에서 합병하는 것을 말한다. 즉, 1단계에서는 공개매수를 통해 목표로 삼은 인수대상기업을 인수한 후 2단계에서 흡수합병 내지는 신설합병을 시도하는 것을 의미한다. 따라서 흡수합병이나 신설합병의 변형된 형태라고 볼 수 있다. 이외에 주총 결의를 이사회 결의로 대체할 수 있는 간이합병 및 소규모 합병도 있다.

나. 기업인수

인수기업이 인수대상기업의 경영지배권을 획득하기 위하여 대상기업의 주식이나 자산을 취득하는 것을 의미한다. 인수가 단순히 자산을 부분적으로 매수하는 것과 다른 점은 인수의 목표가 인수대상기업의 경영권을 획득하는데 있다는 점이다. 그리고 인수 후에도 인수대상기업이 개별적으로 계속 존재한다는 점에서 합병과도 차이가 난다.

이러한 인수는 크게 자산인수와 주식인수로 나누어진다.

다. 자산인수(asset acquisition)

인수대상기업의 자산을 취득함으로써 경영권을 확보하는 것을 의미한다. 인수기업이 인수대상기업의 공장이나 점포, 영업용 자산 등 인수대상기업 자산의 전부 또는 일부를 취득하는 경우이다. 여기서 경영권 취득을 목적으로 하지 않는 물적 재산의 부분적 취득을 제외한다. 자산의 소유권은 취득기업으로 귀속되기 때문에 대상기업의 자산인수는 인수대상기업의 경영지배권을 흡수하는 효과를 가져 온다.

라. 주식인수(stock acquisition)

인수의 가장 전형적인 방법으로 주식의 인수를 통하여 경영권을 획득하는 것이다. 이는 구체적으로 인수대상기업의 발행주식 전부나 일부를 기존 주주로부터 취득하거나 새로 발행되는 주식을 취득하여 지배권을 완전히 획득하는 방법이다. 이러한 주식인수에는 이미 발행된 주식의 인수와 새로 발행되는 주식의 인수 등 두 가지 방법이 있다. 이미 발행된 주식의 인수는 인수대상기업의 대주주로부터 양수받는 방법과 주식시장에서 주식을 집중적으로 매수하는 방법, 일정한 조건으로 매수청약을 하거나 매도청약을 권유하는 주식공개매수가 있다. 주식시장에서 주식을 집중적으로 매수하는 경우는 주가급등을 방지하기 위하여 은밀하게 조금씩 사 모아야 하지만, 주식공개매수는 주주들로부터 공개적으로 한꺼번에 많은 양을 사 모을 수 있다는 점에서 차이가 있다. 새로 발행되는 주식을 인수하는 경우에는 기존 주주 이외에 제3자인 인수회사에게 신주인수권을 부여하는 제3자 배정형태와 전환사채나 신주인수권부사채의 취득에 의한 형태가 있다.

이러한 주식인수는 자산인수에 비하여 장단점이 있다. 우선 단점으로 부외부채가 존재하거나 우발적인 채무가 존재할 수 있다는 점을 들 수 있다.[13] 이에 반해 장점으로는 발행주식의 50% 이상을 취득하면 지배가 가능하고, 경우에 따라서는 그 이하로 지배할 수 있어서 투자자금이 적게 소요된다고 볼 수 있다.

또한, 자산인수의 경우 자산매각에 따르는 이익이나 배당금에 대한 이중과세가 발생하는데 비하여 주식인수의 경우에는 이러한 문제가 없다. 특히 상장기업 주식인수의 경우에는 비록 대주주 지분거래라 하더라도 증권거래세 및 농어촌특별소비세 이외에는 세금이 부과되지 않는다는 장점이 있다. 따라서 주식인수가 기업인수의 방법으로 널리 이용되고 있다.

마. 매각처분

인수나 합병과는 반대로 방만하게 운영되어 오던 사업부문이나 적자사업을 종업원 축소, 부채청산, 사업부문 정리 등을 위하여 기업을 분할한 다음 매각하여 기업구조를 재편성하는 작업을 말한다. 따라서 이와

13) 효성그룹이 2008년 931억 원에 인수한 진흥기업은 2009년 부외부채와 우발채무가 대규모로 발생하여 2011년 자본잠식 상태에 빠졌다. 이후 효성이 1,000억 원, 채권단이 1,100억 원을 투자하여 워크아웃을 실시하였고, 2019년 워크아웃을 졸업하였다.

같은 기업매각 또는 처분을 달리 표현하면 기업구조조정이라고도 볼 수 있다. 여기에는 분리설립인 분사화, 분할설립인 회사분할, 분리매각 및 완전매각 등이 있다.

바. 분리공개(carve-out)

일반 투자자들을 대상으로 모기업이 소유하고 있는 일부 사업부를 매각하여 자본을 조달하는 형태를 의미한다. 분리공개가 분리설립과 다른 것은 분리설립은 기업의 대주주에게 지분율에 따라 신설된 기업의 소유권이 이전되는 반면, 분리공개는 기업의 주주가 아닌 일반 투자자들을 대상으로 매각한다는 점이다.

또한, 분리설립은 자본의 변화가 전혀 없는 반면 분리공개는 조달된 자본을 신규투자, 배당금 지급, 차입금 상환 등에 사용할 수 있다.

사. 분리매각(sell-off)

기업의 일부 사업부를 다른 기업에 직접 매각하는 것으로, 새로운 소유주가 경영을 맡게 된다. 이러한 분리매각은 부실한 사업부를 매각하여 주력사업에 집중적으로 투자하기 위한 것으로, 활용할 가치가 높은 방법이다. 우리나라의 경우에는 중요한 사업부를 분리매각할 경우 영업의 일부 양도에 해당되어 주주총회의 특별결의를 거쳐야 하는 문제가 있다(상법 제374조 참조).

또한, M&A 유형은 지배권, 결합형태, 거래의사, 자금수단 및 차입주체 등에 따라 구별할 수도 있다.

아. 자발적 분리정리(voluntary bust up)

자산 및 사업부를 정리하고 독립된 법인으로서의 존속을 포기하는 것을 의미하며, 자발적으로 청산하는 것을 말한다. 부도위험을 피하거나 혹은 기존 사업을 청산하고 제2의 창업을 하고자 할 때 주로 완전매각을 하게 된다.

2 통합방식에 따른 분류

통합방식에 따른 분류는 매수기업과 매수대상기업의 사업영역에 따라 경제적 결합관계를 기준으로 M&A를 구분한다. 수평적 M&A, 수직적 M&A, 복합적 M&A, 구조개편적 M&A로 분류한다.

가. 수평적 M&A

수평적 M&A란, 동종의 사업분야를 영위하여 경쟁관계에 있는 기업 간 결합을 의미한다. 규모의 경제, 중복투자방지를 실현하는 동시에 시장의 경쟁을 감소시키고 시장의 점유율을 높임을 목적으로 하고 있다. 이러한 M&A는 과점적 시장구조 형성 및 소비자 후생감소를 유발할 가능성이 있어 공정거래법 등에서 규제의 대상이 되고 있다.

나. 수직적 M&A

수직적 M&A란, 한 제품의 생산과정이나 판매 경로상에서 이전 또는 이후의 단계에 있는 기업을 인수합병하는 것이다. 즉 원자재, 제품, 유통 등 가치사슬 간의 전후방 관련 기업 간 결합을 의미하며, M&A 기업은 통합에 의한 기술적 경제성과 거래 내부화를 통한 비용감소, 관련 제품 라인에 대한 통제력의 증대 효과를 얻을 수 있다.

다. 복합적 M&A

복합적 M&A는 서로 다른 업종에 속하는 양 회사 간의 인수를 의미하며, 해당 업종 간의 수평 또는 수직적 관계와는 무관하게 복수의 회사 간에 이루어지는 M&A로 대개 제품이나 용역, 유통, 기술 등 하나 이상의 요소를 공통적으로 포함하는 기업 간에 이루어지는 것이 일반적이다. 다각적 M&A는 이종의 사업분야를 영위하는 기업 간 결합으로 사업분야의 다양화를 통한 재무적 위험감소나 신규 시장진출 등의 기대효과를 가질 수 있다. 사업다각화나 인재확보 또는 자금조달의 강화나 관리비용의 절감 등을 목적으로 이루어진다.

라. 구조개편적 M&A

구조개편적 M&A는 다른 M&A 형태와는 달리 기업의 영업활동, 재무구조, 주주구성 등을 변경하고자 하는 경제적 동기에서 이루어지는 M&A를 말한다.

기업의 구조를 리스트럭처링하기 위한 공정 혹은 사업부문의 일부 또는 전부를 매각하는 자산매각, 하나의 회사를 둘 이상으로 분리하는 회사분할, 회사분할 이후 기존의 회사와 합병하는 분할합병 등이 구조개편적 M&A에 속한다.

제4절

M&A의 기능과 위험

1 M&A의 기능

M&A는 앞에서 이미 설명한 바와 같이 M&A를 하고자 하는 의도와 목적에 맞게 작동되느냐 그렇지 않느냐의 기능이 있다. 즉, M&A의 기능은 순기능뿐만 아니라 역기능도 함께 지니고 있다.

가. 순기능

M&A에 의하여 시장지배력을 확장하고 인접시장에 신속히 진입할 수 있으며, 결핍되어 있는 원천기술을 확보할 수 있는 등 경제 전반에 활기를 주고, 산업구조의 촉진과 국제경쟁력을 증대시키는 기능을 순기능이라 할 수 있다.

나. 역기능

M&A가 비효율적인 경영진에게 별다른 영향을 주지 못하고, 오히려 주주가치를 증대시키지 못하는 결과를 나타내는 경우가 많다. 또한 M&A는 최고경영자가 과시욕을 드러내거나 지배력을 확장하고자 하는 등 독단적인 의사결정에 따라 결정될 경우, 인수자금의 조달로 인수회사의 부채가 증가하게 되어 재무적 위험에 빠지거나 불황에 대한 대처능력과 대외경쟁력을 약화시키는 기능도 있다.

2 M&A의 위험

M&A의 역기능으로서 M&A의 위험을 자세히 살펴보자. M&A는 대규모 자원동원이 필요한 작업이기 때문에 투자결과는 장기적으로 현금자본·인적자본·물적자산의 배분에 구조적이고 심각한 문제를 야기할 수 있다. 이러한 점이 바로 M&A의 위험이라 할 수 있는데, 이는 크게 두 가지로 나누어 볼 수 있다. 하나는 피인수회사에 내재되어 있는 위험과 또 다른 하나는 인수하고자 하는 회사 자체에 내재되어 있는 위험이다.

가. 피인수회사에 내재되어 있는 위험

(1) 사업기회 위험

M&A의 주요 목적 중 하나가 시장지배력의 확장이나 다른 사업 분야로 진출하기 위한 사업다각화 등이라고 할 수 있다. 따라서 인적·물적 자원이 대량으로 동원되는 M&A에서는 사업기회 면에서 새로운 시장에 진입하거나 시장지배력을 확장시키는데 시너지 효과가 발생하여야 할 것이다. 따라서 M&A 성공이라는 일차적 목적뿐만 아니라 이를 통해 의도했던 궁극적인 목표달성을 위해서 현재 고려하고 있는 M&A가 자사의 핵심사업 및 역량과 일관성이 있으며, 의도했던 시너지 효과가 발생할 수 있느냐를 검토하여야 한다. 그러나 업종을 다각화하기 위해 타 업종에 진출하려고 M&A를 시도하려는 경우에는 자기회사의 핵심역량이 타 업종에 얼마나 적합한지, 보유기술을 얼마나 응용할 수 있는지 등을 예측하기 어려우므로 위험이 가중된다고 할 수 있다. 예를 들어, 사업기회 면에서 웅진그룹이 극동건설을 인수해서 얼마나 많은 사업기회를 넓힐 수 있었는지 의문이다. 원래 웅진그룹은 출판, 렌털, 화장품 등 방

문판매에 적합한 사업을 하고 있었기에 건설업종과는 시너지 효과를 볼 수 없었을 것으로 생각되는데, 인수자의 생각은 달랐던 것 같다. 결과적으로는 극동건설을 고가에 매입한 것이 그룹에 결정적인 치명타를 입힌 것으로 생각된다.

또한 대상회사를 막상 인수하더라도 사업기회의 확장이 그렇게 쉽지 않은 경우가 많다. 특히 오너 리스크가 큰데 다양한 사업을 할 수 있는 재무능력과 관리능력을 가지고 있다 하더라도, 실제 오너의 사고는 지금까지 해온 사업의 연장선에 머물기 마련이므로 새로운 사업에 쉽게 적응하기가 어렵다. 결국 오너의 직접적인 경험에서 나온 사업감각이 아닌 다른 사람의 경험과 노하우에 의존하다보니 실패하기 쉽다. 예를 들어 오랫동안 과자사업을 영위한 해태제과가 전혀 경험이 없는 상태에서 과자의 생산·판매와는 전혀 다른 감각을 요하는 전자(해태전자)와 건설(해태건설)을 인수함으로써 모회사는 과도한 채무를 지게 되고, 인수한 회사는 적자를 시현하게 되었다. 그 결과 과도한 부채와 보증채무로 인해 해태그룹이 와해되고 나중에 해태제과는 동종업종인 크라운제과에 인수되는 비극으로 막을 내렸고, 오래 역사의 해태그룹은 역사 속으로 사라졌다. 이러한 예는 부지기수로 널려 있다.

(2) 핵심인력의 이탈위험

보통 적대적이든 우호적이든 실제 M&A를 추진한 기업의 53%가 합병 후 통합과정에서 가장 많은 실패위험이 존재하고 있다는 연구결과가 있듯이 통합과정에서의 실패란 결국 핵심인력의 이탈위험을 의미한다. M&A가 이루어진 후 피인수회사에 소속되어 있는 회사의 핵심인력이 이탈하는 경우가 많은 것이 사실이다. 아무래도 종전의 회사와 회사문화가 다르고 인수한 회사에서 지휘부가 옮겨오면 상대적으로 피인수회사 임직원의 승진기회가 박탈당하게 되며, 또한 인수한 회사의 경영자와 접촉기회가 거의 없기 때문에 상대적으로 소외되기 쉽고, 따라서 인수회사가 아주 좋은 회사라 하더라도 이탈하는 경우가 많다. 이때 더욱 염려스러운 점은 핵심인력은 회사의 영업노하우, 영업비밀 또는 핵심적인 기술 등을 가지고 퇴사한다는 점이다. 그렇게 되면 회사를 인수할 메리트가 매우 감소하게 된다.

만약 새로운 사업으로 진출하기 위한 목적이나 연구개발 기간을 단축하기 위한 목적 또는 핵심인력을 확보하기 위한 목적으로 M&A를 시행하였다면, 핵심인력의 이탈은 그 M&A가 결과적으로 실패할 수 있다는 단서를 제공해 주는 증표가 될 수 있다.

(3) 평가위험

미국 32대 대통령인 해리 트루먼(Harry S. Truman)은 전문가에 대하여 재치있는 말을 하였다. "전문가란 새로운 것은 아무것도 배우려 하지 않는 사람을 말한다. 뭘 더 배워야 한다면 그것은 자신이 전문가가 아니라는 걸 인정하는 것이기 때문이다."

전문지식은 꼭 필요하다. 그러나 전문가는 말 그대로 아주 좁은 영역을 잘 아는 사람이기 때문에 기업문화, 신기술, 산업에 대한 예측, 경제에 대한 예측 등 여러 영역에 걸쳐 있는 M&A에서 전문가의 가치 평가에만 너무 의존해서는 안 된다.[14] 물론 평가는 전문가가 하여야 한다. 그러나 평가가 여러 전제와 예측에 근거하고 있는 만큼 각 방면의 전문가에게 다시 그 전제와 예측 등에 대해 자문을 받아 평가결과를 재검토

14) 상식 없는 전문가의 말이 가장 위험하다.

하여야 할 것이다. 가치평가도 전문가인 평가기관이 하지만 인수대상기업의 가치 산정은 결코 쉽지 않은 작업인 만큼 평가기관의 오류 가능성과 더불어 평가의 편차가 상당히 클 경우 평가결과는 신뢰성이 크게 떨어질 수밖에 없다. 만약 잘못된 평가치를 전제로 M&A가 진행된다면 그 결과는 실패로 귀결될 것이다.

보통 M&A를 할 경우에는 주로 매각주간사를 선임하고, 그 매각주간사가 사업에 대한 평가를 하게 된다. 문제는 매각주간사의 평가가 객관적이지 않다는 데 있다. 매각주간사의 역할은 기업가치 평가업무와 매각 프로모션 업무 두 가지이기 때문이다.

기업가치 평가는 사업용 자산에 대한 자산평가와 사업의 미래가치인 계속기업가치를 평가하여 제시하게 되는데, 주간사의 이러한 이중적인 역할 때문에 사업가치가 부풀려지고 미래의 전망도 낙관적으로 예측하기 마련이다. 매각주간사의 수수료는 매각회사가 지불하게 되므로 주간사는 어떻게 하든 미래의 사업성과가 좋을 것으로 치장하게 될 것이고, 다른 자산의 평가도 후하게 평가할 가능성이 높다고 보아야 할 것이다. 이를 정확히 간파하지 못하면 인수 후 본래 의도한 대로 사업수익을 거둘 수 없을 것이다.

또한 인수하고자 하는 회사는 인수대상회사에 대한 과도한 기대와 오너의 인수 의지로 인해 상당수의 M&A에 있어서 지나치게 많은 금액을 지불하기도 한다.

공개입찰경쟁에서는 입찰에 따른 여러 가지 제약이 있다. 매수의향자는 자기가 신뢰하는 평가기관으로 하여금 평가를 하도록 한 결과 M&A 대상 회사의 실사가치가 다르게 도출되었다 하더라도 매각주간사가 평가한 실사가치에서 크게 벗어난 경우에는 인수의향자로 선택될 수 없다. 특히 산업은행이 주관하는 M&A나 법원이 주관하는 M&A에서는 주간사가 평가한 금액의 약 5% 범위 내에서만 조정할 수 있도록 규정된 경우가 많아 M&A 양해각서를 체결하기 위해서는 자체적인 평가금액도 주간사의 평가금액에서 크게 범위를 벗어날 수 없다. 또한 우선협상 대상자로 선정되어 실사를 하려면 인수대금의 약 5% 정도를 예치하여야 하고, 인수회사에 귀책사유가 있으면 그 보증금은 피인수회사로 귀속되므로 결국 평가액이 크게 차이가 나지 않으면 인수하는 방향으로 마음을 정하게 마련이다. 그러면 실제 인수가격은 시장에서 예측한 것보다 훨씬 큰 금액으로 결정되어 결국 인수회사에 커다란 부담이 된다.

과거 금호아시아나그룹이 대우건설을 인수할 때 시장에서는 그 가치를 4조 원 정도로 생각하고 있었지만 평가회사는 6조 원 이상으로 평가하였고, 그 평가결과에 따라 인수금액으로 6조 원 이상의 돈을 지불하였으며 결국 2조 원 정도의 금액을 해결하지 못해 대우건설을 재매각해야 했다. 웅진그룹도 극동건설을 인수하면서 시장의 평가금액보다 몇 배를 더 지불한 결과, 웅진그룹이 법정관리를 신청하는 결정적인 단초를 제공하였다. 석유공사의 '하베스트 트러스트 에너지'의 매입도 고가로 매입한 것이 문제된 것이다. 석유공사는 2009년 10월에 캐나다 소재 석유회사 하베스트 트러스트 에너지의 자회사 '노스애틀랜틱리파이닝(NARL)'을 인수하였는데, 이때 메릴린치에서 그 자회사의 가격이 1조 3,000여억 원에 달한다고 평가하였고 석유공사는 12억 8,700만 캐나다 달러(약 1조 2,446억 원)에 인수하였다. 그런데 인수 후 적자를 감당할 수 없어 2014년 8월에 9,730만 캐나다 달러(약 940억 원)에 매각하여 약 1조 1,506억 원의 손실(그동안의 손실을 제외한 단순계산)을 보았다.

위와 같은 예는 고가매입은 커다란 손실과 기업도산으로 이어질 수 있다는 것을 단적으로 보여주고 있으며, 그 단서는 결국 전문가라는 집단의 평가결과를 너무 과신한데 따른 것이다. 전문가를 무시해서도 안 되지만, 전적으로 의존해서도 안 된다.

나. 인수회사의 위험

(1) 재무위험

회사를 인수하는데 있어서 피인수회사의 위험도 있지만, 실제로는 인수회사의 위험이 더욱 증가한다. 만약 인수자금을 자체 조달할 정도로 자금이 풍부하다면 물론 재무적 위험은 매우 약화된다. 그러나 덩치가 큰 회사를 인수하는 경우에는 자체 자금과 외부 자금조달 자금만으로 인수가 어려워짐에 따라 여러 조건으로 재무적 투자자를 끌어들여 인수하게 된다. 이러한 방법으로 인수자금을 조달하였으나 인수 후 의도대로 경영이 이루어지지 않으면 위험한 재무적 위험에 직면하게 된다. 자체 외부자금의 조달로 증가된 부채 때문에 회사의 부채비율이 올라가게 됨에 따라 신용평가가 하락하게 되고, 그러면 추가적인 이자부담도 늘어날 뿐더러 차입이 매우 어려워지게 되어 재무적 위험에 빠지게 된다. 또한 재무적 투자자를 영입하면서 맺었던 투자금액의 보장을 이행하여야 하는데, 조건이행이 어려워지면서 재무적 위험에 직면하게 된다.

예전에 금호아시아나그룹이 대우건설을 인수하면서 여러 재무적 투자자를 끌어들이고 그 투자금액의 보장조건으로 대우건설의 주식이 얼마 이상 오르지 않으면 풋백옵션을 행사할 수 있도록 한 결과, 그 금액이 2조 원 정도 되었고, 그룹이 해산될 위기까지 가게 되었다(자세한 것은 제9장 제3절 2. 실패 사례 라. 금호아시아나그룹 편 참조). 또한 성공적인 M&A를 하였다고 알려진 두산그룹도 과다한 차입으로 인한 부채를 줄이기 위해 그룹의 캐시카우와 같은 알짜회사를 여럿 팔아야 하는 결과를 가져왔다.[15)]

또한 웅진그룹이 결과적으로 재무적 위험에 처하게 되어 회생절차를 밟게 된 것도 이질적인 극동건설이라는 회사를 인수함에 따라 과도한 부채에 직면하게 된 결과라는 것은 공지의 사실이다.

15) 두산인프라코어는 미국의 잉거솔랜드사의 밥캣, 어태치먼트, 유틸리티 등 3개 사업부문을 49억 달러에 인수하였다.

(2) 기존사업과 부조합의 위험

인수합병의 목적이 인수합병 후에 시장에서 경쟁력 확보나 핵심역량의 강화 등을 촉진하기 위한 것이라고 할 때, M&A의 성공을 위해서는 합병회사가 보유하고 있는 잠재적인 인적·물적 자원이 자기회사가 보유하고 있는 핵심역량 및 가치와 조화를 이루어야 한다.

우리가 상식적으로 생각할 때 건설회사가 금융회사를 인수하여 소유하고 있으면 매우 편리할 수 있다고 생각되지만, 이는 기존 건설회사도 망하게 하는 지름길이 될 수 있다. 그 이유는 두 회사가 가지고 있는 인적·물적 자원의 핵심역량이 다르고 기업문화의 적합성을 확보할 수 없기 때문이다. 건설회사 입장에서 금융회사를 인수하면 자금을 마음대로 융통할 수 있어 자금의 애로사항을 타결할 수 있을 것으로 생각되지만, 이는 건설회사의 편리성만 강조하여 금융회사의 대출의 건전성을 해치는 결과만 낳게 될 뿐이다.

예를 들어 예전에 성원건설은 잘 나갈 것을 기대하면서 대한종금을 인수하였으나, 3년 후 대한종금도 망하고 성원건설도 망하는 길에 접어드는 결과를 가져왔다. 건설회사가 금융에 대한 어려움을 가장 많이 느끼는 업종이기 때문에 어느 정도 자금여유가 생기면 하다못해 저축은행이라도 인수하고자 한다. 그러나 금융은 아무나 하는 것이 아니다. 금융은 그 나름의 독특한 경험과 노하우가 있어야 한다. 건설업을 영위하는 사고방식으로는 금융업에서 거의 성공하기 어렵다. 금융회사를 소유한 건설회사가 위험은 매우 높으나 성공하면 이익이 큰 어떤 프로젝트 사업을 기획한다면, 다른 금융회사는 자금을 빌려주지 않으니 결국 자기 금융회사의 자금을 불법적으로 사용하게 되고, 프로젝트 사업이 기대한 대로 진행되지 않게 되면 모회사인 건설회사의 부실이 금융회사의 부실로 이어지게 된다.

최근의 예로 부산저축은행 사태도 결국 금융회사가 금융과 전혀 다른 문화를 가지고 있는 건설프로젝트 사업에 과도하게 투자한 것이 원인이 되어 도산하게 된 것이다. 이처럼 인수자의 사업과 피인수회사의 사업 부조리화로 인해 두 회사 전부 어려움에 처하게 되는 위험이 있다.

(3) 피인수회사의 장악 위험

인수할 회사를 장악할 능력이 없는 경우에는 오히려 인수한 회사를 망칠 수 있는 여지가 많다. 피인수회사의 인력을 통제하고, 사업을 이끌어 갈 수 있는 역량이 없으면 아무리 좋은 사업을 인수하였다 하더라도 성공할 수 없을 것이다. 예를 들어 예전에 거평그룹이 새한종금을 인수했지만, 거평그룹의 인력으로는 새한종금의 우수한 인력을 컨트롤하기가 어려웠을 것으로 보인다. 결국 그 튼튼한 새한종금만 부도나고 말았다.

(4) 조직통합 위험

M&A는 인수 후 독립기업으로 운영하도록 하는 방법과 합병에 의해 하나의 조직으로 운영하는 방법이 있다. 건설업과 금융업처럼 전혀 성격이 다르고 허가조건 등이 다른 경우에는 독립된 법인으로 운영하게 되지만, 수직적 결합이라든가 수평적 결합의 경우에는 합병하여 하나의 법인으로 운영하는 것이 효율적일 수 있다. 그러나 이 경우에는 통합의 어려움이 매우 클 수가 있다. 과거 서울은행과 신탁은행이 합병하여 출범한 서울신탁은행이 합병의 후유증을 극복하지 못하고 끝내 다른 은행에 합병당하여 소멸되고 만 것이 좋은 예일 것이다.

(5) CEO 위험

CEO 중에는 신중한 성격으로 현업만을 유지하고 집중하는 CEO도 있지만, 성취욕이 강하거나 과도한 자신감이 넘치는 CEO는 사업 확대를 꾀하려는 경향이 강하다. 주력 분야에서 덩치도 키우려 하고, 다른 분야로 문어발식 확장도 하려고 하며, 그 결과 인수합병 시도를 많이 하게 된다. 이러한 시도는 동종 산업분야인지 다른 산업분야인지와는 상관없다. 이러한 의도가 시장에 좋지 않은 신호를 주는 것은 일반적으로 인수하는 회사의 주가는 떨어지고 인수당하는 기업의 주가는 오르는 경향을 통해 알 수 있다. 이는 인수합병이 기업가치 증대보다 다른 이유에서 많이 진행된다는 방증이다.

CEO 위험의 원인 중 하나는 현재의 사업에 만족하지 않고 오너 개인적인 취향에 맞는 사업으로 진출하려는 강한 욕망에 있다.[16)] 그 결과 오너의 개인적인 취향에 맞는 어떤 사업이 M&A 물건으로 나오게 되면, 사업성에 대한 신중한 검토 없이 좋아하는 사업이라는 단순한 이유로 무리하게 사업을 인수하려는 경향이 있다.

다음으로는 CEO의 제국건설 욕구나 사적 이익 추구 때문인 경우가 많다. 제국건설 욕구란 경영하는 회사의 규모가 커야 CEO 자신의 명성과 자존심이 높아지고, CEO가 쓸 수 있는 가용자원이 많아지고, 그를 통해 부를 대물림할 개인적 이익을 추구할 사업기회가 생긴다고 믿는 것이다. 또한 대마불사와 마찬가지로 덩치가 커야 후계자인 자녀가 사업이 망할 염려 없이 제국을 다스릴 수 있게 보장하려는 생각이다. 우리나

16) 과거 쌍용그룹의 오너가 자동차 취향으로 쌍용자동차를 매각하지 못해 결과적으로 쌍용그룹이 와해되는 결과를 가져왔다.

라에서 오너의 의지에 의해 부실계열사 지원, 지배구조 유지를 위한 인수합병 등을 그 예로 볼 수 있다. 결국에는 과도한 자신감과 제국건설욕구가 그룹을 위험에 빠뜨리게 한다.

또 하나의 위험 요소는 **M&A** 실행과정에서 최고경영자의 의지가 노출된다는 점이다. 최고경영자가 인수의지를 강하게 드러내면 인수가격이 올라가는 것은 불문가지이다. 최고경영자의 자세는 본심을 숨기고 신중하게 검토하고 철저하게 분석하여 꼭 인수조건에 맞으면 인수하고, 그렇지 않으면 인수하지 않는다는 철칙을 가지고 있어야 한다. 상대방의 입장에서도 생각해 볼 일이다. 인수하고자 하는 상대방이 적극적으로 인수하고자 할 때 인수가격을 깎아 줄 매도자는 없을 것이다. 매도자는 인수하고자 하는 상대방의 의중을 탐색하고 그 의지가 강한지 아니면 약한지 탐색하는 일이 매우 중요한 전략의 하나인데, 그 전략을 인수자가 스스로 노출한다는 것은 포커에서 상대방에게 패를 보여주는 것과 같다. 이러한 사례가 바로 웅진그룹의 극동건설 인수였다. 매도자인 론스타와 매각주간사는 웅진의 인수의지가 강한 것을 알고 프로그레시브 딜(progessive deal) 방식으로 경쟁자를 붙여 인수호가를 올리도록 하여, 시중의 평가액이 2천억 원인 물건을 6천 6백억 원에 매각하여 시가의 3배 이상 폭리를 취한 바 있다.

이처럼 인수자가 공공연히 인수의사를 밝히고 다닌다면 매도자의 입장에서는 얼마나 즐거운 일이겠는가!

제 3 장

M&A 전략

원하는 회사나 사업부 또는 자산을 확보하여 지배권을 획득하기 위한 방안에는 여러 가지가 있다.

우호적인 방안으로는 협상에 의한 매수가 있고, 적대적인 방안으로는 공개매수가 있다. 보다 중립적인 방안으로는 회생절차에 있는 회사나 은행 관리에 있는 회사에 대한 공개매각절차처럼 입찰에 의한 매수 방안이 있다.

제1절
협의매수

협의매수란, 매수기업의 기업인수 활동이 피인수기업 경영진의 동의하에 진행되어 쌍방의 협상에 의해 인수조건 등이 결정되어 매매가 이루어지는 것을 말한다.

협의매수에는 현재의 경영진이 매도의사를 가지고 있는 기업과 협상을 통해 매매조건을 정하는 경우도 있고, 매도의사가 사전에 없었으나 매매조건을 유리하게 정하여 매도를 유도하여 인수하는 방안도 있다. 여기에는 인수기업과의 주식교환, 인수후개발(Aquisition & Development, A&D)과 경영자의 기업인수(MBO)가 있다.

❶ 주식교환

주식교환이란, 인수하고자 하는 기업의 주식과 자기회사의 주식을 서로 교환하는 것을 말한다. 주식교환을 통하여 회사를 인수하는 경우 그 인수대가로 현금 대신에 주식을 교부하므로 큰 자금 없이 사업영역을 확장할 수 있고, 회사의 지배권을 유지하면서 새로운 사업의 파트너를 만들 수 있으며, 투자의 수단으로 이용될 수 있다. 벤처기업에 대하여는 「벤처기업육성에 관한 특별조치법」에 의하여 상법상의 여러 제한 규정에도 불구하고 주식교환을 할 수 있으므로, 주식교환이 활발하게 이루어질 것으로 본다.

이러한 방식으로 벤처연합군을 이룬 대표적인 회사가 옐로모바일이다.[17] 이 회사는 여행박사·굿닥·쿠차와 같은 벤처업체 80여 개를 지분교환 방식으로 인수하였다. 이 회사가 얼마나 성공할지는 미지수이지만, 지분교환방식으로 회사를 인수하면 현금 없이도 사업영역을 확장할 수 있다는 것을 보여주고 있다.

가. 주식교환 방식

(1) 구주를 교환하는 방식

구주를 교환하는 방식은 A회사와 B회사가 이미 발행되어 있는 자기의 주식을 서로 교환하는 것이다. 이러한 방식의 주식교환은 현행법상 아무런 문제가 없으므로 당사자 간의 합의로 자유롭게 행할 수 있다. 다만, 주식교환에 참여한 주주가 양도소득세를 부담하게 되므로 이를 감안하여야 한다.

(2) 인수회사가 신주를 발행하는 방식

M&A를 원하는 기업인 A사가 신주를 발행하고, 인수하고자 하는 B사는 A사의 신주를 인수하며, 그 인수대가를 지급함에 있어서 현금 대신에 B사의 주식으로 납입하는 현물출자방식이다. 이때 상법은 원칙적으로 법원이 선임한 검사인에 의하여 엄격한 조사를 받도록 규정하고 있다.

이러한 방안은 조사과정에 많은 시간이 소요되어 주식교환비율에 대한 합의 이후 주가변동으로 인하여 주식교환이 무산될 가능성이 높고, 비상장법인의 주식가치를 정확히 평가하기가 어렵기 때문에 현실적으로

17) (주)옐로모바일은 지주회사로서 부채비율 200%를 초과함에 따라 2017년 지분을 가지고 있는 5개 회사를 중간지주회사로 만들고 지주회사체제에서 벗어났다.

주식교환이 원활히 이루어지기가 그리 쉽지만은 않다. 다만, 벤처기업에 대하여는 「벤처기업육성에 관한 특별조치법」에서 주식교환을 인정하고 있다.

(3) 쌍방회사가 신주를 발행하는 방식

A회사와 B회사가 각각 신주를 제3자 우선배정방식으로 발행하여 상호 인수시키는 방식이다. 이 경우 주식을 현물로 출자하는 방식을 취하게 된다. 이 방안은 법원선임 검사인의 조사로 인한 시간 지연과 제3자 배정으로 받는 신주에 대한 이익에 대하여 증여세(또는 양도세) 과세위험이 있다.

(4) 우회적 방식

위와 같은 여러 가지 단점을 회피하기 위하여 다음과 같이 상호 제3자 배정 유상증자를 통한 방식을 취할 수도 있다.

① B기업의 대주주가 보유한 B회사의 주식을 A회사에 매각하고 받은 대금으로 B기업의 대주주가 A기업의 제3자 배정 유상증자에 참여하도록 하는 방식으로, A기업은 B기업의 주식을 매수한 자금을 거의 회수할 수 있기 때문에 많은 현금 없이도 기업을 인수할 수 있다.

② A기업과 B기업 중 한 기업이 먼저 제3자 배정방식으로 신주를 발행하고 일방이 신주인수대금을 타방에게 지급하면 타방은 이 대금을 이용하여 다시 상대방의 제3자 배정 유상증자에 참여하는 방식이다. 이 경우 역시 현금 없이 기업을 인수할 수 있는 장점이 있다.

나. 벤처기업의 주식교환제도

주식교환제도를 이용한 벤처기업에 대한 전략적 제휴와 M&A를 위하여 벤처기업의 주식교환을 쉽게 할 수 있도록 하는 제도적 장치가 「벤처기업육성에 관한 특별조치법」 제15조이다.

이 법에 따라 주식회사인 벤처기업(자본시장법에 따른 증권시장에 상장된 법인은 제외한다)은 전략적 제휴를 위하여 정관으로 정하는 바에 따라 자기주식을 다른 주식회사의 주요 주주(해당 법인의 의결권 있는 발행주식 총수의 100분의 10 이상을 보유한 주주를 말한다) 또는 주식회사인 다른 벤처기업의 주식과 교환할 수 있다. 이에 따라 주식교환을 하려는 벤처기업은 상법 제341조에도 불구하고 주식교환에 필요한 주식에 대하여는 자기의 계산으로 자기주식을 취득할 수 있다.

이 경우 그 취득금액은 상법 제462조 제1항에 따른 이익배당이 가능한 한도 이내이어야 한다.

다. 포괄적 주식교환을 통한 우회상장

주식교환을 통한 우회상장이란, 상장법인의 신주와 비상장법인의 구주와 교환을 통해 상장효과를 갖는 것을 말한다. 여기에서 상장법인 신주와 비상장법인 구주식 100% 간의 교환을 주식의 포괄적 교환이라 하고, 상장법인의 신주와 비상장법인의 일부 구주 간의 교환이 일어나는 것을 주식의 부분적 교환이라고 한다. 이때는 코스닥 우회상장 요건을 충족하여야 한다.

포괄적 주식교환을 통한 우회상장은 합병과 같이 주주총회의 특별결의를 거치고 반대주주에 대한 주식매수청구권이 주어지나 채권자보호절차는 불필요하다.

자본시장법에 따라 주권상장법인이 다른 법인과 주식교환계약을 체결한 경우에는 금융위원회에 증권신고서 및 주식교환신고서를 제출하여야 하고, 주식교환비율에 대하여 외부평가법인의 평가를 받아야 한다.

또한 자산총액 또는 매출액이 2천억 원 이상인 회사가 포괄적 주식교환(비상장주식 20%, 상장주식 15% 이상)을 하는 경우에는 주식교환일로부터 30일 이내에 공정거래위원회에 기업결합신고를 하여야 한다.

주식교환도 세법상으로는 양도에 해당되므로, 양도소득세 납부의무가 있다.

라. 주식교환방식에 의한 성장전략

앞에서 주식교환방식으로 소개하였던 옐로모바일은 분야별 모바일 앱 1위를 모아 시너지 효과를 냄으로써 기업가치를 향상시킬 목적으로 국내 약 80여 개 벤처기업을 지분교환 방식으로 인수하였고, 그 결과 거대한 '벤처 연합군'을 형성하고 있다. 옐로모바일이 인수한 회사 중 어느 정도 알려진 회사는 여행박사, 피키캐스트, 굿닥, 쿠차, 카울리 등이다. 이 회사의 최고경영자는 벤처연합이라는 비즈니스 방식이 인터넷에서 모바일로 바뀐 새 패러다임에 적합하다는 지론을 가지고 있다. 그 이유는 모바일 앱의 선점효과 때문이다. 즉, 한 분야에서 6개월 먼저 등장해 1위가 되면 나중에 진입한 2위가 아무리 광고 등을 해도 1위 업체를 이기기 어렵다는 점이다.[18]

---

18) 이러한 '계산된 적자'를 밀어붙이는 회사로는 토스의 운영사인 비바리퍼블릭카와 e-커머스기업 쿠팡, 위메프, 티몬, 신선식품 새벽배송업체 마켓컬리((주)컬리) 등이 있다.

벤처연합의 전략은 분야별 1위 업체를 지분교환방식으로 인수해 선점 효과와 기존 인수한 앱과의 시너지효과를 극대화함으로써 기업가치를 제고하고자 하는 방식이다.

이 전략은 인수한 앱을 높은 가격으로 매각할 수도 있고, 그중 하나의 회사를 주권상장시킬 수 있다면 전체적인 기업가치가 크게 신장될 수 있다는 측면에서 주목해야 할 성장전략이라 할 수 있다.

❷ A&D 방식

가. A&D의 의의

주권상장법인이 비공개법인을 인수하여 합병을 통해 우회상장시키거나 자회사 형태를 유지하면서 자회사를 개발시켜 모회사인 상장법인의 기업가치 극대화를 하고자 할 경우를 A&D(Acquisition & Development)라고 한다.

미국 캘리포니아의 실리콘밸리에 있는 시스코 시스템(Cisco System)은 통상적으로 부실기업이나 경쟁회사를 인수 · 합병하여 공장설비에 의한 규모의 경제 달성이나 시장지배력의 강화를 위하여 M&A를 하는 것과는 달리, 시장을 리드하고 경쟁력을 유지하기 위하여 독자적으로 연구개발하는 것보다 우수인력과 핵심기술을 가진 신생기업을 인수하였고, 이를 독립적으로 운영하는 방법으로 사업의 영역을 확장하였다. 이후 이러한 기업의 인수방식을 인수 후 개발(A&D)방식이라 한다.

그러나 한국에서는 주로 사양업종 또는 저성장형 코스닥 상장 법인을 성장 가능성이 있는 장외기업과 결합하여 기업가치를 높이는 M&A 방식으로 이해되고 있다.

나. A&D의 목적

A&D는 기업인수 후 개발 형식의 기업인수 전략으로서, 주로 선진 IT 기업들이 이용하는 방식이다.

첫째는 주로 높은 기술력은 있으나 현금부족 등으로 제품화하지 못한 기업을 인수하여 기술을 제품화하고 상업화하고자 하는 목적으로 A&D를 이용하는데, 미국의 포토샵 업체인 어도비(Adobe)나 통신장비 업체인 시스코(Cisco) 등이 주로 이용하는 방법이다. 둘째는 성장 잠재력이 높은 비즈니스 모델을 가진 기업을 인수하여 잠재적인 사업모델을 시장에 내놓고자 하는 경우로서 페이스북이 인스타그램을, 구글이 유튜브를 인수한 목적이 바로 그러한 예이다. 셋째는 기술연구 인력이 부족한 현상을 겪고 있는 기업들이 핵심기술을 가진 소규모 벤처기업을 사들여 인재를 확보하기 위한 경우이다. 넷째는 부도상태에 처하거나 성장이 정지된 상장 제조업 등을 인수하여 인터넷, 정보통신, 바이오 등 새로운 사업을 가진 회사와 합병(일종의 우회상장)을 통해 수익구조를 개선함으로써 자본차익을 얻을 목적으로 시행되는 경우이다.

우리나라에서도 다음카카오는 내비게이션 앱 '김기사'를 만드는 록앤올을 626억 원에 인수하고, 그 전에도 알림장 앱 업체 '키즈노트', 벤처투자업체 '케이큐브벤처스', 중고전자기기 거래업체 '셀잇'을 인수한 바 있다. 이와 같이 상장기업은 확실한 수익모델의 창출을 위해 인수 · 개발 형태로 뚜렷한 기술력이 있는 소규모 벤처기업을 인수하고 있으며, 인수회사는 피인수기업이 가지고 있는 기술의 적용범위를 넓히고 기술을 상용화하고 있다.

이러한 A&D가 활성화되면, 스타트업이나 벤처로 시작한 창업자 등이 자금을 확보할 수 있게 되고 그들이 다시 벤처투자에 나서게 됨으로써 전체 스타트업이나 벤처기업의 창업이 활성화되는 선순환에 들어설 수 있다. 피터 틸은 그런 대표적인 예이다. 그는 인터넷 결제서비스 업체 페이팔을 창업해 이베이에게 매각한 후 그 자금으로 벤처투자를 꾸준히 해오고 있다. 그가 초기에 투자하여 성공한 기업으로는 우리에게 잘 알려진 페이스북, 링크드인, 에어비앤비, 스페이스X 등 많은 기업이 있다.

한국에서도 다음카카오가 록앤올을 인수한 것을 계기로 스타트업이나 벤처기업 업계의 자금 선순환의 물꼬가 트였다고 할 수 있다. 이제 SK, 삼성전자 등도 벤처업체를 인수하는 등 관심을 가지고 있어 선순환은 가속화될 것이다.

다. M&A와 A&D 차이

인수 · 개발 방식(A&D)은 기업의 기술 · 인력 등 핵심역량을 강화하여 기업가치 증대를 목적으로 한다는 점에서 시장지배력의 확대나 규모의 경제 또는 사업다각화를 목적으로 하는 M&A 방식과는 다르고, A&D는 주로 주식교환 방식으로 이루어져 자금이 적게 소요되나 M&A는 주식매수 방식으로 이루어져 대규모 현금이 소요된다는 점에서도 차이가 난다. 이러한 차이로 인해 A&D는 기술집약적인 회사가 기존 기술의 진부화에 대응하여 빠른 기술 도입으로 경쟁력을 유지하기 위한 목적 또는 페이스북, 구글과 같은 사회관계망 회사가 잠재적인 시장가치가 큰 비즈니스 모델을 확보하기 위한 목적에 적합하다. 반면 M&A는 전통적으로 시장지배력과 규모의 경제를 실현하기 위한 목적에 적합하다.

이러한 관점에서 A&D는 기술개발(R&D)과 인수합병(M&A)의 중간 형태로서 기술개발 비용을 줄일 수 있고, 실패하였을 경우 손실을 최소화하며, 성공하였을 경우 기업가치를 크게 증대시킬 수 있다는 장점이 있어 대기업이나 중소 벤처기업의 보편적인 합병방식으로 자리 잡고 있다.

라. A&D의 형태 및 일반절차

(1) A&D의 형태

A&D의 일반적인 형태는 대체적으로 다음과 같이 분류할 수 있다.

① 주권상장법인이 주권비상장법인 인수 후 개발

② 주권상장법인이 다른 주권상장법인 인수 후 개발

③ 주권비상장법인이 다른 주권비상장법인 인수 후 개발

④ 주권비상장법인이 다른 주권상장법인 인수 후 개발

(2) A&D의 일반절차

A&D의 일반절차는 다음과 같다.

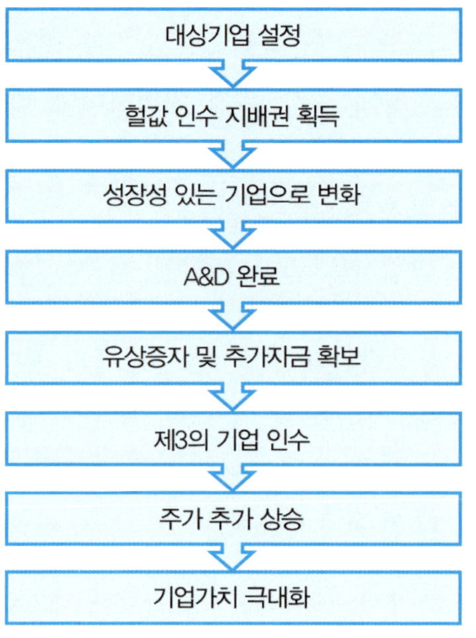

마. A&D를 통한 우회상장

A&D의 형태 중 주권상장법인과 관련되는 것으로서 A&D 목적으로 인수한 회사와 합병을 통해 곧바로 장내로 진입하는 것을 말한다. 우회상장(Back-door listing)이란 장외기업이 주권상장법인과의 합병 등을 통해 상장심사나 공모주청약 등의 절차를 밟지 않고 곧바로 장내로 진입하거나, 부실한 주권상장법인이 건실한 비상장법인을 흡수합병한 후 유망업종으로 변경하여 기업가치를 제고하는 것을 말하는데, 법률적으로는 주식인수와 합병 등이 순차적으로 결합된 형태이다. 이는 상장까지 걸리는 시간과 비용을 절감하기 위해 이미 상장된 회사를 이용하여 비

상장주식법인의 주식을 상장법인의 주식으로 전환시키는 형태이기 때문에 말 그대로 뒷문상장이라고도 불린다.

우회상장을 위해서는 다음의 우회상장 요건을 맞추어야 하며, 증권회사에 의뢰하여 우회상장의 심사 등에 대비하여야 한다.

① 합병비율에 대한 회계법인의 평가를 따를 것(자본시장법 제165조의4)

② 코스닥 상장요건(코스닥시장 상장 규정 제19조의3)에 맞을 것[미주1)]

③ 우회상장의 실질심사를 받아 통과될 것

우회상장 후에는 상장법인과 주권비상장법인의 최대주주 등에게 보유주식을 일정기간 동안 처분할 수 없도록 예탁을 의무화하고 있다.

3 경영자의 기업인수(MBO)

쌍용중공업의 최고 재무책임자였던 강덕수 전 STX그룹 회장이 1997년 외환위기로 인한 쌍용그룹의 구조조정 과정에서 2000년 사모펀드와 협력해 쌍용중공업(이후 STX로 변경됨)의 경영권을 인수하였고, FILA 코리아의 윤윤수 한국대표는 사모펀드와 협력해 2003년, 2005년, 2007년 총 세 차례에 걸쳐 이탈리아 FILA 본사 주식을 인수함으로써 FILA의 경영권을 인수하게 된다.

이처럼 경영자에 의한 기업인수의 특징은 공개매수나 공개매각 절차가 아닌 지배주주의 지지와 사모펀드의 협력에 의하여 이루어지는 경우가 대부분이다.

가. MBO의 의의

MBO(management buyout)는 현행 또는 장래의 경영진이 자신이 소속된 회사의 지분을 인수하여 경영권을 확보하는 거래이다. 회사의 내부 경영진이 대주주의 지분을 인수하는 과정이므로, 내부 경영진의 자금부족을 해결하기 위해 지분 인수에는 사모투자전문회사가 재무적 투자자로서 참여가 요구되는 것이 일반적이다.

여기에서 Buy-out이란, 재무적 투자자가 투자대상기업의 지분 또는 핵심자산을 인수하여 경영권을 획득하고, 적극적인 경영참여를 통해 사업구조조정 또는 기업지배구조 개선 등의 방법으로 기업가치를 증대시킨 후 매각함으로써 고수익을 추구하는 투자방식이다. 이러한 행위는 재무적 인수자의 활동이므로 경영을 계속하고자 하는 전략적 인수자가 수행하는 인수합병(M&A)과 구분하여 바이아웃이라고 부른다. 인수자금 조달에서 차입금을 활용하므로 차입기업인수(LBO, leveraged buyout)라고도 하며, 우리사주조합이 재무적 투자자에 동참하는 경우를 구분하여 MBO 및 EBO(employee buyout)라 한다.[19)]

나. 경영자의 기업인수의 장점

MBO에서는 경영진이 최고재무책임자(CFO), 생산과 판매임원, 기술담당임원 및 우리사주조합 등을 포함한 강력한 경영 팀을 구성하여 경영자가 경영하고 있는 회사를 인수함으로써 인수합병에 비해 정보의 비대칭으로 인한 기업비용과 대리인 비용을 감소시킬 수 있다. 즉, 경영자는 이미 회사에서 경영에 참여하고 있으므로 회사의 장단점 및 시장에 대

19) 김규진 · 임우돈 · 장훈, 『경영자의 MBO 기업인수』, 첨단금융출판사(2013), p.13~14

하여 상세히 알고 있으므로 신속하게 기회에 반응할 수 있어 정보의 부족에서 오는 기회비용을 줄일 수 있고, 직접 경영함으로써 대리인이라는 경영자를 내세울 때 드는 비용을 줄일 수 있다.

또한 경영자와 임원진 및 우리사주조합원 등은 자기회사라는 긍지를 가질 수 있으므로 일에 적극적으로 참여할 동기가 부여되고, 이익에 있어서도 배당이라는 인센티브를 받을 수 있으므로 이익이 극대화된다고 할 수 있다. 이러한 장점으로 해서 인수가 빠르게 진행되고, 경영이 안정됨으로써 이익이 크게 증가할 가능성이 높아져 사회적 가치가 향상될 수 있다.

다. MBO가 일어날 수 있는 여건

기업의 경영자는 회사와 주주에게 신인의무를 지고 있다. 이 의무에 따라 경영자의 이해관계가 회사와 주주의 이익과 충돌하는 경우에는 자신의 이익을 취해서는 안 된다. 이러한 제약으로 경영진이 주주, 특히 지배주주의 이익에 반해 주식을 확보함으로써 경영권을 획득하려는 시도는 의무의 위반이기도 하고 해임사유가 된다. 이런 이유로 경영자의 MBO는 극히 제한되고 성사되기도 어렵다. 그러나 창업주가 은퇴할 시기에 이르렀고, 마땅한 후계자를 찾지 못한 경우, 회사를 외부에 매각하기보다는 내부의 경영자에게 매각하는 것이 더욱 회사를 발전시킬 수 있다는 확신을 하는 경우에는 창업주가 주식의 인수를 제안할 수 있다. 창업주는 주식을 매각함으로써 은퇴자금 등을 확보할 수 있고, 창업자로서 명예회장 또는 고문으로 활동할 수도 있다.

경영자의 입장에서는 일생에 한번 올까 말까 하는 기회를 잡을 수 있기 때문에 유능한 경영자의 경우에는 사모펀드와 파트너를 형성하여 이러한 기회를 잡을 수도 있다. 이러한 경우 경영자는 사모투자전문회사와 지배권을 행사할 수 있을 정도의 지분을 매수함으로써 창업가문은 창업이익을 실현하고 일부 지분을 잔존시켜 가문의 명예를 이어갈 수도 있다.

STX그룹을 일으킨 강덕수 전 회장은 쌍용중공업 구조조정 과정에서 실제 지배권을 가지고 있던 채권단의 권유에 의하여 인수를 결심하였고, FILA의 윤윤수 회장도 이탈리아 본사 창업자의 인수권유를 받고 인수과정을 밟은 것이다.

스무디라는 과일음료를 만들어 판매하는 음료프랜차이즈 업체 스무디킹(Smoothie King)은 미국 루이지애나 주에 본사가 위치해 있다. 2012년 스무디킹 코리아 대표 김성완은 창업자의 권유를 받아들여 이 업체의 본사를 인수하였다.[20)]

이처럼 MBO는 창업자 또는 지배주주의 의사에 반하는 거래가 이루어지기는 어렵다. 그러나 중국이나 러시아에서는 국영기업이 민영화 과정을 거치면서 국영기업의 사장이 국가로부터 주식을 인수하여 지배주주 겸 경영자로 바뀌는 MBO가 크게 일어났으며, 이후 사회적 문제가 발생하자 이를 금지하기도 하였다.

라. MBO에 있어서 사모펀드의 역할

사모펀드가 참여하는 MBO에 있어서 사모펀드의 역할은 그들이 보유한 풍부한 자금과 인수합병 경험을 활용해 인수대상 기업의 지배주주와의 매각의사 타진, 법률 및 회계자문, 인수전략 수립, 경영자들에게 인수가격 협상, 인수에 필요한 대규모 자금조달을 제공하는 것이다.

---

20) 스무디킹 코리아는 가맹점의 감소와 부채비율의 증가로 어려움을 겪다가 2016년 신세계푸드에 매각되었다.

해당 기업을 인수한 후에는 주주자격으로 인수기업 이사회 참여를 통해 경영자들과 협력하면서, 또한 경영자를 견제하면서 기업가치를 증가시킬 수 있는 일을 한다.

인수한 기업의 가치가 투자시점에서 생각한 일정한 가치에 도달하는 경우 보유지분을 매각하여 투자한 자금을 회수하는 본연의 기능을 수행한다.

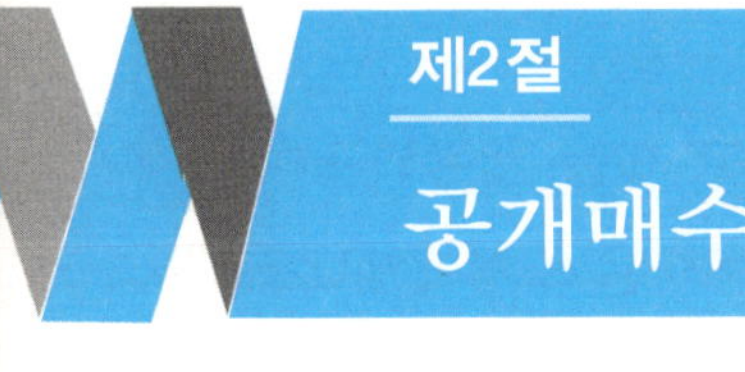

제2절 공개매수

공개매수는 테이크오버 비드(takeover bid, TOB)를 일컫는 말이다. 텐더오퍼(tender offer)는 일정한 가격에 특정기업의 주식을 공개적으로 사들이는 것을 말한다. 물론 이 경우 주식의 발행자, 즉 상대 기업의 동의를 요하지 않기 때문에 어느 기업이라도 매수하는 것이 가능하다. 그러나 우리나라에서는 이러한 방식으로 기업의 인수를 시도한 사례는 있으나 성공 사례는 거의 없다.

예를 들어 동부그룹의 '한농' 인수와 같이 소규모 회사의 인수를 시도하여 성공한 경우는 있으나, 규모가 큰 기업을 인수하는 데는 대부분 실패하였다. 실패 사례로는 신동방의 미도파 인수시도, 소버린의 SK네트웍스의 공격과 KCC의 현대엘리베이터 인수시도, 칼 아이칸의 KT&G 인수시도 등이 있다.

이 절에서는 공개매수에 대한 상세한 설명은 생략한다.

1 공개매수의 의의

법률상 M&A 수단으로서 공개매수는 기업지배권의 획득을 목적으로 주권상장법인 등의 의결권 있는 주식 등(전환사채 등 잠재주권 포함)을 증권시장 밖에서 10인 이상의 불특정 다수인에게 매수 청약을 하거나 매도 청약을 권유하여 그 주식 등을 매수하는 행위를 말한다.

주권상장법인을 공개매수에 의하여 기업지배권을 획득하려면 '상법',

'자본시장법' 및 '공정거래법' 등에서 규정하고 있는 법률과 규칙에 따라야 한다. 그런데 이러한 법률이 M&A 지원보다는 경영권 보호와 투자자 보호에 더 비중을 두고 있어 우리나라에서 텐더 오퍼에 의한 공개매수는 실현되기 어려워 실제 큰 의미는 없다.

2 법률 규정의 목적과 내용

자본시장법 제133조 및 제134조에서는 공개매수를 정의하고 공개매수 적용대상을 정하고 있을 뿐만 아니라, 공개매수 공고를 한 자에게 공개매수 신고서 제출 의무 등을 부여하고 있다. 이러한 규정을 두는 목적은 공개매수제도의 투명화를 통한 기업경영권 경쟁의 공정성을 확보하고, 무분별한 기업인수·합병을 방지하여 기업지배권의 안정을 도모하기 위한 것이다.

아울러 공개매수 등에 대한 공시를 통하여 투자자를 보호하고 경영권 이전을 목적으로 지불되는 경영권 프리미엄을 모든 주주가 균등하게 누릴 수 있도록 하기 위한 것이다.

3 공개매수의 적용대상

가. 공개매수 요건

① 적용 대상증권: 주권상장법인이 발행한 주식, 신주인수권이 표시된 것, 전환사채권, 신주인수권부사채권, 교환사채권, 파생결합증권

② 매수기간: 6개월 이내

③ 매수장소: 장외(유가증권시장 및 코스닥시장 밖)에서

④ 매수상대방의 수: 매수청약 또는 매수청약 권유의 상대방 10인 이

상으로부터 매수 등을 하고자 하는 경우

나. 공개매수 사유

① 보유주식이 5% 이상일 것: 당해 매수 등을 한 후에 본인과 그 특별관계자가 보유(소유 기타 이에 준하는 경우도 포함한다)하게 되는 주식 등의 합계가 당해 주식 등의 총수의 100분의 5 이상이 되는 경우

② 5% 이상인 주주의 추가매수행위: 본인과 그 특별관계자가 보유하는 주식 등의 합계가 당해 주식 등의 총수의 100분의 5 이상인 자가 당해주식 등의 매수 등을 추가로 하는 경우

제3절

경쟁매수

경쟁매수는 매수대상회사를 인수하고자 하는 다수의 매수의향자가 입찰에 참여하여 매수조건을 가장 좋게 제시한 매수의향자에게 우선매수청구권을 주는 방식이다. 주로 회생절차 중인 회사를 법원이 M&A하는 경우나 산업은행 등이 구조조정 과정에서 경영권을 확보한 후 매각하는 경우에 사용하는 방법이다.

우리나라의 경우 현재는 사모펀드가 어느 정도 발달되어 있어 그룹의 사업구조조정 과정에서 자금을 확보하기 위해서 사업양도나 그룹계열사를 매각할 때 그 액수가 수천억 원에 달해도 사모펀드가 매수자로서 나설 수 있지만, 이전에는 매수할 곳이 없어 주로 국책은행인 산업은행이 떠안는 경우가 많았다.

기업의 부실을 어느 정도 금융권에서 떠안을 수 있을 정도가 되는 경우에는 산업은행이나 주거래은행이 워크아웃 협약을 통해 대출이자율의 하향조정, 상환기일의 연장 조치를 취하고 대출금을 출자전환하여 경영권을 확보한 후 주거래은행의 관리하게 두고, 부실이 너무 심해 금융권에서 조정이 어려울 경우에는 법원에 회생신청을 하여 회생절차를 통해 부실기업을 정리하는 절차를 밟아왔다.

이런 기업이 어느 정도 경쟁력을 갖출 정도가 되면 주거래은행이나 법원이 경쟁입찰을 통한 M&A에 의하여 기업을 매각하곤 하였다. 현대자동차 그룹이 인수한 현대건설, SK그룹이 인수한 하이닉스, 하림그룹이 인수한 팬오션, 미래에셋에서 인수한 대우증권 등이 과거에 이루어진 경쟁입찰이라 할 수 있다.

아직도 산업은행은 대우건설, 대우조선해양[21] 등 매각하여야 할 덩치 큰 기업을 은행관리로 가지고 있다. 언젠가 이러한 물건들도 시장에 나올 것이다.

여기에서 사용되는 입찰방식에는 다음과 같은 것이 있다.

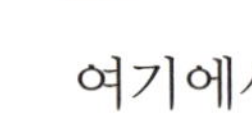 공개경쟁입찰의 종류

여기에서는 일반적으로 M&A에서 이용되는 입찰방식과 종류에 대해 간단히 알아본다.

가. 일반경쟁입찰

불특정 다수의 희망자를 입찰에 참가하도록 한 후, 그중에서 가장 배점을 많이 받은 업체를 선정하는 방법이다.

나. 제한경쟁입찰

사업자 중에서 계약의 목적에 따른 "사업실적, 기술능력, 자본금"을 제한하여 공개경쟁입찰에 참가하도록 한 후, 그중에서 가장 배점을 많이 받은 업체를 선정하는 방법이다. 이 경우 유효한 2인 이상의 입찰참가 신청이 있어야 한다. 현재 법원에서 실시하고 있는 입찰방식은 주로 일반경쟁입찰이 아니라 제한경쟁입찰이다.

21) 대우조선해양은 현대중공업이 인수하기로 하고 중국, 일본 등에서 결합심사를 앞두고 있다.

다. 경매호가입찰

경매호가입찰(progressive deal) 방식은 본 입찰 이후 인수 후보들을 복수로 선정한 후 다시 가격경쟁을 붙이는 방식이다. 이 방식은 여러 입찰 방법 중에서 가장 심리적인 요소를 내포하고 있다. 즉, 당사자끼리 싸움을 붙여 '싸움에 이겨야 하지 않겠느냐'는 식으로 경쟁심리를 유발시킨다. 한 번에 결정되는 경매방식과 달리 경쟁자가 모두 탈락할 때까지 진행되기 때문에 심리적으로 매도자의 의도에 휘둘릴 가능성이 매우 높은 경매방식이다. 홈플러스 경매를 두고 모회사인 테스코와 주간사인 HSBC가 이 방법으로 본 입찰에 MBK파트너스, 칼라일, KKR－어피니티 컨소시엄을 선정한 후 다시 가격 입찰을 실시하여 초반에 칼라일이 탈락하고, MBK파트너스와 KKR－어피니티 컨소시엄이 경쟁을 벌이도록 해서 7.2조 원이라는 가격을 써 낸 MBK파트너스가 최종 인수자로 선정되었다. 이 방법은 이전에 론스타가 웅진에게 극동건설을 매각하면서 알려진 것으로, 구미에서 자주 이용되는 입찰방식이다. 이 방식은 꼭 인수하겠다는 인수자를 사전에 파악하고 들러리로 다른 입찰자를 세워서 진행할 수 있어 오너 경영자에 의하여 지배되는 한국기업이 입찰에 참여할 경우 속아 넘어가기 쉬운 방식이다.

제한경쟁입찰 방식이든 경매호가입찰 방식이든 간에 공개경쟁입찰에서 매각을 주간하는 매각주간사의 역할을 이해하여야 한다. 매각주간사의 역할을 이해해야 덤터기를 피할 수 있다. 매각주간사는 주로 매각이 성사됨으로써 성공보수와 매각대금에 연계해서 수수료를 받는다. 따라서 입찰에 의한 공개매각을 하는 경우, 매각을 담당하는 회사나 주간사 또는 자문기관 등은 매각을 성공적으로 이끌기 위해 여러 가지 치밀한 논리를 개발하고 흥행성 이벤트를 만들어 경쟁 분위기를 만들어 간다. 인수하고자 하는 경쟁업체에 경쟁을 유도하기 위한 정보를 흘린다든가 또는 역정보를 주어 인수하고자 하는 생각이 들게 하거나, 경쟁에서 지면 떨어진 경쟁자의 명성에 금이 갈 것 같은 느낌이 들도록 이미지를 조작하기도 한다. 상대를 부각시켜 경쟁심을 부추기고 위기를 조장하여 심리적으로 초조하게 만드는 군사작전 같은 전략을 구사한다. 인수자는 이러한 작전에 말려들면 안 된다. 여기에 말려들면 매도자가 쳐 놓은 그물에 걸리는 결과가 된다.

앞에서 설명하였듯이 웅진은 경매호가방식으로 시세의 몇 배를 주고 극동건설을 인수하였고, 모 그룹도 이 방식으로 진행된 입찰에서 높은 가격으로 외국회사를 인수한 바 있다. 일반제한경쟁도 마찬가지이다. 예를 들어 현대차그룹이 인수한 삼성동 한전부지 입찰을 보면 분명해진다.

시장에서는 감정가가 약 2조 5천억 원 정도이므로 약 3조 5천억 원 전후에 낙찰될 것으로 보았으나, 현대차그룹에 약 10조 원에 낙찰된 것이다. 즉, 매도 측의 전략은 경쟁자를 내세워 경쟁을 유도하는 것인데 때마침 삼성그룹의 입찰 참여는 전략의 성공을 담보하였다. 즉, 삼성그룹의 참여로 인해 현대차그룹으로 하여금 경쟁자에게 패하면 안 된다는 심리를 강하게 심어준 것이 위와 같은 결과로 나타난 것이라 생각된다.

위의 결과가 보여주는 교훈은 바로 경쟁입찰의 경우, 매도자와 매각주간사의 전략에 걸려들지 않으려면 경쟁 상대방의 움직임에만 신경쓰지 말고 실제 매수하고자 하는 대상의 본질 가치와 잠재적인 가치에 집중하여야 한다는 점이다(제6장 제5절 5. 최종가격결정에서 게임이론의 적용 참조).

2 법원에서 실시하는 M&A 절차

기업회생신청의 이유를 보면 몇 가지로 나누어 볼 수 있다. 중소기업의 경우에는 과다한 차입으로 과대시설을 한 경우와 거래처에 과다한 신용 판매 후 자금이 회수되지 않아 자금이 경색된 경우가 많다. 오래된 기업이나 규모가 큰 대기업의 경우에는 경영주가 기업재산을 빼돌리거나 아니면 내부 임직원의 사적자금유용 또는 기업이 보유한 자원을 효율적으로 사용하지 못한 경영자의 무능이 회생신청의 원인이 되기도 한다. 이러한 원인을 잘 이해하고 파악하면 회생회사를 인수하여 성공적인 결과를 얻을 수도 있다. 예를 들면 과다시설에 따른 과다차입과 매출채권의 부실에 따른 자금경색의 경우에는 자금지원을, 경영자의 무능에 의한 경우에는 사업을 재구조화 후 유능한 경영진을 배치하는 것 등이다. 그러나 부실기업을 인수하려면 인수 전에 재산에 대한 재평가를 거치고

지본확충 후 운영 또는 사업분할 후 일부 사업부문 매각·합병 등을 염두에 두어야 하고, 인수한 후에는 임직원에 대한 재교육을 실시하고 그 결과에 따라 업무를 재배치하여야 한다.

주로 법원에서 M&A하는 경우의 절차를 설명하면 다음과 같다.

가. M&A 진행시기에 의한 분류

회생절차에서 M&A란, 회생계획의 인가 전후를 불문하고 회생계획에 의한 채무감면과 면책의 효과를 발생시키는 절차에 따라 회사의 경영권 내지 지배권을 이전시키는 것을 말한다. 따라서 M&A 필요성의 완급에 따라 개시 전, 개시 후 인가 전, 인가 후 등으로 나눌 수 있다.

(1) 회생절차개시 전부터 진행된 M&A

회생절차가 개시되기 전에 추진된 M&A 결과를 회생절차에서 승인함으로써 회생법상의 채무면제·면책의 효과를 부여하는 것을 말한다. 현재 우리도 이 절차를 이용할 수 있다.

(2) 회생절차개시 후 회생계획인가 전 M&A

회생계획인가 전 M&A는 회생절차 개시신청 전후에 채권단과의 협의하에 공정하고 합리적인 기업가치평가 및 인수자 선정절차를 거치고, 그에 따른 M&A를 내용으로 하는 계획안을 사전에 마련한 후 관계인집회에서 결의에 부쳐 회생계획안의 인가와 동시에 회사에 대한 지배권을 이전하는 방식이다.

현재 서울중앙지법에서 건설회사의 회생절차는 이러한 방식에 의하여

인가와 동시에 회생절차가 종결되고 경영권을 이전한다. 삼부토건이나 삼환기업 등이 이러한 예에 속한다.

(3) 회생계획인가 후의 M&A

회생계획인가 이후에 회생계획에 정해져 있지 않은 영업양도 등 회생계획변경절차에 의하여 하는 M&A를 말한다.

다음은 이 방식을 설명한 것이다.

나. M&A 절차의 흐름도

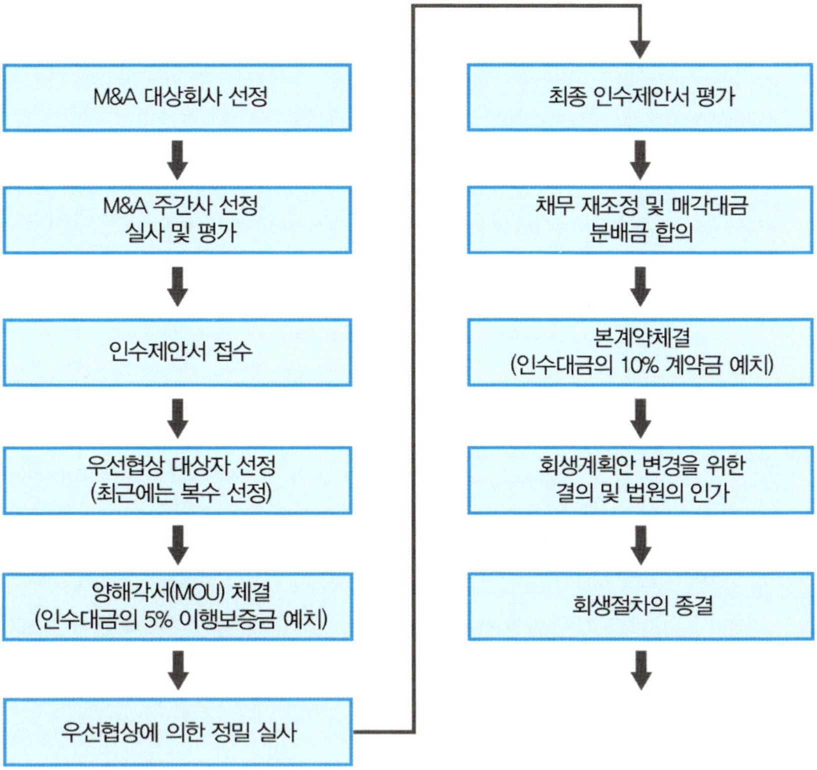

M&A 대상회사 선정
↓
M&A 주간사 선정
실사 및 평가
↓
인수제안서 접수
↓
우선협상 대상자 선정
(최근에는 복수 선정)
↓
양해각서(MOU) 체결
(인수대금의 5% 이행보증금 예치)
↓
우선협상에 의한 정밀 실사
↓
최종 인수제안서 평가
↓
채무 재조정 및 매각대금
분배금 합의
↓
본계약체결
(인수대금의 10% 계약금 예치)
↓
회생계획안 변경을 위한
결의 및 법원의 인가
↓
회생절차의 종결
↓

다. M&A 절차

M&A의 형태가 다양한 것만큼 채무자의 M&A 절차도 매우 다양하나 일반적으로 예상되는 절차와 소요기간은 다음과 같으며, 전체적으로 적어도 6개월 이상이 소요될 것으로 예상된다.

(1) 주간사 선정

보통 M&A 절차의 초기 단계에서 그 공정성을 확보하고 원활한 수행을 위하여 전문성이 있는 M&A 주간사를 선정한다. 주간사는 기업가치평가, M&A 전략수립, 기업소개서(Information Mem orandum, IM) 작성, 투자자유인, 인수의향서 접수 및 평가, 채무조정안 수립, 채권자 설득 등 일련의 절차를 관리인과 함께 수행한다. 주간사는 관리인이 법원의 허가를 받아 선정한다.

(2) 자체실사와 투자유치를 위한 마케팅

1) 실사 및 기업가치 평가

주간사는 직접 또는 회계법인 등을 통하여 채무자의 자산 및 부채에 대하여 실사(due diligence)하여 실사가치, 청산가치 및 계속기업가치를 산정한다.

주간사와 관리인은 산정된 3개의 가치를 토대로 채무자의 M&A 매각금액을 결정한다. 매각금액은 향후 변경회생계획안 작성 시 채무재조정의 기준이 되는 금액이므로 관계인집회에서 채권자들의 동의 가능성, 인수제안금액이 매각금액에 미달할 경우의 M&A 재추진 가능성 등도 고려하여 결정한다. M&A 매각금액은 통상 청산가치와 계속기업가치 사이에서 결정된다.

2) 매각전략의 수립

관리인과 주간사는 M&A를 어떤 구도로 추진할 것인지에 관하여 구체적인 전략을 수립하여야 한다. 매각전략이란, 실사가치 이상으로 자금을 확보할 수 있는 매각예정금액과 재무 안정성을 위하여 적정한 유상증자비율의 범위를 정하는 것이다.

또한 상장회사인 경우에는 유상증자 시 발행가액을 액면가액의 몇 배로 할 것인지도 매각전략의 일환이다.

3) 마케팅 자료의 작성

주간사는 투자안내서(Teaser) 또는 기업소개서 등 마케팅 자료와 입찰안내서, 양해각서 초안 등 관련 서류도 준비하여야 한다. 채무자 회사를 매각하기 위한 전략을 수립하고, 이러한 전략에 따라 인수 가능한 회사를 접촉하고 마케팅 자료를 배포한다.

4) 우선협상대상자 선정기준 작성

우선협상대상자 선정기준에는 통상 인수대금의 규모와 유상증자비율, 인수대금의 조달 확실성, 인수대금 중 부채부분의 조달조건, 인수 후 경영능력, 주인수자의 재무건전성, 고용승계 여부 등이 포함되어 있다. 그 중에서 인수대금 규모의 배점이 가장 높은 비중을 차지하고 있는 것이 일반적이다.

5) 기업매각 공고

매각전략이 수립되면 관리인은 법원의 허가를 받아 인수의향서 제출기간, 제출장소, 제출서류, 진행일정 등을 정하여 매각공고를 한다.

관리인과 주간사는 잠재적 투자자(Potential Buyer)를 물색하고, 이들에게 간략한 투자안내서(Teaser)를 배포하는 등 마케팅을 위하여 활동한다. 또한 회계법인 등을 통한 채무자의 자체 실사 및 평가(Due Diligence & Valuation), M&A 전략 수립, 잠재적 투자자(Potential Buyer) 물색, 기업매각 공고, 인수의향서(일반적으로 LOI(Letter of Intent)라고 불리며, 법적 구속력은 없다) 접수 및 평가, 회사설명자료(Information Memorandum) 발송, 실사를 위한 자료실(Data Room) 준비, 인수의향서 제출자의 간이실사(Data Room Review) 등의 활동을 수행한다.

(3) 인수자 선정

1) 인수의향서 접수

기업매각공고 이후부터 인수의향서(LOI)를 접수하고, 인수의향서 제출업체로부터는 비밀유지 확약서(Confidential Agreement, CA)를 제출받는다. 관리인은 인수의향서를 제출한 업체들에게 기업소개서(IM)를 배포한다. 예비실사 참가자들은 회사에 마련된 자료실(Data Room)에서 회사의 재무관련 자료, 영업 관련 자료 등을 열람할 수 있다.

이 단계에서 예비 실사참가자들에게 입찰안내서를 배포하는데, 구속력 있는 인수제안서(Binding Bid Offer)를 제출하는 방식과 필요한 사항의 안내 등을 주된 내용으로 한다.

2) 인수제안서의 접수

인수의향자는 예비실사 결과를 토대로 미리 배포된 입찰안내서에 따라 인수금액을 기재한 구속력 있는 인수제안서를 제출한다. 인수제안서 제출자는 인수금액에 대한 자금조달증빙을 제시하여야 하는데, 일정 기준 이상의 자금조달증빙을 제시하지 못할 경우에는 인수제안서를 무효처리하기도 한다.

3) 우선협상대상자의 선정 및 통지

채무자의 임원들과 주간사의 담당자들로 구성된 평가위원들이 미리 작성해 둔 우선협상대상자 선정기준표에 따라 접수된 인수제안서들을 심사하여 우선협상대상자를 선정한다. 이때 평가점수 순위에 따라 예비협상대상자를 추가로 선정하여 우선협상자와의 협상결렬에 대비하는 것이 좋다.

우선협상대상자는 선정 통보일부터 수일 이내에 양해각서를 체결하여야 하고, 양해각서 체결일 전일까지 인수제안금액의 일정 비율에 해당하는 금액(통상 인수대금의 5%로 정한다)을 이행보증금으로 납입하여야 한다.

4) 양해각서의 체결

관리인은 우선협상대상자와 이미 배포된 양해각서초안에 대한 협상을 거쳐 법원의 허가를 받아 양해각서(Memorandum of Understanding, MOU)를 체결한다.

(4) 우선협상대상자의 정밀실사

우선협상대상자는 양해각서에서 정한 방법에 따라 채무자에 대한 정밀실사를 실시한다. 정밀실사는 실사기준일 현재 실사범위에 해당하는 자산·부채가 주간사가 정한 실사기준에 따라 적정하게 평가되어 있는지 확인하도록 하는 것이다.

정밀실사 후에 우선협상대상자는 최종 인수제안서 또는 인수대금조정요청서를 제출하여야 한다. 인수대금조정을 요청하는 것은 주간사의 실사기준일 이후의 자산·부채의 변동사항이나 주간사의 실사결과와 정밀실사의 차이가 있을 수 있기 때문이다. 회생절차상의 M&A에서는 일반 M&A와는 달리 부외부채나 우발채무의 발생 가능성이 거의 없기 때문에 통상적으로는 양해각서에 인수대금의 5% 한도 내에서 인수대금을 조정할 수 있는 것으로 정한다.

(5) 본계약의 체결

1) 인수대금 조정 협상이 끝나면 기타 인수조건에 관해서도 세부적인 협상을 벌여 타결되면 본계약을 체결한다.
   본계약에는 인수대금액수 · 인수대금의 지급시기와 방법 · 지급조건 등 그간 협상해 온 M&A에 관한 모든 사항은 물론 후속절차에 대한 내용, 예를 들면 회생계획 변경절차에 관한 내용, 회생담보권 · 회생채권의 변제에 관한 내용, 자본감소 · 유상증자 · 회사채 인수에 관한 내용, 인수기획단의 파견, 회생절차의 종결에 관한 내용 등을 기재한다.

2) 본계약 체결 당일에 인수자로 하여금 인수대금의 10%(기납입된 이행보증금 5% 포함)를 계약금으로 예치하게 하고, 인수자의 귀책사유로 인하여 본계약이 해제 또는 해지되는 경우에는 위 계약금을 위약벌 또는 위약금으로서 몰취하는 조항을 본계약에 명시함으로써 인수자가 부당하게 계약을 파기하지 못하도록 하고 있으므로 본계약 체결 전에는 매우 신중한 의사결정을 하여야 한다.
   계약금을 제외한 나머지 인수대금은 변경회생계획안의 심리 및 결의를 위한 관계인집회 수일 전 또는 서면결의의 회신기간만료일 수일 전까지 예치하도록 정하는 것이 보통이다.
   예전에 한화그룹이 대우조선해양주식회사를 인수하기 위해 예치한

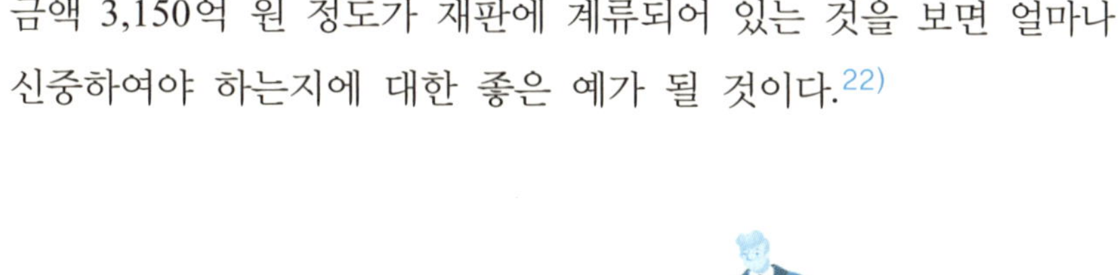

금액 3,150억 원 정도가 재판에 계류되어 있는 것을 보면 얼마나 신중하여야 하는지에 대한 좋은 예가 될 것이다.[22)]

(6) 회생계획변경

우선협상대상자와 본계약이 체결되면 채무재조정을 위한 채권자와의 협상을 시작한다. 어느 정도 협상이 완료되면 기존 주식의 병합, 인수자에 대한 유상증자 내지 회사채 발행, 회생채무의 감면과 인수대금에 의한 일괄변제 등의 내용이 담긴 변경회생계획안을 법원에 제출한다. 채권자집회에서 변경회생계획안을 결의한 후 납입대금을 완납하면 법원은 변경회생계획안을 인가한다.

22) 이 재판 1심과 2심에서 한화그룹이 패소하였으나 2016년 대법원에서 파기환송되었다. 이에 고등법원은 산업은행의 대우조선해양의 관리부실과 회계분식의 책임을 물어 원금 782억 원과 이자 418억 원 등 1,200억 원의 이행보증금을 돌려주라는 판결을 내렸다.

(7) 회생절차 종결

인수기획단 파견, 임원진 개편, 감자 · 유상증자 · 출자전환 등의 절차를 이행하고 회생채무 변제, 담보권 말소가 끝나면 회생절차를 종결함으로써 인수자가 지배권을 확보하게 된다.

M&A

제 4 장

시장의 참여기관과 이해관계자

어떤 사업분야에서 본인이 직접 일하지 않거나 경험이 없으면, 그 분야에서 사용하는 용어가 생소하게 들린다. 사용하는 용어의 개념을 정확하게 이해하지 못하면 대화의 내용을 잘 이해하지 못하거나 맥락을 오해할 수 있다. 더구나 그 분야에 종사하는 사람들은 영어로 된 약어를 많이 쓰는데, 이는 더더욱 이해하기 어려워 외계인이 자기들만이 아는 특별한 지식이라도 있는 것 같은 느낌이 들고, 자신은 그것도 못 알아듣는 사람처럼 느껴져 낭패감이 들 때도 있다.

이런 경우 필자는 대화를 할 때 되도록 영어약자를 쓰지 말고 한글로 풀어 쓰도록 유도하되, 외국에서 유래된 말이면 외국어로 된 약어를 풀어서 설명하도록 요구한다. 그렇게 용어가 설명되면 어렵게 느껴지는 것도 금방 내용을 알 수 있다.

M&A 시장에서도 마찬가지이다. 여러 관계자들과 미팅할 때 쓰는 말을 거의 알아듣지 못하는 경우가 많다. 하물며 M&A에 전혀 경험이 없는 최고경영자라면 여러 이해관계자들이 쓰는 말을 알아듣지 못할 수 있다. 이때 알아듣는 척하면 중대한 의사전달을 실패할 수 있고, 반대로 이해할 수도 있다. 약어 특히 영어로 된 약어를 풀어서 설명하도록 요구하여야 한다.

이 장에서는 M&A 시장의 참여기관과 이해관계자의 역할과 수행분야에 대해 설명하고자 한다. 더불어 그 분야에 종사하는 사람들이 자주 사용하는 용어에 대한 설명을 간단히 하고자 한다. 수학을 잘하려면 용어의 정의를 잘 이해하고 공식을 잘 응용하여야 하듯이, 용어를 이해하면 인수·합병 시장에서 헤매는 일은 없을 것이다.

제1절

M&A 시장의 참여기관과 이해관계자

1 참여기관과 이해관계자 개관

M&A 시장에서 거래 대상은 기업 전체 혹은 일부에 대한 경영권이다. 따라서 M&A 시장을 게임이론 시각에서 바라보면 기업인수 및 매각 게임이라고 할 수 있다.

M&A 시장에는 당사자로서 인수기업과 인수대상기업 또는 합병대상기업이 있고, M&A의 전략인 자금조달전략, 매입전략, 매각전략, 사후관리 방안 등을 세우거나 수행하기 위한 보조기관으로서 투자은행, 증권회사, M&A 부티크(boutique), 법률회사, 회계법인 등 각종 M&A 중개기관과 M&A 관련 각종 펀드 등이 있다.

M&A 게임은 정책당국에서 제정된 M&A 관련 각종 법 · 제도 등 규칙에 의거하여야 한다. M&A 시장에서 정부의 역할은 어떤 인수합병이 법과 규정에 맞는지 심사하거나(금융위원회의 심사) 허가를 내주는 일(공정거래법의 저촉여부 등)과 M&A를 활성화하기 위한 새로운 제도의 도입과 기존제도의 개선을 통해 게임의 규칙을 조정함으로써 원하는 정책목표가 달성되도록 유도하는 것이다.

일반적인 상품 혹은 서비스 시장에서 매매는 단순한 데 비해 M&A는 복잡한 자산형태로 구성된 법적 실체를 대상으로 하므로, 그 과정이나 절차가 일반 상품 혹은 서비스 거래보다는 매우 복잡하다. M&A의 착수에서 완료까지는 여러 절차가 필요한데 여기에 관련된 회계, 법률, 금융, 조세 등 여러 전문적인 문제뿐만 아니라 M&A 효과분석, 자금조달 등 M&A 시도 기업들이 내부적으로 해결할 수 없는 복잡한 문제들이 존재한다. 대부분의 M&A 시도 기업들은 아웃소싱을 통하여, 즉 각종 외부 전문기관에게 자문을 구하거나 협업을 통해 문제를 해결하려 한다.

M&A 시장에 참여하는 많은 외부 이해관계자 집단은 그 역할도 다양하다. 법률회사와 회계법인 등의 자문기관은 인수기업과 피인수기업 모두에게 해당 M&A와 관련된 법률 및 회계에 대한 서비스를 제공한다. 금융회사, 벤처캐피탈 등의 자금공급자, 정보수집 및 분석을 주로 하는 전문조사기관은 대체로 인수기업 측에서 필요로 하는 그룹이다. M&A 중개기관은 인수기업과 인수대상기업의 M&A를 원활하게 도와주는 역할을 한다. M&A 전문회사, 기업사냥꾼(raider), M&A 펀드 등은 인수 당사자가 되기도 하고, 중개 또는 자문 등의 역할을 한다. 그 외에 정부기관, 세무서 등 외부 이해관계자는 M&A 시장과 간접적인 관계를 갖는 집단이다.

참여기관과 이해관계자의 속성

최고경영자는 M&A를 실행하는 데 관계되는 이해관계자 집단에는 무엇이 있는지, 각 이해집단은 무슨 역할을 수행하는지 잘 알고 있으면 M&A를 성공으로 이끄는 데 도움이 될 것이다. 특히 알고 있어야 하는 것은 각 이해관계자의 속성이다. 일반적으로 M&A에 있어서 이해관계자 집단은 각자 맡은 일에 대해서 거래되는 자산의 규모 또는 사용시간 등과 연계해서 수수료를 받거나 거래가 성사되면 성공보수를 받는 계약을 한다. 그러므로 이해관계자 집단은 어떻게든 거래가 성사되어야 기본 수수료 외에 성공보수를 받을 수 있으므로, 거래의 성사에 더욱 노력하게 마련이다. 그러다 보면 이해관계자는 인수자 또는 매각자 등 자문용역 의뢰자의 이익에 반하여 행동할 수 있는데, 이는 거래가 끝나고 소정의 성공수수료를 받으면 그만이기 때문이다. 여기에서 의뢰자의 이익에 반하는 행동이란, 매도자의 입장에서는 싸게 파는 것 또는 매수자의 입장에서는 비싸게 사는 것을 방관하거나 조언하지 않고 거래의 성사에만 집중하는 것을 말한다.

이러한 예로서 평가기관의 인수가격산정의 오류로 과대평가된 인수가격이 도출되는 경우를 들 수 있다. 즉, 대상회사에 대한 잘못된 가치평가를 바탕으로 결정된 인수가격이 문제가 된 경우이다. 인수대금의 과도한 지출로 인해 M&A는 성공하였으나 '승자의 저주'에 걸려 결과적으로 성공적인 M&A에 이르지 못하고 인수그룹이 재정적 손실에 이른 예가 바로 그것이다. 석유공사가 캐나다 소재 정유회사 '노스애틀랜틱리파이닝(NARL)'을 인수하면서도 같은 일이 벌어졌다. 정확히 알 수는 없지만 결과적으로 보면 평가기관이 매수회사를 과대평가하고, 그에 따라 매수인이 과도한 인수금액을 지급함으로써 실패로 귀결되었다.

최고경영자는 자문기관이 의뢰인인 자신의 이익을 대변하는 것 같아도, 그 본질은 수수료 수입에 있다는 것을 꼭 알아야 한다. 일의 성사를 서두르거나 협상 등에 적극적일 때는 자문기관이 자신의 이익을 대변하고 있는지 의심해 보아야 한다. 또한 그 의심이 합리적이라고 생각할 때에는 다른 자문기관을 보조적으로 선임하여 자문내용을 재검토하는 것이 좋다.

❸ 참여기관

M&A 시장에는 다양한 기관, 개인, 전문가들이 참여하고 있다. 기업의 지배권 또는 경영권과 함께 기업실체를 거래하는 경제활동이므로 기관이나 개인이 단독으로 거래를 완벽하게 진행하기가 어렵고, 인수기업에서 직접 M&A를 수행하는 경우에는 많은 시행착오와 위험을 감수해야 하는 만큼 거래금액이 클수록 효율적이고 경제적인 거래절차를 위해 적절하게 외부전문가를 참여시키는 것이 중요하다. 따라서 M&A 시장에서는 각계의 전문가들이 참여자로서 상호 간의 전문적인 지식과 경험을 토대로 협력을 통해 거래를 성사시키게 된다. 이에 따라 M&A 진행절차에 따라 부문별로 관여하는 것이 대부분이므로 M&A 절차의 모든 부문에 참여하는 참여자는 일부에 지나지 않으며, 단계별로 참여자의 역할과 기능이 다르게 진행된다.

가. 자문기관

M&A는 복잡하고 여러 절차를 오랜 시간에 걸쳐 처리하여야 하므로, M&A를 하고자 하는 대부분의 기업들은 외부 전문기관에게 자문을 구하거나 협업을 통해 문제를 해결하는 것이 좋다. M&A에 있어 대표적인 자문기관으로는 회계법인, 법률회사, 투자은행 등이 있다.

(1) 회계법인

회계법인은 공표된 재무제표를 기초로 대상기업의 회계정보를 조사하여 공표된 재무제표의 오류가 없는지 검토하고, 매각주간사가 실사한 자료를 바탕으로 예비실사에 참가하여 회사의 재무나 영업 관련 자료 등을 열람하거나 분석한다. 인수작업에 들어갈 때에는 정밀실사를 주도적으로 수행하는 등 대상기업의 가치평가와 M&A 후의 경제적 효과나 손익 등을 분석한다. 회계법인의 역할이 매우 중요하므로 다시 후술한다.

(2) 법률회사

법률회사는 M&A가 진행되는 동안 절차에 따른 법률적 검토나 M&A 관련 계약서를 작성하는 등 법률적 자문을 맡는다. M&A 거래가 대규모화함에 따라 법률적 검토사항도 많아지고 법률회사의 역할도 커지고 있으며, 최근 대규모 M&A에서는 법률회사가 투자은행과 함께 팀을 구성하여 전체적인 자문에 관여하는 경우가 늘고 있다. 법률회사는 자문계약을 할 때 M&A 성공여부와 관계없이 법률자문 수수료를 확정하여 지급할 것을 요구하는 것이 일반적이다.

(3) 투자은행

투자은행은 M&A 인수대상기업의 탐색에서부터 매매전략수립, 인수협상과 계약, M&A 종료 후 기업재구축과 같은 사후관리까지 M&A 전반에 걸쳐 중요한 역할을 담당하고 있다. 우리나라에서는 주로 외국계 투자은행이 대규모 자금이 소요되는 국제적인 M&A에서 회계법인을 대신하여 매각주간사를 맡거나 매수자문을 하는 경우가 많다. 이들은 주로 자문수수료를 목적으로 M&A에 참여하거나 다른 투자은행이나 회계법인이 주관하는 M&A에 재무적 이익을 얻기 위해 재무적 투자자(FI)로 참여하기도 한다.

외국계 IB회사는 대형 M&A 또는 국제 간 M&A에서 분야별 전문가를 보유하고 자문을 하고 있다. 이처럼 M&A가 활발한 국가에서는 투자은행의 역할이 점차 커지고 있고, 우리나라도 대형증권사 등이 이러한 분야로 역량을 키울 필요성이 커지고 있다.

나. 자금공급기관 및 재정자문기관

M&A 시장에서 재무적으로 중요한 역할을 하는 것이 자금공급기관과 M&A 재정자문인이다.

인수금융은 위험도에 따라 선순위, 중순위, 후순위 대출이 있는데, 선순위 대출은 인수회사의 자산이 담보로 제공되기 때문에 인수금융 중 낮은 수익률로 대규모의 자금이 제공되므로 주로 상업은행이 담당한다. 중순위 대출은 선순위보다는 위험도가 높지만 약속된 수익률도 높으면서 후순위보다 위험도가 낮은 것으로서 국민연금이나 보험사 등이 주로 담당한다.

다음으로는 후순위 대출자이다. 그야말로 '하이 리스크, 하이 리턴'이 딱 들어맞는 투자로 주로 위험에 적극적인 투자은행, 사모펀드, 증권사 등이 그 역할을 수행하는 것이 보통이다.

M&A의 인수금융은 일반적인 대출에 비해 비교적 금리가 높으므로 상업은행과 보험사 등이 대규모 자금을 융통해 주고 있으며, 보다 고수익인 재무적 이익을 위해 증권사, 연금, 사모펀드 등이 재무적 투자자로서 참여한다.

재정자문인은 주로 M&A와 관련한 자문수수료를 목적으로 자금조달에 대한 자문업무를 하고 있으며, 전통적으로 재정자문인의 가장 큰 역할을 하는 기관이 투자은행(investment banks)이다. M&A 시장의 속성상 많은 위험을 내포하고 있기 때문에 위험을 감수하려는 경향이 강한 투자은행이 이 업무에 적합하다.

이러한 기관들은 인수자금에 대한 금융서비스를 비롯하여 M&A 진행 과정에서 발생하는 자금 관련의 전반적인 서비스를 통해 M&A 거래가 성공적으로 완료되도록 지원을 한다.

(1) 상업은행

시중은행은 위험을 회피하기 위해서 재무적 투자자로 참여하기보다는 주로 인수금융에 필요한 자금을 일반 시중금리보다 높은 금리로 빌려주는 역할을 한다. 또한 M&A 후에 일시적인 중개자금을 상환하기 위한 대환자금으로 대상기업의 자산을 담보로 자금을 제공하기도 한다. 인수금융의 규모가 클수록 시중은행을 제외하면 자금을 빌려줄 여력이 있는 금융기관이 많지 않아 인수금융의 약 50% 내외가 시중은행에서 차입한 것으로 보면 된다.

(2) 투자은행

앞에서 설명하였듯이 투자은행은 직접 M&A에 매각주간사나 매수자 문사로 참여하기도 하지만, 다른 M&A에 있어서는 재무적 투자자로서 참여하면서 자금공급자로서의 역할도 수행한다.

(3) 보험사

보험사 등도 저금리 시대를 맞아 마땅한 투자처 또는 자금을 빌려 줄 곳을 찾지 못하는 상황이 계속되자 인수금융의 자금 공급자로 떠오르고 있다. 물론 재무적 투자자로 참여하기보다는 시중은행과 같이 보다 높은 금리로 자금을 융통해 주는 역할에 그치고 있다.

(4) 연기금

우리나라에서 일어나고 있는 M&A에서 자금공급자로서 연기금의 역할이 기대되고 있으나, 보수적인 자금운용으로 인해 기대치에는 미치지 못하고 있다. 연기금은 막대한 운용자금 중 일부를 포트폴리오 차원에서 투자하는 것이 요망된다. 주로 국민연금, 군인연금, 사학연금 등이 규모

가 큰 M&A에 재무적 투자자로서 참여하는 것이 보통이다.

(5) 사모펀드

법률적으로 사모투자전문회사를 가리키는 말인데, 외환위기 이후 법률적으로 사모투자전문회사를 설립하고 운영할 수 있는 토대가 마련된 후 비약적으로 발전하고 있다. 대규모 자금력이 있는 재벌기업 등이 공정거래법의 제약으로 대규모 M&A에 뛰어들지 못하는 사이, 그 대안으로 이들의 활동은 눈부시다. 이후 일어난 대규모 기업매각에 MBK 파트너스, KKR, 어피니티 에쿼티 파트너스, 한앤컴퍼니 등 사모펀드가 인수한 회사가 많다. 이에 대한 설립 및 운영 등에 대한 법률적 내용은 후술한다.

(6) 기타 자금공급자

증권사, 벤처캐피탈, 저축은행 등은 상업은행보다는 위험을 좀 더 감수하면서 재무적 투자자로 참여하거나 수익률이 높은 후순위채권을 인수하는 주체로 나서기도 한다.

여기에서 재무적 이익만을 위해 투자하는 투자자를 재무적 투자자(Financial investor, FI)라 하고, 경영에 참여하고자 하는 투자자를 전략적 투자자(Strategic investor, SI)라 한다.

다. M&A 중개회사

M&A 중개회사는 비즈니스 브로커 또는 M&A 부티크라고도 불리는데, M&A 중개를 전문적으로 수행하는 회사를 말한다. 매각기업과 매수기업을 연결시켜 주는 역할을 하고, 거래가 성사될 경우 성공보수로 중개수수료를 주 수입원으로 하고 있다.

라. M&A 전문회사

M&A 전문회사는 경험이 많은 소수정예 인원으로 운영하면서 차입매수 방식으로 다른 기업의 인수를 전문으로 하는 기업이다. 이러한 회사는 자금력이 그리 풍부하지 않으므로 대규모 자금이 소요되는 회사가 아닌 소규모 회사를 인수하여 매각하는 것을 전문으로 하고 있으나, M&A 자문업무 의뢰를 받을 경우 인수기업이나 매각기업의 자문업무를 수행하기도 한다. 이 회사는 주식시장에 주의를 집중하고 있다가 기업능력에 비해 저평가된 기업을 발견하게 될 때 정크본드(junk bond) 발행을 통한 차입매수(LBO)를 시도하는 경우가 많다. 대상기업을 인수하는 경우, 대상기업의 효율성을 증대시키기 위해 그 기업의 경영에 직접 참여하기도 한다.

부실기업을 인수하여 구조조정을 거쳐 재매각을 목적으로 설립된 기업구조조정전문회사(Corporate Restructuring Company, CRC)도 M&A 전문회사라 할 수 있다.

마. 인수기업

대부분의 M&A에서 다른 기업을 인수하는 주체가 되는 것은 일반적으로 기업, 사모투자펀드와 M&A 전문회사 등이다.

기업은 다양한 동기를 가지고 다른 기업을 인수함으로써 성장과 경쟁력을 확보하려고 M&A의 주체로 나서고 있고, 사모투자펀드는 기업을 인수하여 가치를 상승시켜 매각한 후 재무적 투자이익을 얻기 위해 매수에 참여하고 있다. 미국의 사모펀드 회사인 론스타가 부실화된 외환은행을 인수하여 정상화한 후 하나은행에 매각함으로써 막대한 차익을 남긴 것이 대표적인 사례이다.

M&A 전문회사는 소규모 회사를 차입매수에 의하여 인수한 후 A&D 방식으로 인수기업의 가치를 끌어올린 후 다시 매각하여 수익을 올리는 것을 주업무로 하는 회사이다.

바. 기타 M&A 관련자

(1) 벌처펀드

벌처펀드(vulture fund)는 일반적인 기업이 아니라 파산기업이나 부실채권 등을 전문적으로 인수하는 기금을 말한다. 일반적으로 기업이 파산하면 증권시장에서는 주권뿐만 아니라 채무증권의 가격이 큰 폭으로 하락하는데, 벌처펀드는 이러한 파산기업의 채무증권 등을 싸게 매입해 주요 채권자가 되고 난 후 파산기업을 경영해 회생시킴으로써 자본차익을 남기는 것을 목적으로 한다. 따라서 위험은 매우 높으나 성공할 경우에는 막대한 차익을 올릴 수 있다.

과거 대한전선이 진로소주주식회사의 부실채권을 인수한 후 진로소주가 하이트맥주에 인수되면서 채권가격이 폭등하여 2,500억 원의 이익을 올린 것이 대표적이라 할 수 있다.

(2) 기업사냥꾼

기업사냥꾼(corporate raider)은 기업인수 합병과 관련한 전문투자가를 일컫는 말로서, 이들은 보통 초기에 대상기업의 주식을 약 5% 이하로 장내에서 매입했다가 대상기업에 프리미엄부 환매를 요구하는 그린메일러가 되기도 하지만, 능동적으로 위험을 감수하면서 적대적 인수를 위한 시장매집, 공개매수시도 등 실질적인 행동으로 옮기는 경우도 많다.

우리나라의 KT&G를 적대적으로 인수하려고 한 칼아이칸, SK를 공격했던 소버린, 삼성물산의 지분을 약 7% 소유하여 제일모직과 삼성물산과의 합병을 반대한 엘리엇이 대표적이다.

(3) 그린메일

그린메일(green mailer)은 대량 주식보유자가 대상주식의 발행기업 경영진을 협박하여 자신이 보유한 주식을 매입원가에 프리미엄을 얹어 발행회사에게 되파는 행위를 말한다. 그린메일을 통한 자본차익을 목적으로 하는 전문투자가를 그린메일러라고 한다. 그린메일러는 대상기업이 환매를 거부하면 실제로 공개매수를 통해 대상기업을 인수하려고 시도하여 기업사냥꾼으로 변모하기도 한다. 물론 이들은 대상기업의 경영권을 지배하려는 의도가 거의 없는 것이 특징이다.

(4) 재정거래업자

재정거래업자(arbitrageurs)는 M&A와 관련된 재정거래를 전문적으로 하는 사람을 일컫는다. 재정거래란, 일종의 무위험거래를 말하는 데 주식시장의 일시적인 불균형 등이 발생할 경우에 나타난다. 재정거래업자는 사전에 M&A 대상기업을 선정한 후 투자하지 않고 보고 있다가 반드시 M&A와 관련된 명백하고 객관적인 정보, 예를 들면 공개매수나 합병발표 등이 있을 때 비로소 M&A에 개입해 주식투자를 하게 되므로 재정거래업자는 기업사냥꾼 또는 그린메일러와는 다르다. 재정거래가 일어날 수 있는 일시적인 주식시장의 불균형은 재정거래업자가 재빨리 대상기업의 주식을 매도·매수함으로써 주가가 곧 주식의 교환비율로 전환되기 때문에 균형 상태로 회복된다.

4 이해관계자

M&A는 복잡한 기업 실체의 지배권 이동에 관한 계약이므로 거래당사자와 참여기관 등도 이해관계자에 해당하지만, 경영권 이전에 의해 영향을 받는 많은 이해관계자들이 있다. 이들이 누구이고 M&A에 어떤 영향을 미치는지 알아두는 것이 M&A를 성공적으로 이끌기 위해서 필요할 것이다.

가. 매매 당사자

M&A 당사자는 매수자와 매도자를 일컫는다. 기업의 지배권에 대한 거래를 하는 매도자와 매수자가 가장 중요한 이해관계자이다.

기업 경영권을 거래하는 과정에서 매각대상 기업의 대주주가 인수자에게 해당 기업의 경영권을 포함한 지분을 매각하게 되므로 매도자는 기업을 매각함으로써 앞으로 얻을 수 있는 잠재적인 수익을 포기하는 위험이 있고, 매수자는 매수기업을 잘못 인수함으로써 M&A 실패의 사례처럼 막대한 손실을 입을 수 있거나, 아니면 인스타그램이나 유튜브처럼 인수자에게 막대한 이익을 가져다주기도 한다.

나. 대상기업 임직원

해당 대상기업의 경영진을 비롯하여 임직원들이 M&A의 직접적인 영향을 받게 되므로, 자신도 모르게 M&A 이해관계자가 된다. 재직하고 있는 기업에 M&A가 진행되는 사실이 알려지면 임직원들은 가장 먼저 신분과 고용에 대한 불안감을 느껴 동요하게 된다. 노동조합이 있거나 그와 유사한 근로자협의체가 있는 경우에는 그 단체를 중심으로 M&A에 반대하거나 아니면 M&A에 관련된 조건을 요구하기도 한다. 과거 위니아만도가 KG이니시스에 인수되려는 것을 위니아만도 종업원이 반대하여 결국 인수가 무산된 것이나, 최근 현대중공업의 대우조선해양 인수에 적극적인 반대시위를 벌이는 것이 그러한 예로 볼 수 있다.

다. 대상기업의 채권자와 주주

직접 당사자가 아닌 주주와 채권자들도 역시 M&A의 이해당사자가 된다. 일반 주주들은 최대주주의 의사결정에 따라 함께 보유지분을 매도하거나 계속 보유할 수도 있으나, 주가가 크게 흔들릴 경우 바로 영향을 받는다. 채권자의 경우 채권자보호절차가 있지만, 금융 채권자의 경우 금융거래 시에 대주주 또는 경영진이 연대보증을 했다면 채무승계를 위한 절차를 밟아야 하며, 채권기관 입장에서는 대상기업이 M&A되었을 때 채권확보에 대한 불안감을 갖게 되어 최우선적으로 채권확보에 나서게 될 가능성이 있으므로 M&A의 장애요인이 될 수 있다.

제2절

회계법인

❶ 자문기관의 중심으로서의 회계법인

M&A 관련 계약서를 작성하거나 M&A가 진행되는 동안 절차에 따른 법률적 검토 등 법률자문을 담당하는 법무법인과 변호사뿐만 아니라 재무제표를 기초로 대상기업을 분석하거나 대상기업의 장부와 자료를 조사하고 그에 따른 회계정보를 찾아내기도 하며, 실제로 인수작업에 들어갈 때에는 정밀실사(due diligence)를 주도적으로 수행하는 회계법인과 회계사도 중요한 시장 참여자 중 하나이다. 회계법인은 경우에 따라서 대상기업의 가치를 산정해 주기도 하며, M&A 이후의 경제적 효과나 손익 등을 분석하기도 한다. 또한 기술가치, 특허 등의 자문이 필요한 경우 변리사가 참여하며, 해당 기업의 노조 또는 인사부문의 자문을 담당하는 노무사도 M&A 시장에 참여한다. 이러한 모든 절차의 결과는 가치평가에 영향을 주므로, 그 결과를 요약하여 가치평가에 반영하는 것이 회계법인의 역할이다.

❷ 역할의 중첩성

M&A에 있어서 회계법인의 역할은 중첩적이다. 법원에서 주관하는 경쟁입찰에 의한 회생회사를 매각하는 경우, 회생회사 관리인의 의뢰에 따라 회계법인은 매각주간사를 맡는다. 이때 회계법인은 매각과 관련된 기본적인 실사자료의 준비, 매각을 위한 전략 수립, 잠재적 매수자의 발

굴과 같은 매각에 관련된 거의 전체 업무를 수행한다. 그러나 인수자의 자문기관으로 인수에 참여하는 경우에는 예비실사자료 검토, 정밀실사 작업, 인수와 관련된 세무검토, M&A 후의 경제적 효과 분석, 적정가격의 제시 등 주로 가격산정과 관련된 업무를 수행한다. 한편 매도자문을 하는 경우에는 매도가격의 제시를 위한 가치평가 작업을 주로 담당함으로써 업무의 범위가 매우 축소된다.

산업은행 등 주거래은행 관리회사나 법원의 회생회사를 공개경쟁입찰하는 경우에는 매각을 담당하는 매각주간사로서 회계법인과 매수자의 매수업무를 자문하는 회계법인이 동시에 업무에 참여하는 경우가 많다. 법원의 공개경쟁입찰 절차에서 보듯이 대상회사의 예비실사, 정밀실사, 인수가격결정 및 제시 등 M&A 업무의 상당부분이 회계법인에서 수행하는 일이고, 실제 M&A의 성공 여부는 인수가격에서 결정되는 경우가 많으므로 가치평가를 거쳐 적정가격을 제시하는 것은 회계법인의 가장 중요한 업무이다. 따라서 매수자나 매도자 공히 회계법인에 크게 의존하는 경우가 많다.

3 과대평가 가능성

이처럼 M&A에서 가치평가는 회계법인에 크게 의존하므로 가치평가가 과대평가되는 경우, M&A 성사 후 결과적으로 실패한 경우에서 보듯이 회계법인의 가치평가가 그 실패의 원인이 될 수 있다. 매각주간사 등에서 평가한 가치는 일반적으로 과대평가되는 경우가 많고, 과소평가한 경우란 찾아보기 어렵다. 이러한 결과가 나오는 것은 평가의 속성에서 비롯되는 경우가 많다.

이러한 과대평가를 줄이기 위해서는 복수의 회계법인을 선정하여 가격을 서로 비교해 보거나 독립된 M&A 관리자(M&A manager)를 임명하여 회계법인이 평가한 자료를 꼼꼼하게 살펴 평가에 오류가 있는지 또는 평가의 전제가 현실과 동떨어져 있는지 검토하는 것이 필요하다. 또한 M&A에서의 가치평가는 일반적인 회계감사와 다른 관점에서 평가하여야 하므로, 평가작업에 경험이 많고 유능한 회계사가 여럿 포함되어야 한다. 일반적으로 매각주간사나 매수자문사를 선정하는 과정에서 회계법인의 명성만 믿고 맡기는 경우가 많은데, 이는 실수로 이어질 수 있는 길을 여는 셈이다.

실제 업무를 하는 것은 회계법인 자체가 하는 것이 아니고 투입된 회계사이다. 업무에 투입된 회계사가 얼마나 경험이 많고 노하우와 직관이 있느냐가 관건이다. 업무의 양에 따라 공인회계사가 적게는 2명에서 많게는 수십 명이 참여하는 것이 보통이므로 업무에 참여하는 회계사 그룹을 특정하고, 그 그룹의 업무역량을 점검하는 것이 과대평가를 경계하기 위해 필요하다.

제3절

사모집합투자기구(PEF)

사모집합투자기구(기존의 "사모투자전문회사"가 자본시장법의 개정으로 명칭이 바뀜, 법 제9조 제19항 1호)는 자본시장법에서 영업을 허용한 후로 비약적인 발전을 거듭하여 이제는 계열사의 구조조정과정에서 나오는 매물이나 산업은행 또는 법원이 시행하는 M&A에서 자금공급자로 없어서는 안 될 위치를 차지하게 되었다. 여기에서는 중요성이 더해지는 PEF의 성격과 역할 등을 알아보고, 인수합병에서 재무적 투자자로서의 파트너로 활용해보기 바란다.

1 사모집합투자기구(PEF)

가. 도입배경

PEF(Private Equity Fund)는 본래 사적 방식으로 자금을 모집하여 비교적 자유롭게 운용하는 투자펀드이다. PEF는 사적으로 자금을 모집하여 주로 부실 및 한계기업의 지분을 매입한 후 구조조정을 통해 기업 가치를 증대시키고 이를 재매각하여 수익을 창출하는 바이아웃(Buyout)펀드와 유사하다. 다만, 바이아웃펀드가 부실기업을 주된 투자대상으로 하는데 반해, PEF는 투자대상이 부실기업에 한정되지 않는다.

PEF는 국내에 진출한 칼라일, 뉴브리지캐피탈, 론스타, 칼아이칸, 스틸파트너스 및 소버린자산운용 등에 의해 먼저 시작되었으며, 칼라일펀드는 미국계의 세계 최대 규모의 사모투자그룹으로 2000년에 사들인 한

미은행 지분을 씨티그룹에 팔아 매각대금 및 배당금을 합쳐 약 7천억 원에 가까운 이익을 올린 것으로 추정되고, 론스타는 외환은행을 매수한 후 하나은행에 매각해 3조 원에 가까운 이익을 실현하고도 국가를 대상으로 소송하고 있다. 또한 KKR · 어피니티는 OB맥주를 사들인 후 다국적 기업 인베브에 다시 매각하여 4조 7,000억 원의 수익을 올렸고, 토종 사모펀드 MBK파트너스는 오렌지라이프(ING생명)를 재매각해 2조 3,000억 원을, 어피니티는 카카오M(멜론)을 카카오에 매각하여 1조 3,954원의 수익을 올렸다. PEF는 IMF 외환위기 이후 외국계 펀드가 독식하는 국내 M&A 시장과 구조조정시장을 개방하여 정상화하기 위한 것이다.

이후 우리나라에서도 MBK파트너스는 코웨이를 매수 후 매각하였으며, 테스코로부터 7조 2,000억 원에 홈플러스를 인수하는 등 활발한 활동을 하고 있다. 이외에도 한온시스템을 매수하여 운영하는 한앤컴퍼니 등 많은 사모펀드 운용사가 2019년 350조 원 규모의 사모펀드를 운영하고 있다.

나. 전문투자형 사모집합투자기구(PEF)와 경영참여형 사모집합투자기구의 차이점

사모펀드는 전문투자형 사모펀드와 경영참여형 사모펀드로 나뉜다(자본시장법 제9조 제19항). 전문투자형 사모펀드는 주식 · 채권 · 부동산 등 자산에 투자해 수익을 올리는 펀드로 그 운용회사는 설립요건이 종전의 인가에서 등록으로 완화되어 자유롭게 시장에 진입할 수 있게 되었으며, 별도의 투자매매업, 투자중개업 인가 없이도 자신이 운용하는 전문투자형 사모펀드를 투자자에게 판매할 수 있다. 또한 사모펀드 설립을 사전

등록제에서 사후 보고제로 전환하여 신속하게 투자자를 모집하고 투자 대상 자산에 투자할 수 있도록 하였다.

경영참여형 사모펀드는 주식 · 채권 · 부동산 등 자산에 투자할 뿐만 아니라 저평가된 기업을 인수해 가치를 불린 뒤 되파는 방식으로 수익을 올리는 펀드로 그 운용회사는 경영권 참여, 사업구조 또는 지배구조의 개선 등을 위하여 지분증권 등에 투자 · 운용하는 투자합자회사로서 지분증권을 사모로만 발행하는 집합투자기구이다. PEF는 투자기업의 주식을 10% 이상 보유하는 등 경영에 참여해 지배구조 또는 사업구조를 개선하는 방법으로 기업가치를 높인 후 그 주식을 매각함으로써 실현된 수익을 출자자에게 나누어주는 것을 목적으로 설립된 회사이다.

경영참여형 사모펀드(PEF)는 법에 의해 운용되는 집합투자기구 중 하나로서 주식회사 형태인 투자회사(Mutual Fund)와는 다른 무한책임사원과 유한책임사원이 있는 합자회사 형태이다. 투자합자회사는 재무적 투자(포트폴리오 투자)를 목적으로 공모펀드 형태로 설립 · 운용될 수 있으나, 보통 공모펀드는 동일 종목에 신탁재산의 10% 이상 투자할 수 없고, 동일 회사 발행주식의 20% 이상을 매입할 수 없다. 그러나 사모펀드는 이러한 제한이 없어 이익이 발생할 만한 어떠한 대상에도 투자할 수 있고, 신탁재산의 100%까지 한 종목에 투자할 수 있어 고수익 고위험의 투자기법을 구사하는 제한된 소수가 참여하는 형태라 할 수 있다.

경영참여형 사모펀드회사(PEF)의 설립과 운영

가. 경영참여형 사모펀드회사의 설립

경영참여형 사모펀드회사는 1인 이상의 무한책임사원과 1인 이상의 유한책임사원(사원의 총수는 49명 이하)이 회사의 재산(이하 "집합투자재산")을 주식 또는 지분 등에 투자하여 경영권 참여, 사업구조 또는 지배구조 개선 등의 방법으로 투자한 기업의 가치를 높인 후 그 주식을 매각함으로써 얻는 수익을 사원에게 배분하는 것을 목적으로 하여, 자본시장법의 규정에 따른 합자회사를 설립한 후 일정한 사항을 등기한 후 2주 이내에 금융위원회에 등록을 신청함으로써(자본시장법 제249조의10) 자본시장법에 따른 사업을 운영할 수 있다.

그리고 사원의 출자 목적은 원칙적으로 금전으로 하되, 객관적인 가치평가가 가능하고 사원의 이익을 해칠 우려가 없는 경우로서 다른 모든 사원의 동의가 있는 경우에는 증권으로 출자할 수 있다. 유한책임사원은 전문투자자, 개인 또는 법인, 그 밖의 단체(기금과 집합투자기구 포함) 등이다. 개인의 경우에는 1억 원 이상 3억 원 이내로 한다(자본시장법 시행령 제271조의14). 또한 한국산업은행과 중소기업은행은 그 설립목적에 부합하는 범위 내에서 경영참여형 사모펀드회사에 투자할 수 있다(자본시장법 제249조의11).

나. 재산의 운용방법

(1) 경영참여형 사모펀드회사 재산운용방법

경영참여형 사모펀드회사는 사원이 출자한 날부터 6개월 이상의 기간으로서 2년 이내에 출자한 금액의 50% 이상을 다음에 해당하는 방법으로 투자전문회사재산으로 운용하여야 한다(자본시장법 제249조의12 제3항). 다만, 투자대상기업을 선정하기 곤란한 경우, 그 밖에 대통령이 정하는 경우로서 미리 금융위원회의 승인을 얻은 경우에는 그러하지 아니하다(자본시장법 제249조의12 제3항 단서).

1. 다른 회사(투자회사, 투자유한회사, 투자합자회사, 투자유한책임회사, 그 밖에 시행령 제292조 제2항이 정하는 회사 제외)의 의결권 있는 발행주식 총수 또는 출자총액의 100분의 10 이상이 되도록 하는 투자
2. '1.'의 규정에도 불구하고 임원의 임면 등 투자하는 회사의 주요 경영사항에 대하여 사실상의 지배력 행사가 가능하도록 하는 투자
3. 증권(지분증권 제외)에 대한 투자('1.' 또는 '2.'의 목적을 달성하기 위하여 시행령 제292조 제4항에 따라 주권관련 사채권에 투자하는 경우로서 일정한 요건에 해당하는 경우)
4. 투자대상기업(경영참여형 사모펀드회사 또는 투자목적회사가 '1.' 또는 '3.'의 방법으로 투자한 기업을 말함)이 발행한 증권에의 투자위험을 회피하기 위한 투자와 경영참여형 사모펀드의 집합투자재산에 대하여 환율변동에 따른 위험을 회피하기 위한 투자
5. 「사회기반시설에 대한 민간투자법」에 의한 사회간접자본투융자회사가 발행한 투자증권에 대한 투자
6. 투자목적회사의 지분증권에 대한 투자
7. 그 밖에 '1.'부터 '6.'까지의 투자에 준하는 것으로서 투자대상기업의 금전채권에 대한 투자(법 제249조의12 제1항 제1호 또는 제2호에 따른 투자를 목적으로 하는 경우만 해당)나 투자대상기업의 사업구조나 지배구조 등을 개선하는 과정에서 처분하는 부동산(지상권 등 부동산 관련 권리 포함) 또는 금전채권 등에 대한 투자

경영참여형 사모펀드회사는 상기 방법으로 운용하고 남은 집합투자재산을 단기대출이나 금융기관에의 예치 또는 5% 범위 내에서 증권에 투자하는 방법으로 운용할 수 있다.

(2) 취득한 지분증권의 보유기간

사모투자전문회사는 증권 취득 후 6개월 이상 투자대상기업이 발행한 지분증권을 소유하여야 하며, 6개월 미만의 기간 중에는 그 지분증권 등을 처분해서는 안 된다. 다만, 그 지분증권 등을 계속 소유함으로써 사원의 이익을 명백히 해할 우려가 있는 경우나 그 밖에 대통령령이 정하는 경우로서 미리 금융위원회의 승인을 얻은 경우에는 처분할 수 있다(자본시장법 제249조의12 제5항).

다. 차입 또는 채무보증

경영참여형 사모펀드회사는 고위험 고수익을 추구하는 합자회사인 만큼 차입이 상당히 제한되어 있다. 다음 각호의 1에 해당하는 사유가 발생하는 경우 자금을 차입하거나 투자대상기업 또는 투자대상기업과 관련된 타인을 위한 채무보증을 할 수 있다. 이 경우 차입금액 및 채무보증액의 합계는 경영참여형 사모펀드의 자산총액에서 부채총액을 뺀 가액(순자산)의 100분의 10을 초과하지 못한다(자본시장법 제249조의12 제7항).

① 사원의 퇴사에 따른 출자금을 지급하기 위하여 불가피한 경우
② 운영비용에 충당할 자금이 일시적으로 부족한 경우
③ 투자대상기업에 투자하기 위하여 필요한 자금이 일시적으로 부족한 경우

라. 합병 및 지분양도의 제한

경영참여형 사모펀드회사는 다른 회사(다른 경영참여형 사모펀드회사를 포함)와 합병할 수 없다(자본시장법 제249조의17 제4항). 그리고 경영참여형 사모펀드회사의 무한책임사원은 출자한 지분을 타인에게 양도할 수 없

다. 다만, 정관으로 정한 경우에는 사원 전원의 동의를 얻어 지분을 분할하지 아니하고 타인에게 양도할 수 있다(자본시장법 제249조의17 제1항).

또한, 유한책임사원은 무한책임사원 전원의 동의를 얻어 출자한 지분을 분할하지 아니하고 타인에게 양도하여야 하나, 양도의 결과 사원 수가 49인을 초과하지 아니하는 범위 안에서는 분할하여 지분을 양도할 수 있다(자본시장법 제249조의17 제3항).

마. 상호출자제한 기업집단 계열 경영참여형 사모펀드회사 등에 대한 제한

상호출자제한 기업집단의 계열회사인 경영참여형 사모펀드회사 또는 상호출자제한 기업집단의 계열회사가 무한책임사원인 경영참여형 사모펀드회사는 다른 회사(자본시장법 제9조 제16항 제4호에 따른 외국 기업은 제외)를 계열회사로 편입한 때에는 편입일로부터 5년 이내에 그 다른 회사의 지분증권을 그 상호출자제한 기업집단의 계열회사가 아닌 자에게 처분하여야 한다.

금융주력 그룹인 경우에는 처분제한이 7년 이내로 완화되고, 금융위원회의 승인을 얻은 경우에는 3년 이내에서 연장할 수 있다(자본시장법 제249조의18 제2항).

상호출자제한 기업집단의 계열회사인 경영참여형 사모펀드회사 또는 상호출자제한 기업집단의 계열회사가 무한책임사원인 경영참여형 사모펀드회사는 그 계열회사(투자목적회사 및 투자대상기업은 제외)가 발행한 지분증권을 취득하여서는 아니된다(자본시장법 제249조의18 제3항).

바. 지주회사 규제의 특례

경영참여형 사모펀드회사 또는 투자목적회사에 대하여는 자본시장법 제249조의12 제1항 제1호 또는 제2호의 요건을 충족하는 경우 그 요건을 충족한 날부터 10년이 되는 날까지는 독점규제 및 공정거래에 관한 법률에 의한 지주회사에 관한 규정을 적용하지 아니한다(자본시장법 제249조의19 제1항).

 PEF에 대한 조세지원

가. 부가가치세 면제

경영참여형 사모펀드회사(PEF)는 자본시장법의 적용을 받는 사업으로 부가가치세가 면제된다. 또한 PEF에게 집합투자재산 운용, 집합투자재산 보관·관리, 집합투자증권 판매 또는 일반사무관리 용역을 공급하는 사업도 면제된다.

나. 소득세법상 펀드과세제도의 특례

투자자가 국내 또는 국외의 PEF에서 받는 이익은 배당소득으로 한다. PEF는 매년 1회 이상 결산·분배 시 배당금에 대하여 과세하는 것으로 하였으나, 일부 이익의 경우 결산시 분배유보를 허용하여 결산시 과세 또는 환매 시 과세 중 선택할 수 있도록 하였다. 즉, 투자약관에서 과세방식을 규정하고 투자자는 본인 의사에 따라 다양한 과세방식의 펀드 중 하나를 선택하면 된다. 금융소득종합과세로 인해 환매 시 한꺼번에 고율로 과세되는 것을 회피하고자 하는 투자자는 매 결산시 과세하는 펀드를 선택하는 것이 유리할 것이다.

다. 자기의 집합투자증권 환매 시 양도의 예외

자본시장법에 따른 집합투자기구(소득세법 시행령 제26조의2 제1항의 요건을 갖춘 것에 한정)가 자본시장법 제9조 제21항에 따른 집합투자증권(이하 "집합투자증권")으로서 자기의 집합투자증권[23]을 환매하는 경우, 해당 집합투자기구에 대한 투자자의 집합투자증권 이전은 소득세법 및 증권거래세법에 따른 양도로 보지 아니한다(조세특례제한법 제91의2).

라. 배당소득의 Gross－Up 적용

소득세법 제17조 제3항을 적용(배당소득에 대한 Gross－Up)할 때 자본시장법 제9조 제19항의 사모집합기구(동일기업 과세제도의 적용을 받지 않는 경우)로부터 받는 배당소득은 해당 과세기간의 총수입금액에 그 배당소득의 100분의 11에 해당하는 금액을 더한 금액으로 한다(소득세법 §27의③).

마. 동업기업 과세제도 적용

경영참여형 사모펀드회사는 상법상 합자회사 형태이므로 신청에 의해 동업기업 과세제도 적용이 가능하다(조세특례제한법 제100조의15 제1항 제3호). 즉, 기업에는 과세하지 않고 동업자에게 과세하는 것이 가능하다.

바. 중소기업 판정 시 예외 적용

경영참여형 사모펀드회사를 포함한 집합투자기구를 통한 간접 소유는 중소기업으로 본다(조세특례제한법 시행령 제2조 제1항 제3호).

---

23) 자본시장법에서 "집합투자증권"이란, 집합투자기구에 대한 출자지분(투자신탁의 경우에는 수익권을 말한다)이 표시된 것을 말한다.

사모펀드회사 등은 간접투자를 위한 도구로서 대기업의 계열사라는 개념과 부합되지 아니하고 해외투자자를 유한책임사원으로 모집하는 경우도 많으므로, 사모펀드회사 등을 통한 중소기업 투자가 걸림돌이 되지 않도록 간접소유 판단 시 사모펀드회사 등을 통한 간접투자는 포함하지 아니한다.

④ 등록된 사모펀드

금융감독원에 등록된 주요 경영참여형 사모펀드회사 및 경영참여형 사모펀드를 운영하고 있는 업체는 다음과 같다.

사모투자전문회사(PEF)	사모투자전문회사(PEF)
한국산업은행	한국투자파트너스
엠비케이파트너스	NH투자증권
연합자산관리	티스톤
한앤컴퍼니	린드먼아시아인베스트먼트
맥쿼리코리아오퍼튜니티즈운용	대우증권
신한프라이빗에쿼티투자자문	디스커버리인베스트먼트
아이엠엠프라이빗에쿼티	파트너스인베스트먼트
이큐파트너스	교보증권
미래에셋자산운용	아주아이비투자
우리프라이빗에쿼티	에스브이인베스트먼트
에이치앤큐코리아파트너스	칸서스자산운용
지케이파트너스	에스지프라이빗에쿼티
키움투자자산운용	스톤브릿지캐피탈
PE – VIG인베스트먼트그룹	에스비아이인베스트먼트
스틱인베스트먼트	골프존카운티

사모투자전문회사(PEF)	사모투자전문회사(PEF)
PE－VIG인베스트먼트	신영증권
아이비케이투자증권	엠에이치
루터어소시에잇코리아	리딩투자증권
큐캐피탈파트너스	퀀테사인베스트먼트
에이치앤큐아시아퍼시픽코리아	칸서스파트너스
스카이레이크인베스트먼트	제이앤티인베스트먼트
산업은행	피씨엠
지앤에이프라이빗에쿼티	한화인베스트먼트
자베즈파트너스	나우아이비캐피탈
오릭스프라이빗에쿼티코리아	씨피파트너스 유한회사
하나대투증권	코스톤아시아
유니슨캐피탈코리아	칼리스타캐피탈
아이엠엠인베스트먼트	화이텍인베스트먼트
중소기업은행	유니스캐피탈코리아
씨엘에스에이캐피탈파트너스코리아	카무르인베스트먼트파트너스
스탠다드차타드프라이빗에쿼티매니져스	투썬인베스트
케이티비프라이빗에쿼티	엘앤에스벤처캐피탈

제5장

M&A 제도적 환경

제1절 법률제도

제2절 기타 M&A의 장애요인

재산과 거래에 관한 법률은 이제까지의 거래 관행을 성문화시켜 거래의 안전성과 예측성을 키우기 위함이다. 또한 법은 국가나 사회의 일치된 지향점을 위해 거래의 제한, 관습에 반한 제한규정의 신설과 위반시 벌칙규정을 두기도 한다. 이러한 점이 신체에 관한 법률이 주였던 과거와의 다른 점이다.[24)]

우리나라의 M&A는 선진국들의 경우와 달리 역사가 짧아 기업의 M&A와 관련되는 법률이 시장상황에 맞게 구체적으로 규정되어 있지 못하였으며, 환경이 변하고 상황이 발생할 때마다 필요한 법을 제정하거나 개정하는 식으로 운영되어 왔으나 근래에는 법률이 체계적으로 정비되어 있다.

24) 이 땅에 정의를 실현하기 위해, 그리하여 강자가 약자를 함부로 해하지 못하게 하기 위해(함무라비 법전 비문에 새겨진 글 중에서)

이러한 법령 가운데 핵심이 되는 법률은 기업 활동의 기초를 제공하는 「상법」과 「자본시장과 금융투자업에 관한 법률(자본시장법)」 그리고 시장의 독점화를 방지하고 공정거래를 유도하기 위한 「독점규제 및 공정거래에 관한 법률(공정거래법)」이며, 「세법」도 인수합병에서 검토하여야 할 법률 중의 하나로 거론된다. 이외에도 M&A를 하는 입장에서 고려해야 할 법령이 상당 부분 존재하고 있어 관련 법률과 규정은 총 30여 가지나 된다.

이 중에서 주요 법령이라 할 수 있는 상법, 자본시장법, 공정거래법, 세법 등에 규정된 M&A 관련 내용 중 중요한 것만을 이 장에서 요약, 정리해 본다.

제1절
법률제도

1 상법의 관련 규정

M&A에서 상법이 중요한 이유는 주로 상법의 내용도 내용이지만, 상법상의 절차를 지키지 않고 진행하다가 나중에 절차상의 하자로 인하여 법적인 문제가 발생하면 그 효력이 원천무효가 될 가능성이 높기 때문이다.

따라서 M&A를 할 때는 상법의 법률내용과 절차를 준수하여야 한다. 그렇지 않으면 나중에 법률위반으로 소송을 당해 절차가 취소되거나 벌금 또는 과태료를 물거나 손해배상을 해야 할 상황이 올 수도 있다.

M&A에 임하는 최고경영자의 역할은 내부 법률팀과 외부 법률자문가로 하여금 상법상의 절차를 꼼꼼히 확인하고, 그 절차를 준수하도록 요구하는 것이다.

가. 합병절차

기업합병은 상거래가 집단으로 이루어진다는 점에서 상법에서 중요한 법률체계로 다루기 위해 제8장에 합병에 관한 규정을 집합해 두어 이용자의 편의를 증진토록 하였다.

합병은 당사자는 당해 회사의 주주이지만 그 외 채권자의 권리관계에도 지대한 영향을 미치는 사항이므로, 상법에서는 합병절차에 관하여 엄격히 규제하고 있다.

합병절차는 먼저 합병계약을 체결하는 것으로 시작한다(제523조). 이에 따라 주주총회에서 합병계약의 승인결의를 하고(제522조), 합병계약서 등의 공시(제522조의2), 주주보호 절차(제522조의3), 채권자 보호절차(제527조의5), 보고총회(제526조), 합병에 관한 서류의 사후 공시(제527조의6) 그 밖에 부수적인 절차를 거친다. 그리고 합병계약에서 정한 합병기일이 도래하면 당해 회사는 실질적으로 합병하게 되며, 최종적으로 합병등기를 함으로써 합병의 효력이 발생한다(제530조).

나. 합병계약서와 주주총회 특별결의

회사가 합병을 함에는 합병계약서를 작성하여 주주총회의 승인을 얻어야 한다(제522조 제1항). 합병계약서에 기재해야 합병으로 발행할 주식수, 자본금과 그 준비금, 주주총회의 기일, 합병할 날 등에 대해서는 상법 제523조, 제524조 등에 규정되어 있다. 그 결의 특별결의에 의한다(제522조 제3항). 또한 회사가 다른 회사에게 영업의 전부 또는 중요한 일부를 양도한 경우에도 주주총회의 특별결의를 거쳐야 한다(제374조). 그러나 영업양도의 경우 규모에 관계없이 주주총회를 거치도록 함으로써 신속한 구조조정의 추진이 어려운 실정이다.

다. 주식매수청구권

주권상장법인의 주식교환(제360조의3), 간이주식교환(제360조의9), 주식이전(제360조의16), 영업양수・양도・임대 등(제374조) 합병(제522조), 간이합병(제527조의2) 및 분할(제530조의3) 등과 같은 의사결정사항에 관하여 이사회의 결의가 있는 때에, 그 결의에 반대하는 주주는 주주총회 전에 당해 법인에 대하여 서면으로 그 결의에 반대하는 의사를 통지할 수 있고, 주주총회 결의일로부터 20일 이내에 주식의 종류와 수를 기재한 서면으로 주식매수를 청구할 수 있도록 하여 주주보호절차를 취하고 있다.

이처럼 주식매수청구권은 합병, 영업양도 등 회사의 일정한 행위 시에 이에 반대하는 주주가 회사에 대하여 공정한 가격으로 자신의 주식 전부를 매수하도록 청구할 수 있는 권리이다.

이 제도는 다수파 주주들에게는 회사의 중요한 사항 결정과 수행을 가능하게 하고, 다른 한편으로는 다수파 주주의 횡포 등에 의한 일방적인 결정으로부터 소수주주들을 보호하기 위하여 투하자본을 회수할 수 있는 예외적인 경우를 인정하기 위한 제도이다.

그러나 매수청구권의 행사로 인하여 회사가 지나친 자금 부담을 느껴 합병 자체가 무산되는 경우도 있다. 예전에 예상보다 많은 주식매수청구권 행사로 삼성중공업과 삼성엔지니어링의 합병이 무산되었는데, 바로 그런 경우이다.

라. 채권자보호절차

상법 제232조 및 제527조의5에서는 채권자보호절차에 대하여 규정하고 있다. 회사는 합병결의가 있은 후 2주 이내에 회사채권자에 대하여 합병에 이의가 있으면 1월 이상의 기간 내에 이의를 제출할 것을 공고하고, 회사가 알고 있는 채권자에 대하여 별도로 최고를 해야 한다. 합병에 반대하거나 합병조건에 불만이 있는 채권자는 이의를 제출할 수 있다. 이의 제출이 없는 경우에는 합병을 승인한 것으로 간주한다.

만일 채권자가 이의를 제출한 때에는 회사는 채권자에 대하여 변제, 담보제공 또는 신탁회사에 재산을 신탁하는 등 필요한 조치를 취하여야 한다.

채권자 이의 규정은 합병에 따른 추가적인 자금 부담이 될 뿐만 아니라, 지금까지 무담보채권자였던 채권자의 지위를 담보권자로 변경하는 결과를 초래하기 때문에 인수합병 시에 예상보다 자금이 더 소요될 수 있다.

마. 주식의 포괄적 교환에 대한 현물출자의 검사

지주회사 설립 또는 M&A를 용이하게 하기 위하여 회사가 주식의 포괄적 교환 또는 이전 시 다른 회사 발행주식의 전부를 소유할 수 있도록 상법에 규정되어 있다.

그런데 상법 제422조에 따라 현물출자에 대한 검사인 개입의 문제가 대두된다. M&A 수단으로 쌍방이 신주를 발행하여 주식스왑을 하는 경우 '신주 인수인은 그 배정 주식 수에 따라 납입기일에 그 인수한 각 주식에 대한 인수가액을 전액 현금으로 납입해야 한다.'고 규정되어 있어 주식교환의 경우에는 현금이 아닌 주식으로 납입하는 경우에 해당하므로 현물출자의 절차를 따라야 한다.

현물출자의 경우에는 법원에 검사인을 신청하고 검사인을 통한 검사 완료까지 상당한 기일이 소요된다. 또한, 실질적으로 주식교환을 실행하기 위해서는 M&A 대상기업 간의 주식교환비율과 검사인 또는 감정인에 의한 교환비율이 일치해야 하는데 그렇지 못한 경우가 많다.

만약 양 당사자가 힘든 협상과정을 거쳐 결정된 교환비율이 감정인의 평가나 법원의 심사과정에서 크게 변경된다면, 주식교환에 의한 M&A가 실패할 가능성이 커질 우려가 있다.

이러한 문제를 해소하고 인수합병을 원활히 하기 위해 상장법인의 경우에는 「자본시장법」에 특례조항을 두고 있다. 즉, 주권상장법인이 자기주식 또는 신주를 다른 주권상장법인의 주식과 교환하는 방식으로 그 다른 주권상장법인에 주식을 현물로 출자하는 경우로서, 「자본시장법 시행령」으로 정하는 방법에 따라 그 출자주식의 가격을 평가한 경우에는 상법 제422조 제1항에 따른 검사인의 조사 또는 공인된 감정인의 감정이 있는 것으로 본다고 하여 검사인의 절차를 완화하였다.

바. 상호주 소유제한

상법에서는 상호주의 소유제한이 금지되는 경우가 있으므로 M&A에 의하여 자회사로 편입될 경우에는 제한규정을 잘 살펴야 한다. 상법에서 금지되는 주식의 상호보유는 원칙적으로 모 · 자회사 간의 상호보유를 그 대상으로 규정한다.

자회사에 의한 모회사 주식취득이 금지되는 것이다. 그러나 주식의 포괄적 교환, 주식의 포괄적 이전, 회사의 합병 또는 다른 회사의 영업 전부의 양수로 인한 때, 회사의 권리를 실행함에 있어 그 목적을 달성하기 위하여 필요한 때에는 모 · 자회사 간의 상호주 보유를 예외적으로 인정하고 있다.

모 · 자회사 간의 상호주 보유는 금지를 원칙으로 하는데 비하여 비모 · 자회사 간의 상호 주식보유에 대하여는 의결권 행사를 제한하고 있다. 이때 비록 모 · 자회사와 관계가 없는 회사 간이라 해도 일정비율의 상호보유(10%)가 있는 경우에는 의결권행사를 제한하고 있다.

2 자본시장과 금융투자업에 관한 법률의 규정

자본시장법은 대상기업의 경영권이 특정인에게 독점되는 것을 일부 제한하고, 그 내용을 공시하게 함으로써 투자가들이 정보를 공유하게 하여 공정하고 공평한 거래가 이루어지도록 하고자 하는 법률이다.

이러한 법의 목적에 따라 M&A에서 자본시장법의 역할은 기본적으로 투자자와 경영권 보호를 위해 공정하고 투명하게 거래를 유도하는 것이다. 이 법의 특징은 법이 정한 특정한 행동을 할 때는 투자자 보호와 정보의 공유를 위해 금융감독원 또는 금융위원회에 신고 또는 승인을 받고 해야 한다는 점이다. 이러한 규정을 위반했을 때에는 금융위원회의 자료제출명령 및 조사 등 행정명령을 받게 되고, 손해를 끼칠 경우에는 배상책임을 진다(자본시장법 제125조 제1항). 또한 증권신고서 제출 없는 모집·매출과 같이 법률을 위반한 경우에는 5년 이하의 징역 또는 2억 원 이하의 벌금에 처하는(자본시장법 제444조) 등 처벌을 받는다.

따라서 M&A에 임하는 최고의사결정권자는 투자자를 보호하기 위한 절차를 준수하고, 타 회사의 경영권을 침해할 수 있는 행동을 할 때에는 자본시장법의 제규정을 준수하여야 한다는 점에 유의하여야 한다. 물론 M&A를 활성화하기 위한 조항도 있지만, 이는 엄격한 제한 아래서 이루어져야 한다는 것이 이 법의 대전제이다.

가. 증권신고서

증권신고서는 「자본시장법」 제3편 제1장(제118조~제132조)에 규정되어 있다. 증권의 범위가 열거주의에서 포괄주의로 확대됨에 따라 투자자 보호의 필요성이 있는 모든 증권은 신고서 제출대상이 된다. 합병, 분할·분할합병, 주식의 포괄적 교환·이전, 영업·자산양수도의 경우에도 증권발행이 수반되는 때에는 증권신고서를 제출해야 한다. 증권신고서는 증권을 모집·매출하기 전에 제출하여야 하며, 신고서가 수리되어야만 모집·매출을 할 수 있다. 증권신고서의 제출대상은 증권을 공모(모집 또는 매출)하는 경우 공모금액이 10억 원 이상의 경우이며, 10억 원 미만인 경우 소액공모 공시서류를 제출해야 한다. 합병 등에 따른 신주 발행 시 청약권유자는 합병법인이며, 청약권유대상자는 피합병법인의 주주이다. 따라서 증권신고서 제출의무자는 합병법인이며, 피합병법인의 주주에게 배정되는 합병법인의 신주에 대해 전매제한조치에 따라 1년간 보호예수를 취하지 않는 경우에는 증권신고서를 제출해야 한다. 다만, 사업보고서를 제출하지 않아도 되는 법인 간 합병의 경우에는 증권신고서 제출의무가 면제된다.

나. 투자설명서

투자설명서는 증권신고서의 내용을 바탕으로 작성해야 하는 청약권유문서로서 투자설명서(신고서 수리 후), 예비투자설명서(신고서 수리 전), 간이투자설명서 등이 있다(법 제123조~제125조). 청약을 권유하는 경우에는 투자설명서(예비, 간이투자설명서 포함)를 사용해야 하며, 투자자에게 미리 교부하지 않고서는 증권을 취득하게 하거나 매도할 수 없다.

다. 공개매수

공개매수는 「자본시장법」 제3편 제2장 제1절(제133조~제146조)에 규정되어 있다. 여기에서 중요한 내용은 다음과 같다.

공개매수란, 유가증권시장이나 장외에서 불특정 다수인으로부터 특정한 목적으로 특정주식 등을 매수하는 행위를 말한다. 이러한 공개매수를 하는데 있어서는 공개매수 공고 후 금융위원회와 한국거래소에 신고하여야 하고, 매수 후 5%에 미치게 되면 신고하여야 하는 등 여러 제한이 뒤따른다.

이러한 제한의 이유는 공개매수 절차의 투명화를 통해 주권상장법인의 경영권 변동의 공정성을 도모하고, 나아가 이에 대한 적절한 공시를 통하여 투자자를 보호하기 위한 것이다.

M&A의 역할은 기업의 구조조정이 상시적·예방적으로 이루어지게 하고, 경영자나 대주주로 하여금 주가관리를 통하여 시장에서 기업가치가 적정하게 평가되도록 하며, 기업의 경영권이 가장 능력 있는 자에게 이전되도록 촉진하는 것이다. 이러한 의미에서 공개매수는 M&A의 활성화를 촉진하기 위한 것이다.

라. 상장주식 등의 대량보유상황 보고

「자본시장법」 제3편 제2장 제2절(제147조~제151조)에는 주식 등의 대량보유상황에 대한 보고와 공시에 대하여 규정되어 있다. 법과 시행령에는 주권상장법인의 주식 등을 5% 이상 보유하게 되거나 보유주식이 1% 이상 변동된 경우에는 그 보유상황과 보유목적, 그 변동내역을 그 날로부터 5일 내에 금융위원회와 한국거래소에 의무적으로 보고해야 한다.

5% 보고제도는 기업지배권 경쟁시장의 공정성을 확보하고 증권시장의 투명성을 높이기 위해 이에 관한 정보를 신속히 공시하게 함으로써

경영권 변동 가능성에 대한 예측정보를 제공하고, 주식 등의 대량 수급 정보를 공개하여 투자자에게 투자판단의 자료를 제공하기 위함이다.

금융위원회와 한국거래소는 제출받은 보고서를 인터넷 홈페이지 등을 이용하여 공시하여야 하며, 이러한 대량보유 주주 등 보유현황은 실시간으로 확인할 수 있다.

마. 주식매수청구권의 특례

주식매수청구권의 특례란, 상장회사가 주식회사의 합병이나 영업양수도 등을 결정할 때 이에 반대하는 주주가 회사에 대해 자신의 주식을 사달라고 요구할 수 있는 권리를 상법의 규정에 우선하여 특별히 정한 경우이다(법 제165조의5). 지배주주의 결정에 불만을 가질 경우 주주는 회사의 주식을 매도하거나 주주총회에 나가 반대표를 던지는 것이 일반적이다. 일단 주주총회에서 의사결정이 이루어지면, 주주들은 그 결정을 따르거나 시장에 주식을 팔 수 밖에 없다. 따라서 주식매수청구권은 결정권자가 반대자들의 착취를 막기 위해, 착취가 일어나지 않았을 경우의 최저가격을 보상해 주기 위한 제도이다.

주식매수청구권을 가지기 위해서는 이사회 결의사실이 공시되기 이전에 해당 주식을 취득하고 있어야 하며, 이사회 공고 또는 통지를 한 날로 2주부터 20일 이내에 주식의 종류와 수를 기재한 서면을 청구하여야 한다. 해당 법인은 매수청구기간이 종료하는 날부터 1개월 이내에 해당 주식을 매수하여야 한다. 이때 주식의 매수가격은 주주와 해당 법인 간의 협의로 결정한다. 다만, 협의가 이루어지지 아니하는 경우의 매수가격은 이사회 결의일 이전에 증권시장에서 거래된 해당 주식의 거래가격을 기준으로 하여 산정된 금액으로 한다.

주식매수청구권은 상장회사와 합병을 시도할 경우 매우 강력한 제약요인이 된다. 매수청구금액이 과다한 경우에는 합병이 무산될 가능성이 높아진다.

바. 주권상장법인과 주권비상장법인의 합병조건 제한

상장회사가 비상장회사의 지분을 인수하는 방식으로 매수할 수는 있지만 합병하는 것은 제한이 있으므로, 합병을 목적으로 인수하는 경우에는 그 제약요건을 검토하여야 한다(법 제165조의4, 영 제176조의5). 제약요건은 합병가격의 산정에 대한 규정과 합병가격의 산정에 대한 회계법의 평가 및 상장심사요건의 부합 등에 대한 것이다.

불건전한 우회상장(Back－Door listing)방지 등을 통한 코스닥시장의 건전성 제고를 위해 코스닥시장 상장법인과 비공개법인 간의 합병 시 비공개법인에 대한 합병요건으로 코스닥 신규상장 심사요건과 거의 동일한 내용(자본상태, 경영성과, 부채비율, 자본금변경, 감사인의 의견, 소송 및 부도발생 및 최대주주 등의 소유주식비율의 제한 등)을 충족시킬 것을 요구하고 있다.

따라서 합병요건을 충족시킬 수는 없으나, 장래가 유망한 사업이나 꼭 필요한 사업의 경우에는 지분인수나 사업양수도와 같은 방식으로 인수하는 것이 좋다.

사. 보호예수(lock－up) 제도

상장회사가 합병으로 취득한 주식에 대하여는 매각제한규정이 있으므로, 합병 후 바로 매각하여 인수자금으로 소요된 자금을 벌충하려 한다면 다시 규정을 검토하여 자금계획을 세워야 할 것이다. 합병 시의 매각제한 규정의 경우 최대주주 등은 상장일로부터 6개월 간이다. 또한, 상장법인이 비공개법인과 코스닥시장 상장규정 제22조의2에서 규정하는 주식교환 시의 매각, 제22조의3에서 규정한 영업양수 등의 매각제한 또는 상법 제360조 제2항에서 규정하는 주식교환을 하는 경우, 비공개법인의 최대주주 등의 경우도 마찬가지이다.

아. SPAC제도

SPAC[25]은 기업인수목적회사로서 기업인수를 유일한 목적으로 하여

25) '자본시장과 금융투자업에 관한 법률 시행령' 제176조의5, 유가증권시장 상장규정 및 '증권의 발행 및 공시 등에 관한 규정'에 따라 우리나라도 SPAC(Special Purpose Acquisition Company)이 도입되었다.
SPAC은 경영진이 비상장기업인 대상기업을 발굴하고 주주가 기업인수 여부를 결정하는 구조로, SPAC 설립 후 일정기간 내에 대상 회사를 인수하고 기업공개를 통해 가치가 상승한 합병기업의 주식을 투자자들이 주식시장에서 매각하여 투자이익을 회수할 수 있게 하는 수익구조이다. 이러한 SPAC의 설립을 쉽게 하기 위하여 집합투자 관련 규제의 적용을 배제함으로써 상법상 절차에 따라 일반 주식회사 형태로 설립할 수 있도록 하고 있다.
SPAC은 주식공모를 통해 자금을 모은 후 합병방식으로 다른 기업을 인수할 목적으로 설립된 회사로서 M&A 전문가와 금융회사 등으로 구성된 발기인이 비상장회사를 설립하는 설립단계, 공모를 통해 자금을 모으는 공모단계와 주식을 상장하고 인수대상 회사를 물색하여 합병하는 상장 및 합병단계로 운영된다.
SPAC 설립단계에서 발기인은 자기자본 1천억 원 이상인 지분증권 투자매매업자인 증권사가 대표발기인으로 참여한 비상장회사로서 투자매매업자가 해당 SPAC의 주식공모 시 주관회사 업무를 수행할 수 있다.
공모단계에서는 SPAC이 금융위원회에 증권신고서를 제출하고 사업설명회를 통하여 투자대상범위, 경영진, 투자위험, 투자자 보호에 대한 정보를 공시하여 투자자를 모집한다. 이때 공모자금의 90% 이상을 한국증권금융에 예치 또는 신탁하도록 의무화함으로써 투자자들의 환금성에 제약이 발생하는 것을 방지하고 있다.
상장 및 합병단계에서 SPAC의 핵심 경쟁요소인 경영진 변경 등에 대해서는 상장 이후에도 자격심사 등을 통하여 지속적으로 관리하도록 하고, 기업인수 방식은 합병으로 제한하여 기업인수 시한은 공모 이후 최대 36개월로 제한된다. 기업인수 승

일반투자자로부터 공모방식으로 일정 규모 이상의 자금을 모집하여 설립한 Paper Company를 말한다.

SPAC은 주로 증권사가 주식공모를 통해 자금을 모아 주식회사 형태로 회사를 설립하고 상장한 후 합병대상기업인 비상장기업을 발굴하여 합병함으로써 SPAC 주주는 합병된 비상장기업의 기업공개효과를 통해 가치가 상승한 주식을 주식시장에서 매각하여 투자금의 회수와 투자이익을 얻을 수 있게 하고, 비상장기업은 SPAC과 합병함으로써 상장할 수 있도록 만든 제도이다. 이러한 보장된 제도를 통하여 증권회사는 유망회사를 발굴하여 합병을 쉽게 할 수 있어 투자수익을 얻을 수 있고, 비상장회사는 우회상장으로 자금조달의 새로운 길을 열 수 있게 되었다.

인은 주주총회의 특별결의를 통해 이루어지며 또한 발기인과 경영진은 기업인수와 관련한 의결권을 제한하고 반대주주에 대해서는 주식매수청구권을 부여하고 있다. 기업인수 대상회사에 대하여 우회상장 심사요건을 적용하고 관리종목 기업 등 한계상장기업과의 합병이 제한된다.

일반적으로 SPAC의 주요 특징으로 첫째, SPAC의 경영자가 대상기업을 발굴하고 주주가 기업인수 여부를 결정하는 이중적 투자구조로 되어 있다. 둘째, SPAC의 설립 후 일정 기간 내에 대상회사를 인수하고 기업공개를 통해 가치가 상승한 합병기업의 주식을 투자자들이 주식시장에서 매각하여 투자이익을 회수할 수 있게 하는 수익구조로서 자기자본 1천억 원 이상의 지분증권 투자매매업자의 지분율이 5% 이상으로 유지되어야 하고 자금조달 방법이 주식 및 주식관련 사채로 제한되며, 특히 SPAC의 상장 이후에는 주식관련 사채의 발행도 금지된다. 셋째, 기업결합방식이 합병으로 제한된다는 특징을 지니고 있다.

SPAC 제도의 도입은 국내 IB(Invest Banking)가 단순한 중개업무 중심에서 IPO(Initial Public Offer, 주식공개, 즉 상장), M&A, PI(Principal Investment, 자기자본투자) 등 다양한 IB 업무로 수익구조를 다변화시킬 수 있는 기반을 제공하고, 경기침체로 인하여 IPO 시장이 위축되었을 때 유망 비상장기업의 자금조달을 가능케 하며, 차입금융을 활용하는 PEF의 활동이 상대적으로 위축되었을 때 대규모 공모자금을 바탕으로 우량기업을 인수하는 노력을 계속함으로써 M&A 시장을 활성화할 수 있다.

또한, 일반투자자들은 SPAC 투자를 통하여 투자의 안전성, 전문성, 투자회수의 편의성을 보장받을 수 있을 뿐만 아니라 시장원리에 따라 우회상장을 건전화시키는 정책수단이 될 수 있다.

 독점규제 및 공정거래에 관한 법률의 규정

「독점규제 및 공정거래에 관한 법률」(이하 '공정거래법')은 자본주의 사회의 효율성과 민주성의 기초가 되는 경쟁의 원리를 보장하기 위하여 마련된 제도적 장치이다. 시장구조의 독점화를 억제하고 경쟁제한, 불공정한 거래행위 규제, 공정하고 자유로운 경쟁질서의 확립과 시장기능 활성화를 통해 기업체질을 개선함으로써 국제 경쟁력을 강화하고 사업자의 시장 지배적 지위의 남용과 부당한 거래행위 등으로부터 소비자를 보호하여 국민 경제의 균형발전을 도호하기 위해 제정된 법이다.

공정거래법상 M&A와 관련하여 문제되는 규정은 지주회사(법 제8조)와 기업결합(법 제7조)의 제한 등이 대표적이다. 공정거래법은 기본적으로 독점에 의한 불공정거래 행위를 제한하고자 하는 것이므로, 법이 제한하는 행위를 할 때는 감독기구인 공정거래위원회에 신고하거나 승인 또는 허가를 받아야 한다.

가. 지주회사

지주회사제도는 지주회사가 순환출자를 막아 기민하고 유연한 구조조정(restructuring)을 가능하게 하고 주주중심의 경영을 가능하게 하며, 분사화를 통해 개별사업의 위험을 해당 회사에 국한(Firewall)시킬 수 있으며 기업합병에 따르는 부작용을 최소화할 수 있도록 도입된 제도이다.

나. 기업결합제한

기업결합제한 제도는 기업결합이 기업의 경쟁력이나 국민경제에 미치는 순기능을 극대화하고 역기능을 최소화하기 위한 목적으로 기업결합을 적절히 규제하도록 도입되었다. 따라서 공정거래법상의 기업결합제한 규정은 각종 M&A를 함에 있어서 반드시 점검해야 할 기본적인 사항 중 하나이다.

공정거래법에 의하면 누구든지 직접 또는 특수관계인을 통하여 일정한 거래분야에서 경쟁을 실질적으로 제한하는 다른 회사와의 합병을 못하도록 하고 있다. 이에 따라 자산총액 또는 매출액이 2천억 원 이상인 회사가 합병당사회사에 포함될 경우에는 공정거래위원회에 합병등기일로부터 30일 이내에 신고하고, 자산 또는 매출액이 2조 원 이상인 회사가 합병당사회사에 포함된 경우 합병계약을 체결한 날로부터 30일 이내에 신고하여야 하며, 신고 후 30일이 결과할 때까지 합병등기를 해서는 안 된다(공정거래법 제12조).

심사는 일정한 거래분야, 즉 관련시장에서 경쟁을 실질적으로 제한하는 행위가 무엇인지를 판단하는 것인데, 이러한 경쟁제한 행위와 관련하여 1996년 경쟁제한성 추정제도를 도입하여 기업결합이 일정한 경우에 해당되는 때에는 경쟁제한성이 있는 것으로 추정하도록 하였다(법 제7조 제4항). 이러한 경쟁 제한성 추정제도는 M&A 및 구조조정에 제약요인이 되고 있다.

제2절 기타 M&A의 장애요인

국내에서 M&A를 활성화하는 데 있어서는 여러 가지 장애요인이 있다. M&A 시장이 활성화되지 못한 이유로는 첫째, 거래 상대방이 서로 납득하지 못하는 가치평가 기준에 따라 기업가치를 평가하다 보니 가치평가의 차이가 매우 크다는 점이고, 둘째, 대상기업에 대한 정보부족, 매도자와 매수자 간의 불신이며, 마지막으로는 절차상의 복잡성, 자금조달의 어려움 등이다.

따라서 산업의 구조조정과 경쟁력을 강화하는 차원에서 M&A의 활성화를 저해하는 요인들이 무엇인가에 대해서 구체적으로 살펴볼 필요가 있다.

여기에서는 M&A의 활성화를 저해하는 환경・제도적 요인을 살펴보기로 한다.

1 기업가치 평가모델 미비

과거 우리나라는 기업에 대한 대출 등을 목적으로 담보가치나 신용도 측정을 위한 가치평가는 보편적으로 이루어져 왔으나, 기업 실체를 매각하거나 매수하기 위한 목적으로 하는 기업 실체에 대한 본질적인 가치평가는 매도자와 매수자의 기업가치에 대한 시각이 너무 커서 보편적인 평가방법을 발전시킬 수 없었다.

특히 성숙한 기업의 경우는 매출이나 이익의 규모가 일정한 패턴을 보여서 매도자나 매수자를 어느 정도 만족시킬 수 있는 평가모델을 만들

수 있지만, 잠재적인 가치를 예측하기 어려운 IT기업이나 BT기업 등은 매도자와 매수자 양 상대방을 만족시킬 수 있는 객관적인 모델은 만들기 어렵다. 다만, 비슷한 기업의 경우 잠재적인 가치를 예상하여 평가할 수는 있지만 그것도 어떻게 보면 뜬구름 잡는 이야기이다.

과거 국내 M&A는 정부투자기관인 산업은행이 부실재벌기업을 처리하기 위해 정부의 지시에 따라 이루어졌고, 민간기업 간의 M&A는 별로 없어 M&A 노하우의 축적이 이루어지지 않았다. 그러나 외환위기 이후에는 적대적 M&A를 비롯한 여러 인수합병이 이루어지고 있어, 이제는 어느 정도 경험과 인력이 축적되었다고 말할 수 있다.

그럼에도 불구하고 현재 M&A에 쓰이는 다양한 기업가치 평가모델에 의하여 평가한 가치에 대하여 매도자와 매수자 양 상대방이 서로 납득하지 못하는 경우가 많다. 개별기업의 가치를 평가함에 있어서 사업용자산 등 재무제표에 표시된 자산 및 수익에 대해서는 어느 정도 객관적으로 받아들여질 수 있는 보편적인 평가모델이 있으나, 무형자산인 기술력 등 지적자산과 위버나 에어비앤비 등 인터넷이나 모바일에 기반을 둔 사업모델에 대한 평가는 어떤 경우에나 주관적일 수밖에 없다.

이러한 문제점은 M&A의 본고장이라고 할 수 있는 미국에서도 마찬가지여서 매수하고자 하는 자가 어떤 기업의 미래가치를 평가하여 상대방에게 제시하거나, 반대로 매도자가 자기 기업의 미래가치를 평가하여 상대방에게 제시하여 매도자와 매수자 사이의 상호 주관성이 일치하는 범위에 있을 때만 M&A가 성사되는 것이 관행이다.

2 M&A 중개 및 자금시장 문제

우리나라에는 M&A 부티크(Boutique) 형태로 운영되는 다수의 M&A 중개회사, 기업구조조정전문회사 등이 M&A 및 기업구조조정 관련 업무를 수행하고 있으나, 이들 기업은 10억 원 내외의 자본금과 5명 내외의 소수인원으로 운영되는 영세성으로 인해 전문성이나 시장의 신뢰도 확보에 어려움이 있다.

더욱이 M&A 업무나 기업구조조정업무를 원활하게 수행하기 위해서는 필수적으로 대규모 자금거래가 수반되어야 하는데도 불구하고 매도·매수자 측의 은밀한 요청에 의해 진행되는 M&A의 경우 대개 매수자 측의 개인 네트워크를 통해 이들 중개기관에 연결되고 있을 뿐이다.

따라서 매도자 측과의 협의가 이루어진 후 실제 거래의 완성을 위하여 자금거래를 해야 하는 단계에서 매수자의 신용에 의해 직접 인수자금을 조달해 오지 못하는 경우, 중개기관은 자신의 시장 신용도에 의해 금융기관으로부터 자금을 주선해 주는 역할 또는 인수거래에 일부 참여하여 부분적이나마 레버리지(leverage)를 일으킬 수 있는 기능을 하여야 M&A 성공률이 높아질 수 있다. 그러나 현재로서 그러한 역할은 기대하기 어려운 실정이다.

제도금융권의 한계

제도금융권의 투자은행 전환에도 불구하고 우리나라는 시설자금이나 장기성자금의 조달창구로서의 은행은 존재하나, M&A나 기업구조조정을 지원할 수 있는 엄밀한 의미에 있어서의 투자은행은 산업은행을 제외하고는 없다고 할 수 있다. 거액자금이 수반되어야 하는 M&A나 기업구조조정 업무의 수행과정에서 거래 자체에 대한 검증과 인수자금에 대한 지원을 맡아야 할 은행은 은행법상의 유가증권 취득을 위한 자금의 대출은 특정한 범위 내에서만 허용되고 있다. 즉, 국내은행이 주식을 담보로 돈을 빌려줄 때 개별회사의 주식 20% 이상을 초과해서 담보로 잡을 수 없도록 규정하고 있고, 은행 자체의 관련주식 취득은 금융 당국의 사전승인을 받도록 되어 있다. 이에 따라 상장기업의 우호적 M&A의 경우에도 환가성을 가졌다고 인정되는 상장유가증권인 주식을 담보로 해당 기업의 M&A에 대하여 대출을 하는 것 자체에 큰 어려움이 있는 등 제도적 한계로 인하여 M&A 거래의 주체가 되지 못하고 있다.

그러나 향후 기업 간 M&A에 대한 수요가 늘어나는 상황에서 금융권의 역할이 수행되지 않을 경우, 피인수회사 내부자금을 이용한 사적

LBO의 유혹이나 악성자금을 통한 인수로 M&A의 결과가 기업의 내부 가치를 향상하기보다는 그 반대의 결과를 초래할 수 있다.

따라서 건전한 M&A 거래의 활성화를 위해서는 제도금융권의 협조가 선행되어야만 할 것이다.

Financing 방법의 한계

우리나라에서 M&A나 기업구조조정 업무를 지원할 수 있는 투자은행(Investment Bank)은 산업은행이나 증권회사 등이 있다. 그러나 투자은행의 역할을 할 수 있는 대형 증권회사 등은 실제로 그러한 역할에 소극적이다. 이러한 은행이나 증권·보험권의 자금지원의 소극성으로 인해 대개는 군인연금이나 사모펀드 등에서 자금을 조달하거나 위험성이 큰 조건이 반영된 계약으로 자금차입을 하여 거래 안정성 및 효율성을 떨어뜨리는 주요 요인이 되고 있다. 그러나 자본시장법의 제정으로 사모펀드가 법적인 제도의 틀 안에 들어옴에 따라 은행 등 여러 제약이 없는 경영참여형 사모펀드회사인 사모펀드가 비약적인 발전을 하고 있다. 현재는 MBK파트너스, 보고 펀드, KKR 등 사모펀드가 이제까지의 성공을 바탕으로 활발하게 움직이고 있다. 사모펀드인 KKR은 2009년 AB인베브로부터 OB맥주를 18억 달러에 매수하여 2014년 48억 달러에 재매각하여 엄청난 수익을 올린 바 있다.

고용보장 등의 문제

M&A에서 나타나는 고용승계 및 조정과 관련하여 노동조합을 중심으로 M&A에 대한 근로자들의 불안감과 피해의식으로 이해관계자그룹인

임직원들은 M&A에 대한 부정적 시각을 가지고 있다. 무엇보다 M&A의 대상이 되는 개별기업의 경영진은 M&A란 기업경영의 기득권 변동을 가져올 수 있는 변화의 수단으로 보고, 이에 대한 강한 거부감을 나타내고 있다. 따라서 고용보장이 어렵거나 조정이 필요한 M&A나 기업구조조정 시 M&A의 가장 큰 걸림돌은 고용승계와 보장의 문제 등이다. 즉, 구조조정의 한 방편으로서 경영권의 이전 및 변경이 이루어지는 M&A의 경우 인수기업에서는 피인수기업을 본래의 경영목표와 맞게 재설계하기 위하여 경영의 합리화를 추구하게 되고, 그 과정에서 감량경영이 필요할 경우 인원정리의 가능성이 폭넓게 존재하게 되나, 근로자는 이러한 경우에도 일정 시점까지 감원 없이 고용을 유지할 것을 요구하는 등 노사 문제는 M&A에 있어서 큰 장애가 되고 있다. 결국 노사 간의 협상과 타협으로 해결할 수밖에 없는 문제이다.

6 M&A에 대한 인식 부족

우리나라의 M&A는 자생적인 필요성보다는 부실화된 기업에 대한 산업 정책적 측면에서 정부에 의하여 구조조정이 추진된 경우가 많아 M&A에 대한 이해도가 매우 낮았다. 기업주의 경우 자신이 설립한 회사를 매각하는 것을 꺼려하고, 또한 토지 등 재산과 인력을 한꺼번에 사고파는 것을 경험하지 못해 어떻게 할지를 몰라 M&A에 소극적이었으나 이제는 M&A가 IT기업이나 벤처기업 등에서 일상적으로 일어나고 있으므로 이에 대한 인식도 많이 개선되었다. 최근에는 기업을 이을 후계자가 없어 기업을 매각하려 하거나, 스타트업이 활성화되면서 창업이 활발히 늘어나는 등 M&A가 더 많이 일어날 수 있는 환경이 조성되고 있다.

7 M&A 관련거래에 대한 관리 부재

인수자금 없이 부정한 의도에서 M&A를 시도하는 경우 제도권금융기관을 이용하지 않고 저축은행이나 사채업자의 자금을 이용하여 회사를 인수한 후, 회사 내부 자금으로 인수자금을 상환하고 회사 자산을 매각한 후 그 돈만 챙겨 달아나는 약탈적 M&A가 가끔 일어나고 있다. 또한, 매도자도 더 악화되는 상황에서 탈출하고자 하는 의도에서 매수인 측과의 합의로 M&A 대상기업의 내부자금을 이용한 LBO를 일으켜 돈만 챙겨 나가고, 이후 매수자는 회사의 자산을 담보로 차입을 통해 추가적인 자금을 조성하여 이를 빼돌리며 영업자금을 유용하는 경우가 있다. 이러한 M&A로 개별기업의 가치가 악화되고, 결국 부도나 부실화에 이르는 경우가 발생한다. 이 경우 매도자인 대주주를 제외한 나머지 주주는 최대주주의 무책임하고 부도덕한 행위로 부실기업의 주주권만 갖게 되어 막대한 손실이 발생한다. M&A가 이루어진 후 1년도 채 되지 않은 기간에 부실화되어 부도난 코스닥 상장기업의 사례를 종종 접할 수 있다.

이러한 사례들이 발생할수록 사회적인 시각은 개선되기보다 M&A에 대하여 부정적인 시각을 갖게 되며, 시장참여자들의 입지를 좁게 할 뿐이다.

M&A

제6장

기업가치평가와 인수가격결정

M&A에 있어 기업의 가치평가는 M&A 대상기업의 매매가격을 결정하기 위하여 기업가치를 분석, 평가, 산출하는 것을 말한다. 이것은 대상기업이 보유하고 있는 모든 자산의 미래의 수익창출 능력이 얼마인가에 대한 가치의 부여라고 할 수 있다.

최고경영자 입장에서는 기업가치 평가부문이 가장 이해하기 어렵고 따라서 휘둘리기 쉬운 분야이다. 주로 M&A의 결과적 실패가 과다한 인수가격의 지불에서 연유했다는 것은 이러한 사실을 단적으로 말해 주는 것이다. 그것은 기업가치가 전문가에 의하여 평가되었기 때문에 전문가란 이유로 신뢰하게 되고 그 결과를 의심하지 않았기 때문이다. 그런데 평가된 가치란 실제 크게 신뢰할 만한 것은 아니다. 그 이유는 다음과 같다.

첫째, 미래의 수익을 예측해서 기업의 가치를 평가하는 수익가치는 대표적으로 과대평가되는 경우가 많다. 이러한 이유는 수익가치를 평가하는 전제가 주로 낙관적으로 설정되어 있기 때문이다. 그 전제란 주로 대상기업의 매출성장률, 영구성장률, 국가의 경제성장률 등인데 이러한 변수를 계속 좋을 것으로 생각한다는 점이다. 이렇게 생각하는 이유는 인수합병이 주로 경기가 침체기를 벗어나 호황기에 들어설 때 이뤄지기 때문에 여러 변수가 좋게 나타난다. 다음으로 수익가치에 영향을 미치는 변수는 미래수익을 할인하는 현가할인율이다. 할인율은 경기변동 등이 반영된 할인율을 적용하여야 하나, 경기변동을 예측할 능력이 별로 높지 않다보니 보통 현재의 할인율을 적용하고 있다.

둘째, 자산가치도 과대평가되는 경향이 있다. 자산가치를 평가하는 여러 방법이 있지만, M&A에 있어서는 주로 시장가치에 의하여 평가하는 경향이 있다. 그러나 인수자의 입장에서 인수 후 사용하지 않을 자산에 대해서는 시장가치를 적용하여 평가하는 것보다는 오히려 처분가치에 의하여 평가하는 것이 옳을 것이다. 또한 자산가치평가 시 시가로 평가할 경우 증액된 부분에 대한 피인수법인의 법인세 등의 효과를 계산하지 않아 나중에 과세될 세금만큼 과대평가될 수 있다.

셋째, 기대하는 경영권 프리미엄에 대한 과대평가이다. 실제 대상기업의 가치는 수익가치를 평가할 때 이미 미래의 초과이익에 대하여 계상하고 있으나, 수익가치와 자산가치에 의하여 평가된 가액에 경영권 프리미엄을 더하는 것으로 매매가격이 산정된다면 경영권 프리미엄 만큼 초과이익을 이중으로 지급한 것이 되어 인수 후 기대만큼의 매출신장이나 시너지효과가 나타나지 않는다면 재무상태가 더 악화되는 결과가 될 것이다.

이처럼 기업가치는 상황이나 의도, 예측하는 변수, 미래수익에 대한 기대치 등에 의하여 크게 변동될 소지가 있으므로 최고경영자는 예측하는 변수가 무엇인지, 또 어떻게 적용되었는지 점검하여야 하며, 최고경영자의 미래 수익에 대한 기대치에 따라 가치가 변동된다는 점을 이해하여야 한다.

제1절 가치평가의 개요

1 기업가치의 개요

평가에 의하여 산정된 기업가치는 M&A의 추진과정에서 대상기업에 대한 적정한 매수, 매도가격의 기본적 판단기준이 된다. 인수자의 입장에서는 인수가격의 기준이 될 것이고, 매도자의 입장에서는 희망 매도가격의 기준이 될 것이다.

인수의 결과로 얻을 수 있는 기업의 미래수익은 인수의 기대이익과 인수가격과 인수조건에 따른 부대비용과의 합인 총 인수비용과의 차이에 달려 있기 때문에 인수대상기업에 대한 합리적인 가치평가는 기업인수자에게는 매우 중요하다. 매도자의 입장에서는 매도자가 의도하는 가격 이상으로 받으면 만족하겠지만, 매수자의 입장에서는 인수한 기업을 계속해서 경영하여야 하므로 그 부담이 훨씬 클 것이다.

M&A 거래에 있어 기업의 가치를 평가한다는 것은 통상 기업이 발행한 주식의 가치를 산정하는 것을 말하며, 자산 또는 영업을 매수하는 경우에는 매수대상 자산 및 부채 등의 평가가치를 의미한다.

기업가치평가는 다양한 개별재화에 대한 가치평가와는 구별된다. 개별재화는 기업이 소유하고 있는 특정자산에 대한 평가이지만 기업가치평가는 개별자산의 복합체의 평가에 더해, 개별자산의 복합체가 어떻게 유기적으로 인간의 노동과 결합하여 미래에 얼마의 시장가치를 창출할 수 있는가를 보는 수익가치를 평가하기 때문이다. 그러므로 기업가치평가에서는 개별자산에 대한 평가보다 훨씬 복잡하고 여러 가지 평가기법이 동원되어야 하며, 특히 M&A에 있어서 적용되는 가치평가방법은 보다 특수성을 갖는다.

전통적인 M&A에 있어서 거래가격의 기초가 되는 것은 주로 자산가치가 될 것이고, 거기에 더해 경영권 프리미엄을 얼마로 할 것인가가 협상의 주된 쟁점이 될 것이다. 반면 주로 A&D 방식으로 인수되는 벤처기업 등의 M&A는 자산가치가 아니라 그 회사가 보유한 기술이나 사업모델의 미래수익 창출능력을 측정하는 수익가치 평가방식에 의한 가격으로 거래될 것이다.

 공정가치와 투자가치의 기준

가치의 기준은 가치평가의 결과로 산출되는 가치의 의미에 대한 정의로서 공정시장가치와 투자가치로 대별할 수 있다.

공정시장가치라 함은 거래에 대한 강요가 없는 상황을 전제로 거래에 필요한 충분한 지식을 갖춘 자발적인 불특정 매수자와 자발적인 불특정 매도자가 합의할 수 있는 거래가격을 의미한다.

투자가치의 개념은 불특정 매수자와 매도자가 아닌 특정한 투자자 입장에서의 특정한 거래당사자 간에만 성립할 수 있는 가치이다.

투자가치와 공정시장가치의 차이 발생 원인은 기존사업과의 시너지효과의 차이, 미래 수익력에 대한 추정의 차이, 위험의 정도에 대한 인식의 차이, 그리고 세금 부담에 대한 상황적인 차이 등에서 찾을 수 있을 것이다.

이외에도 가치의 기준은 다양한 형태로 변형되어 나타날 수 있으며, M&A와 관련된 가치평가는 「자본시장법」이나 「상속세 및 증여세법」(이하 "상증법")에서 그 가치평가액을 산정하도록 규정하고 있다.

3 기업가치평가의 비확일성

기업은 이윤극대화를 목표로 자본과 노동을 적절히 활용하여 끊임없이 변화하고, 성장해 가는 영속체로서의 특성을 갖고 있다. 따라서 기업의 가치는 기업이 현재 보유하고 있는 유·무형 자산들의 미래 수익창출능력의 평가액이라고 할 수 있다.

그러나 미래의 영업상황을 예측하고 예상되는 수익을 추정하기 위해서는 고려하여야 할 요소가 너무 많고, 개발된 평가방법이 다양하고 또한 복잡하여 평가결과의 이용자가 전문적 지식 없이는 쉽게 이해할 수 없는 특징을 갖고 있다.

이러한 특징으로 인해 기업의 가치는 누가, 언제, 어떤 목적으로 평가하는가에 따라 다르게 평가되는 특성을 지니고 있다.

첫째, 누가 매수하려 하느냐이다. 매수대상기업이 소유하고 있는 유·무형의 자산은 매수하고자 하는 자의 경영능력과 직관, 그리고 이미 소유하고 있는 기업의 업종과 규모에 따라 매수의 시너지효과에서 차이가 발생하기 때문에 기업의 가치는 매수하려는 자가 누구냐에 따라 달라질 수 있다.

둘째, 평가하는 시점에 따라서도 기업가치의 평가결과는 다르게 나타난다. 평가하려는 기업이 속한 산업의 경기순환상 상승국면일 때와 하강국면일 때와의 평가가치는 현저한 차이가 있을 것이며, 전년도 또는 당해연도의 영업실적이 상대적으로 좋게 나타나는 시점에서의 기업가치가 그렇지 않은 때보다 높게 평가될 가능성이 많다. 기업의 시장가치를 대표하는 주가를 생각해 보면, 강세장에서의 주가와 약세장에서의 주가는 현저한 차이가 있다.

따라서 기업의 가치는 시간의 흐름에 따라 끊임없이 변동되는 것으로 이해할 수 있다.

셋째, 기업의 가치를 어떤 목적에서 평가하는가에 따라 평가의 기준 및 관점이 변화되므로 평가목적 또한 기업가치에 차이를 가져오는 중요한 변수가 된다.

기업매수를 목적으로 기업가치를 평가한다면, 평가자는 매수 후에 매수대상기업으로부터 창출해 낼 수 있는 수익 또는 현금유입액을 중요한 평가의 기준으로 삼을 것이나, 기업에 자금을 대출하여 주는 금융회사의 기업에 대한 평가는 기업의 부도발생 등의 위험을 가정하여 자산 등의 처분가치로 평가하게 될 것이다.

또한, 매수를 목적으로 한 가치평가라 하더라도 매도대상기업이 발행한 총주식의 50% 이상을 매수하여 기업의 경영권까지 확실히 확보하는 경우와 경영권의 완전한 확보가 보장되지 않는 정도의 주식 매수를 목적으로 평가하는 기업가치와는 또 다르게 된다.

이외에도 M&A 대상기업의 가치평가는 평가주체별 입장 차이, 인수동기, 매도자가 처한 상황, 기업매도 사유에 따라 달라질 수 있다.

4 기업가치의 결정요인

기업의 가치는 앞에서 언급한 바와 같이 기업이 보유하고 있는 유·무형 자산의 미래수익 창출능력의 평가액이라 할 때, 이 미래의 수익창출 능력을 결정짓는 요소로는 기업 내부환경 뿐만 아니라 기업을 둘러싼 외부환경요인이 있을 것이고, 구체적 수치로 계량화할 수 있는 요소인 양적요인과 수량화하기는 곤란하나 궁극적으로 기업의 수량화된 가치에 중대한 영향을 미치는 요소인 질적요인이 있을 것이다.

이처럼 기업가치를 평가하는 데 있어 고려하여야 할 중요 요소를 정리하면 다음과 같다.

가. 가치평가요소

내부환경요소, 외부환경요소

나. 양적요인

기업의 재무상황, 기업의 영업실적(P/L), 기업의 재무분석 지표, 경제성장률, 동업종 시장성장률, 이자율

다. 질적요인

(1) 전통적인 질적요인

경영자의 경영능력, 공장의 입지(Location), 노사관계(노동조합 존재유무), 시장개방 정책, 정부의 산업지원 정책, 경쟁사의 동향, 기술 수준, 동종업종에 대한 시장진입의 장애요인의 존재유무

(2) A&D의 질적요인

보유하고 있는 기술의 시장 잠재성, 상용화 가능성, 보유한 사업모델의 시장 잠재성, 사용화 가능성 등

라. 영업권

기업가치 평가 시 가장 고려하여야 할 사항으로 영업권이 있다. 또한 소규모 회사의 인수합병 시 협상에서 가장 중요한 요소로 작용하는 것이 영업권을 얼마로 할 것인가에 관한 것이다. 영업권은 수익가치 평가 시 포함되는 개념이나 관심을 가질만한 요소이므로 따로 설명한다.

영업권이란 기업 명성, 상표, 상호의 소유, 특정 지역에서 장기간에 걸쳐 이룩한 과거의 성공적인 영업성과, 그동안 투자를 통해 축적하여 놓은 생산 · 판매 노하우 등으로 인해 미래에 기대되는 초과수익력의 평가금액이라고 정의할 수 있으나, 이런 영업권의 가치를 평가하는 획일적이고 객관적인 기법이나 방법은 존재하지 않는다. 이런 영업권을 평가한다는 것은 논리적이기는 하나 추정변수가 많아 평가결과의 객관성을 유지하기가 힘든 단점이 있으며, 미래 현금흐름 할인가치로 평가하는 수익가치 평가방법에 의한 기업가치의 평가와 중복된다. 따라서 영업권은 기업가치평가의 한 요소로 고려, 평가되는 개념으로 수익가치와 상대가치 평가에서 영업권의 가치가 이미 고려되어 있다. 수익가치를 영업권으로 인식하여 유상으로 취득하는 경우에는 자산계정으로 영업권을 표시한다.

마. 경영권 프리미엄

경영권 프리미엄은 가치평가 측면에서 기업가치 결정요소는 아니지

만, 인수가격 결정에는 영향을 미치는 요소이다.

경영권의 이동을 수반하는 M&A 거래에 있어서 가격협상을 할 때 항상 제기되는 문제는 경영권 프리미엄에 대한 것이다. 경영권 프리미엄은 기업경영에 관한 의사결정권한에 대한 대가라 할 수 있다. 즉, 경영권 프리미엄은 기업고유의 가치라고 하기보다는 기업의 경영권을 매개로 하는 거래에 있어서 매수자의 매수에 따른 시너지 효과와 더 긴밀한 관계가 있는 가치라 할 수 있다. 매수자의 입장에서는 매수자가 주관적으로 생각하는 잠재적인 가치로서 지불할 만한 가치가 있다고 판단되는 금액이고, 매도자의 관점에서는 미래의 경영권 상실에 따른 손실의 보상이라고 할 수 있다. 따라서 그 가치는 기업가치와는 매우 다른 주관적인 가치라고 할 수 있다. 그러므로 경영권 프리미엄은 평가된 기업가치와는 별도로 경영권 이전을 전제로 한 M&A 거래 당사자 간의 협상력에 의해 결정된다.

5 법률이 정한 합병가액 또는 인수가액 평가

가. 비상장법인의 합병가액

비상장법인의 합병 시 합병계약서에서 합병으로 인하여 소멸하는 회사의 주주에게 발행하는 주식의 배정에 관한 사항을 정하도록 되어 있기 때문에 합병 당시 회사의 주식가치를 기초로 계산되는 주식교환비율을 정하여야 한다. 주식교환비율을 산정하는 데 있어 기업의 가치는 자산가치평가방식과 수익가치평가방식, 상대가치평가방식 등을 혼합하여 산출된다. 그러나 일반적으로 위와 같은 방법으로 주식교환비율을 정할 때에는 세법상의 비적격합병이 되어 양도손익과세, 부당행위계산부인,

증여의제 등 세법상의 불이익을 당할 수 있으므로(제8장 제3절 합병 관련 세무 참조) 이를 피하기 위해 상증법의 비상장주식의 평가규정[26]에 따라 합병대가를 상정하고 있다. 그러나 비상장법인이 자본시장법의 적용을 받는 기업과 합병하는 경우에는 자본시장법이 규정하고 있는 방식에 따라야 한다.

나. 자본시장법상의 합병가액

주권상장법인이 다른 법인과 합병하고자 하는 경우에는 자본시장법이 정하는 방법에 따라 합병가액을 산정하여야 한다.

주권상장법인은 합병계약을 체결하거나 이에 대한 이사회의 결의가 있은 때에는 합병비율의 산정방법을 기재한 주요사항 보고서를 금융위원회와 한국거래소에 제출하여야 한다. 이때 주권상장법인과 합병하려는 상대회사 중 합병가액을 주식시세를 기초로 하여 산출하는 경우가 아니면 합병비율의 적정성에 대한 외부평가기관의 평가의견을 첨부하여야 한다. 외부평가기관은 합병비율의 적정성 평가를 자본시장법의 규정에 따라서 평가하고 있다.

(1) 주권상장법인 간의 합병

주권상장법인 사이의 합병의 경우, 주식 시장에서 형성된 주가를 기준으로 합병가액을 산정한다. 즉, 주요사항 보고서를 제출하기 전날부터

26) 비상장주식의 1주당 가액은 순자산가치와 순손익가치를 구해 2:3으로 가중평균하여 1주당 가치를 산정한다. 순자산가치를 발행주식 총수로 나눈 것이 1주당 순자산가치이고, 1주당 순손익가치는 최근 3년간의 가중평균 순손익액을 국세청고시 자본환원율로 나눈 것이다. 다만, 그 가중평균한 가액이 1주당 순자산가치의 100분의 80을 곱한 금액보다 낮을 경우에는 1주당 순자산가치의 100분의 80을 곱한 금액을 비상장주식의 가액으로 한다(상증법 시행령 제54조).

소급한 2개월 평균종가, 1개월 평균종가, 1주일 평균종가를 산술 평균한 가액을 기준주가로 한다.

(2) 주권상장법인과 비상장법인 간의 합병

주권상장법인과 비상장법인 간의 합병의 경우, 주권상장법인에 대하여는 앞서와 같은 방식으로 합병가액을 산정하되 그 주가가 주권상장법인의 자산가치에 미달하는 경우에는 자산가치로 합병가액을 산정할 수 있다. 이 경우 비상장법인에 대하여는 '증권의 발행 및 공시 등에 관한 규정'에 따라 주식의 자산가치와 수익가치를 산출하고, 주식의 본질가치를 산정하여 이를 합병가액으로 하되 주권상장법인 중에 당해 비상장법인과 업종과 규모 및 주요 재무비율 등이 유사한 회사가 2개 이상 있는 경우에는 상대가치를 적용할 수 있다.

다. 인수가액의 평가

합병 시 합병비율의 산정은 자본시장법이나 상증법의 규정에 따라야 하나, 일반적인 인수가액의 결정은 매도자와 매수자가 합의하는 평가방식으로 결정할 수 있다. 즉, 주권상장회사의 경우에도 자본시장법에 따른 평가금액에 일정한 경영권 프리미엄을 더하여 주는 방식으로 결정할 수도 있고, 비상장회사의 경우에도 상증법에 따라 인수가액을 결정하지 않고 상대방과의 합의에 따른 가액으로 인수가액을 결정할 수 있다. 이럴 경우에는 거래 상대방과는 상증법상의 특수관계자가 아니어야 한다. 특수관계자일 경우에는 상증법상의 가액과 인수가액과의 차액에 대하여 증여세 등을 부과받을 수 있다.

제2절 기업가치 평가방법

기업가치를 평가하는 방법은 크게 네 가지가 있다. 첫째, 기업이 현재 보유하고 있는 총자산에서 부채를 차감한 순자산 가치를 기업의 가치로 평가하는 자산가치 평가방법이 있고, 둘째, 기업의 현재 재무상황보다는 기업이 보유한 유·무형의 자산을 가지고 향후에 얼마만큼의 수익 또는 현금흐름 수입을 실현시킬 수 있는가, 즉 미래의 수익 창출능력을 기업의 가치로 평가하는 수익가치의 평가방법이 있으며, 셋째, 기업의 주식을 사려는 자와 팔려는 자 간의 균형에 의하여 형성되는 시가를 기업의 가치로 평가하는 시장가치평가방법이 있다.

마지막으로 '증권의 발행 및 공시 등에 관한 규정'에서 정하고 있는 본질가치 평가방법이 있으며, 그 밖에도 여러 가지 평가방법이 있다.

1 자산가치평가법

자산가치평가법은 재무상태표상의 자산과 부채를 평가하여 총자산가치에서 총 부채가치를 차감한 순자산가치로 기업의 가치를 평가하는 방식이다.

이 방법은 이해하기 쉽고 평가방법도 상대적으로 간편하여 M&A 거래에 있어 기본적 평가방법으로 널리 사용되고 있다.

국내기업 간의 M&A에 있어서 대부분의 가격협상은 '자산가치+영업권 또는 경영권 프리미엄'을 기본 틀로 하고, 여기서 수익가치와 시장가치를 참고하는 식으로 이루어지는 경향이 있으므로 자산가치는 M&A 거

래에 있어서 가격협상의 기준이 되는 기초평가 자료로서 중요한 역할을 하고 있다.

자산가치의 평가에 있어서 문제점은 재무상태표상의 각 자산과 부채 항목을 어떤 기준에 의해 어떻게 평가하느냐에 따라 자산가치 금액이 상이할 수 있다는 점이다. 즉, 기업회계기준에 따라 작성된 재무상태상의 순자산가액을 자산가치로 평가할 수도 있고, 장부상의 각 자산, 부채를 시가로 재평가한 후, 이 재평가금액을 기준으로 순자산가액을 평가할 수도 있다. 또한, 보수적인 관점에서 현재 회사가 보유하고 있는 각각의 자산을 처분한다고 할 때 예상되는 처분가격의 합계금액에서 총 부채금액을 차감한 잔여가액을 자산가치로 보는 청산가치 평가방법이 있다.

이처럼 평가방식에 따라 차이가 발생하는 문제점이 있으므로 M&A 거래를 추진하는 양 당사자는 대상기업의 자산가치를 구하기 위한 구체적인 평가방법에 대해 사전에 충분한 협의와 합의를 해 둘 필요가 있고, 합의를 할 수 없는 공개경쟁입찰 시에는 매각주간사가 어떻게 자산가치를 평가하였는지를 검토하여야 한다. 일반적으로 M&A 거래에 있어서는 장부가치에 자산・부채의 각 항목을 공정가치로 평가한 후 그 평가차액을 가감하여 산정하는 시가평가방법이나 재평가방법에 의하여 산정된 자산가치를 널리 사용하고 있다.

가. 평가절차

1단계: 평가대상기업의 재무상태표 등 관련 자료의 입수

2단계: 평가대상 자산과 부채의 확정

3단계: 확정된 자산과 부채의 공정시장가치 평가

4단계: 평가해야 할 부외 무형자산의 확정과 평가
5단계: 평가해야 할 부외 우발채무의 확정과 평가
6단계: 가치평가기준 재무상태표의 작성
7단계: 자기자본가치의 산정

나. 평가방식

(1) 비용접근법(원가법)

비용접근법이란, 평가대상의 형성에 사용되는 각종 제반 소요비용을 기초로 하여 평가대상을 평가하는 방법이다. 평가대상자산을 현재시점에서 재획득하는 데 소용되는 각종 제반소요비용을 합하고, 이에 감가수정을 가하여 평가대상자산이 가지는 가치를 산정하여 평가하는 방법이다. 이 방식은 '평가대상자산의 가치는 새로운 자산을 구입, 개발하는 비용과 그 자산의 내용연수기간 중에 얻어지는 수익의 경제적 가치가 일치한다'는 가정 하에서 유용하다고 할 수 있다.

(2) 수익접근법(수익환원법)

수익접근법이란, 평가대상으로부터 발생되는 미래현금흐름의 현재가치의 합계로서 평가대상을 평가하는 방식이다. 즉, 평가대상을 소유 또는 운영함으로써 발생하는 추가적인 현금흐름을 추정하여 평가대상의 가치를 평가하는 방법이다. 이 방법은 평가대상의 수익창출능력을 자본화하여 무형자산의 공정시장가치에 대한 지표를 제공함으로써 미래지향적이며 이론적으로 가장 근본적인 가치산정 방식이다. 수익접근법의 가장 큰 유용성은 공정시장가치의 정의를 구체화한다는 점이다. 왜냐하면 공정시장가치는 어떤 투자대상을 소유함으로써 얻을 수 있는 미래현금흐름의 현재시장가치와 같기 때문이다.

(3) 시장접근법(거래사례비교법)

가치평가에 있어 가장 먼저 시도될 수 있는 방법은, 거래하려는 대상과 유사한 거래사례를 찾아 이와 비교함으로써 시장가치를 추정하는 것이다. 이와 같이 시장에서 발생한 거래의 결과를 바탕으로 가치를 산정하는 방법을 시장접근법이라 한다.

이 방식은 거래자료가 풍부한 경우에는 가장 적은 비용으로 현실적으로 시장상황을 잘 반영한 가액을 산정할 수 있다는 장점이 있다. 시장접근법을 적용하는 데 전제조건은 첫째, 비교 가능한 평가대상자산의 활발한 거래가 있는 시장이 존재해야 한다. 둘째, 과거에 비교 가능한 자산의 거래사례가 있어야 한다. 셋째, 비교 가능한 자산의 거래가격에 관한 정보에 접근이 가능해야 한다. 넷째, 독립 당사자 간의 거래이어야 한다.

따라서 이 방법은 주로 부동산, 일반적인 기계류 및 설비, 차량, 범용 컴퓨터 소프트웨어, 하드웨어, 주류허가권, 프랜차이즈의 평가에 적합하다.

반면 유사한 사례가 존재하지 않거나, 정상적인 시장에서의 거래가 아닌 특수관계인 사이의 거래와 같이 특수한 사정이 개입된 사례는 비교사례로서 적합하지 않다.

2 수익가치평가법

수익가치평가법은 평가하려는 기업이 장차 벌어들일 것으로 생각되는 주당 가능이익의 흐름을 추정한 다음, 그 기대이익을 적당한 이율로 현가화하는 방식이다.

이 방식은 기업의 자산, 부채를 각각 평가하여 산출하는 것이 아니라 기업의 자산, 인력, 기술 등 모든 경영자원을 사용하여 획득할 장래의 이익을 현재의 가치로 할인하여 평가하는 것이다.

여기에 적용되는 할인율은 기대수익률로 하는데, 기대수익률은 동 업계의 평균이익률, 해당기업의 이익률, 수익성 있는 시장금리 및 정기예금 이자율 등을 고려하여 결정한다. 상장회사와의 합병의 경우에는 금융투자협회에서 유가증권 분석기준으로 정기예금 금리를 적용하도록 하고 있으나, 그렇지 않은 경우에는 M&A 목적에 맞는 할인율을 적용하여야 한다.

자산가치는 그 평가방법이 비교적 단순하고 객관적이라는 장점이 있으나, 기업이라는 실체는 미래의 수익 또는 현금흐름창출을 목적으로 존재하는 연속체라는 점에서 볼 때 미래의 수익창출능력을 반영하지 못하는 단점이 있다. 이러한 단점을 보완하기 위해 미래의 수익창출능력을 알아보는 수익가치평가가 필요하다.

특히 M&A에 있어서 M&A를 통해 지속적 성장을 꾀하려는 매수자는 목표기업의 매수 후에 기업이 보유하고 있는 각 자산을 매각처분하여 매매차익을 실현하려 하는 것이 아니라 매수 후에 계속적인 영업을 통해 수익(또는 현금흐름)을 창출하고, 기존의 영업과 시너지효과를 극대화하려는 목적에서 기업을 매수하는 것이므로, 매수대상기업의 현재 재산상태를 가지고 향후에 얼마만큼의 수익을 실현할 수 있는가에 보다 많은 관심을 갖게 된다.

따라서 기업가치의 평가에 있어 기업의 현 재무상황도 중요하지만, 향후의 수익창출능력 또한 중요한 평가요인이 아닐 수 없다. 그리고 미래의 수익이라는 것은 궁극적으로 현금수입을 말하는 것이므로, 미래 수익창출능력은 향후 영업을 통해 기대되는 순현금흐름이라 할 수 있다. 미래의 순현금흐름을 일정한 할인율로 할인한 현재가치가 곧 미래의 영업을 고려한 기업가치가 된다.

이러한 의미에서 M&A를 통해 기업을 매수하려는 매수자는 매수가격보다 매수 후 미래현금흐름의 현재가치가 크다고 판단될 때 매수를 결정하게 될 것이므로, 자산가치가 M&A 거래에 있어서 가격협상의 기초가 된다면 미래현금흐름의 현재가치는 매수의사결정의 핵심지표인 동시에 매수가격으로 제시할 수 있는 최대치가 된다.

가. 현금흐름할인가치(Discounted Cash Flow, DCF)

미래의 영업을 통해 기대되는 순현금흐름을 일정한 할인율로 할인한 현재가치를 기업의 가치로 평가하는 평가방법으로, 기업의 존재목적과 기업에 대한 투자목적을 고려할 때 이론적으로 가장 합리적인 평가방법이라 할 수 있으나, 평가과정에서 고려하여야 할 변수가 많고 복잡한 단점이 있다.

이 평가방법을 이용하기 위해서는 먼저 기업의 향후 영업상황을 예측하고 투자계획을 반영하여 추정손익계산서를 작성한 다음, 이를 기초로 순현금흐름을 구하여야 한다. 그 다음은 미래의 순현금흐름을 현재가치로 환산하기 위한 할인율을 결정하여야 한다. 이 할인율은 이론적으로 기업에 대한 투자를 통해 투자자가 요구하는 요구수익률이라 할 수 있는데, 일반적으로 이용되는 할인율 산정방식으로는 가중평균자본비용[27)](WACC)이 있다. 그리고 미래의 영업을 무한정 추정할 수는 없으므로 일정한 기간의 추정 연도 이후에는 잔존가치라 하여 추정 연도 말 현재의 기업가치로 단순평가하게 된다.

현금흐름할인가치는 위에서 언급한 바와 같이 크게 세 가지, 즉 미래 순현금흐름, 할인율, 잔존가치의 변수를 산정하는 과정에서 평가자의 주관적 판단이 개입될 여지가 많고, 평가 및 평가결과의 이해를 위해서는 회계와 재무에 관한 전문적 지식을 필요로 하므로, 그 논리적 합리성에

27) 기업자본을 형성하는 타인자본과 자기자본의 비용을 자본 구성비율에 따라 가중평균한 것이다. 타인자본비용은 이자로서 비용으로 인정되지만 자기자본은 비용으로 인정되지 않으므로 자기자본 비용은 타인자본 비용을 상회하는 것이 상례이다. 따라서 부채비율을 높임으로써 가중평균비용은 점차 떨어지게 된다. 그러나 산업평균 부채비율을 넘어서게 되면 가중평균자본비용을 상승으로 전환하는 것으로 보고 있다.

도 불구하고 평가결과에 대하여 수용하지 못하고 이견을 보이는 경우가 많다.

그러나 매수대상기업의 미래수익 및 자산가치를 담보로 자금을 조달하여 기업매수를 추진하는 LBO[28]가 성행하는 미국 등의 선진국에서는 이 현금흐름할인가치를 M&A 거래의 가장 중요한 판단기준으로 삼고 있다.

나. 이익할인가치

이익할인가치 평가방법은 현금흐름할인가치가 논리적 강점이 있음에도 불구하고, 실용성이 떨어지는 면을 고려하여 좀 더 계산하기 간편하고 이해하기 쉽게 변형한 평가방법이다. 이 방법은 우리나라에서 기업공개 및 장외등록을 위한 주식평가 등에 널리 사용되고 있다.

이익할인가치 평가방법에서는 현금흐름할인방법에서의 현금흐름 대신 당기순이익을 사용하며, 할인율은 정기예금금리에 일정배율을 곱하는 식으로 단순하게 산정하게 된다. 그리고 추정기간도 비교적 단기(통상 2년)이며 잔존가치를 고려하지 않는 대신 추정기간의 순이익이 영원히 계속된다는 가정에 따라 현재가치를 무한수열로 계산하게 된다. 이러한 이익할인가치는 현금흐름할인가치에 비해 계산이 간단하고 이해하기 쉬우나, 향후 2개년의 추정이익이 영원히 계속된다는 가정이 비현실적이며 가중치의 산정근거도 논리적이지 못하다. 특히, 평가대상회사의 개별위험을 고려하지 않고 자본환원율을 일률적으로 적용하는 것은 비논리

28) leveraged buyout의 약자. 매수하고자 하는 기업의 자산을 담보로 금융회사에서 빌린 자금을 이용해 해당기업을 인수하는 M&A 기법이다.

적이라 할 것이다. 그러나 우리나라 증권발행시장에서 대표적인 수익가치 평가방법으로 사용되고 있는 것이 현실이며, 따라서 M&A 거래에 있어서도 기업가치의 참고자료로 많이 사용되고 있다.

다. 배당평가모형가치

기업의 미래수익 또는 미래의 순현금흐름이 투자자의 수익으로 실현되는 것은 배당을 통해서라고 할 때, 투자자 입장에서의 기업가치는 향후에 기대되는 투자기업으로부터의 배당금을 적정한 할인율로 할인한 현재가치가 될 것이라는 논리에 따라 개발된 고전적인 기업가치평가 모델로 배당평가모형이 있다.

이러한 배당평가모형에 의한 가치평가는 장기간의 미래 배당금을 추정하는 데 어려움이 있으며, 우리와 같이 배당금 지급이 정책적 또는 대주주의 결정을 전제로 하고 있는 환경에서는 기업의 매수자가 배당금 수입을 얻기 위하여 기업매수를 하는 것이 아니므로, 이러한 배당평가모형에 의한 기업가치가 M&A 거래에서 사용될 여지는 거의 없다고 할 것이다.

라. DCF 방식의 장단점

DCF 방식이 대상기업을 평가하는 방법 중 가장 신뢰할 만하고 합리적이며, 현재 사용되는 기업가치평가 기법 중 가장 보편타당한 기법이라는 사실은 부인하기 어렵다. 그러나 이 방법이 시장에서의 모든 평가요소를 반영하고 있는 것도 아니고, 전제가 되는 많은 가정들과 추정들이 현실적이거나 적절하다고 할 수 없으므로 현금흐름에 의한 기업의 내재가치평가가 시장의 제3자가 기꺼이 동 대상기업을 사고자 하는 기업가

치를 반영하고 있다고는 볼 수 없다. 그로 인해 기업가치와 시장가치와의 괴리를 인식하여야 한다는 단점이 있다.

3 시장가치평가법

가. 상대가치평가법

자산가치와 수익가치가 평가대상기업의 고유한 재산상태 및 미래의 수익창출 능력만을 가지고 기업가치를 평가하는 가치개념이라면, 시장가치는 이런 기업의 재무상황과 미래 수익창출 가능성을 기초로 시장메커니즘을 통해 형성되는 기업의 가치를 말한다. 즉, 상장기업의 경우 주식가격이 형성되는데, 이런 증권시장에서의 주가는 바로 주식발행기업의 시장가치가 되는 것이다. 시장가치 형성의 기초는 물론 자산가치와 수익가치, 즉 기업의 본질가치가 그 기준이 되지만 주식시장 전체의 상황에 따라 주가는 끊임없이 변동한다. 이론적으로 보면 시장가치는 궁극적으로 기업의 본질가치와 일치하여야 하나, 변화하는 시장상황 하에서 수요와 공급의 법칙에 따라 시장가격이 형성되고 변동되므로 본질가치와 반드시 일치하지는 않는다.

따라서 어느 평가시점에서의 시장가치는 본질가치보다 현실적인 기업가치가 될 수 있으며, M&A 거래에 있어서도 거래시점에서의 시장가치는 가격협상의 중요한 기준이 된다.

한편, 비상장기업의 시장가치는 증권시장을 통해 형성될 여지가 없기 때문에 객관적인 시장가치는 존재하지 않으나, 동일한 업종에 속하고 규모가 비슷한 상장기업의 주가를 이용하여 상대적인 시가(상대가치)를 산정해 볼 수 있다.

상대가치는 비교 가능한 상장유사기업이 존재하지 않거나 기업의 규모에 차이가 클 경우 또는 주당경상이익과 순이익의 차이가 클 경우에는 그 실효성이 없게 된다. 주당경상이익이 미래의 추정이익이 되어야 논리적이나 모든 유사회사의 경상이익을 추정한다는 것은 극히 어려운 일이므로, 통상 과거실적을 이용하여 계산하게 되면 비논리적이 되어 버린다. 그리고 비상장사가 곧 상장을 앞두고 있는 경우가 아니라면, 언제든지 증권시장을 통해 매도와 매수가 가능한 상장주식과는 달리 비상장주식으로서의 비유동성에 대한 고려가 반드시 있어야 한다. 따라서 비상장기업의 M&A 거래에 있어서 상대가치는 그 논리의 한계성으로 인해 크게 고려되지 않는 것이 현실이다.

미국과 같이 M&A가 빈번히 일어나는 상황에서는 기업거래시장이 하나의 시장으로 자리 잡고 있기 때문에 기업도 하나의 상품처럼 가격결정의 메커니즘이 형성되어 있다. 예를 들면, 유통회사의 경우에는 연간 매출액 규모가 곧 기업의 매도가격으로 통용된다거나, 케이블 회사는 가입 가구 수에 일정한 금액을 곱한 금액이 그 회사의 가치로 인정되기도 하며, 어느 업종에서는 그 기업의 영업이익에 일정액을 곱한 금액이 그 기업의 거래가격으로 간주된다. 이처럼 어떤 특정 업종에서는 거래가격에 대한 일종의 시장승수가 형성되어 있는 경우가 있다. 이런 시장승수를 이용한 기업가치의 평가는 M&A 거래가 빈번한 경우에는 중요한 평가수단으로 이용될 수 있다. 우리나라도 어떤 특정 사업의 경우에는 이런 시장승수가 형성되어 있고, 이를 이용한 거래가 일어나고 있다.

이처럼 상대가치의 평가방법은 자산가치와 수익가치 평가와 더불어 기업의 객관적 가치를 평가하는 데 하나의 중요한 평가방식이며, 시장의 가치를 반영하고 있다는 점에서 가격결정 시 고려하여야 할 변수라 할 수 있다.

상대가치 평가법에는 단점도 있다. 이 방법은 대상기업을 상장되어 있는 기업의 가치와 유사하게 평가하는 것으로, 주식시장에서의 가치는 대상기업을 평가하는 출발점으로 삼기에 매우 유의미하다.

그러나 상장회사 인수과정에서는 인수 전의 시장가치에 상당한 프리미엄이 더해지는 것이 현실이므로 대상기업의 평가에 있어서도 이러한 프리미엄이 추가로 고려되어야 하며, 이 방식이 효과적으로 적용되기 위해서는 적절한 비교 회사들이 존재하여야 하고, 설령 비교 회사들이 존재한다 하더라도 각 회사들의 회계처리방식에 차이가 있다면 그로 인하여 비교재무 지수들의 가액이 크게 달라질 수 있다는 점을 단점으로 꼽을 수 있다.

나. 주가수익률 평가방식

이 방식은 대상기업의 세금공제 후 이익에 유사한 공개기업의 주가수익률(Price Earning Ratio, PER)을 적용하여 기업의 가치를 평가하는 것으로, 유사한 공개기업의 연도별 PER에 적정 가중치를 부여한 후 이를 가중평균하여 대상기업의 주가를 계산하는 방식이다.

단지 PER로 기업을 평가한다는 것은 너무 단순하고 무리가 있으므로 일반적으로 이 방식은 매도자나 매수자가 기업인수라는 흔치 않은 대형 거래를 놓고 대략 대상기업을 평가해 보는 출발점의 역할로서 충분하다.

4 본질가치평가방법

본질가치란 통상 기업이 보유하고 있는 내재가치를 말하는 것으로, 자산가치와 수익가치로 구성된다. 본질가치는 주당 기업의 가치를 평가한 것으로, 주당순자산가치와 주당수익가치를 고려해 계산한다.

본질가치는 회사의 현재 순자산가액인 주당 자산가치와 미래의 수익력을 기초로 산정한 기업 내재가치인 주당 수익가치를 2 : 3의 가중치로 평균한 가액이다.

(1) 주당 자산가치

주당 자산가치는 순자산가액을 발행주식 총수로 나눈 것이다.

(2) 주당 수익가치

향후 2개 사업연도의 추정 손익계산서상 주당 순이익을 3 : 2의 가중치로 평균한 가액을 자본환원율로 환산한 가액이다.

(3) 자본환원율

4개 시중은행의 1년 만기 정기예금이자율 평균치의 1.5배를 적용한다.

위에서 서술한 바와 같이 동 평가방식은 주식 공모시 그 기준이 되는 방식으로, 비상장주식을 상장 또는 등록하고자 할 경우 그 공모가를 추정하는 데 유용하게 쓰일 수 있으며, 또한 현재 기업자산으로서의 가치와 향후 수익창출 근원으로서 가치가 혼합되어 있는 장점이 있으나, 미래에 대한 추정이 불확실하고 진정한 미래의 기업 내재가치인 현금창출을 나타내지 못하는 단점이 있다.

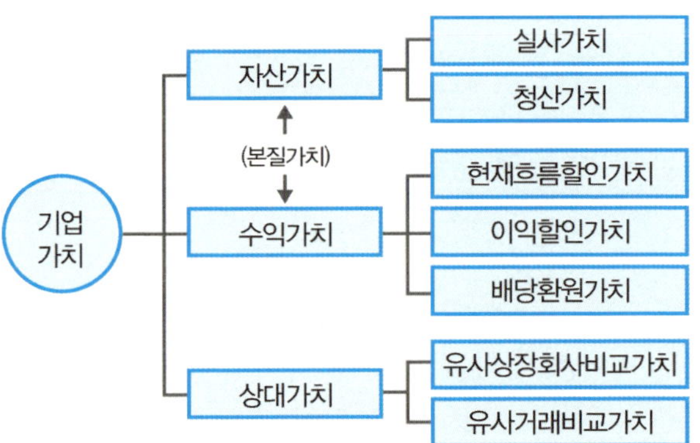

5 기타 평가방법

가. 상증법상 비상장주식의 평가방식

상증법상 자산의 평가는 시가에 의한 평가를 원칙으로 하는데, 주식의 경우 주권상장법인 주식의 종가 및 기준가격을 시가로 봄으로 주권상장법인의 주식에 관한 추가적인 설명은 생략하기로 한다.

시장성 없는 비상장주식의 평가는 아래와 같다. 순손익가치는 과거 3년간의 주당 순손익을 가중평균한 것을 미래 영구적인 현금흐름의 추정치를 사용하여 국세청이 고시하는 순손익가치환원율로 할인한 현재가치로서 현금흐름에 의한 할인 모형과 유사하며, 순자산가치는 법인의 주당 장부가치와 유사하다.

비상장주식의 평가 = 가중평균가격

다만, 그 가중평균한 가액이 1주당 순자산가치의 100분의 80을 곱한 금액보다 낮을 경우에는 1주당 순자산가치의 100분의 80을 곱한 금액을 비상장주식의 가액으로 한다(상증법 시행령 제54조).

$$\text{가중평균가격} = \frac{\text{1주당 순손익가치} \times 3 + \text{1주당 순자산가치} \times 2}{5}$$

$$\text{순손익가치} = \frac{\text{1주당 최근 3년간 가중평균순손익액}}{\text{국세청이 고시하는 이자율(순손익가치환원율)}}$$

$$\text{순자산가치} = \frac{\text{당해법인의 순자산가액}}{\text{발행주식총수}}$$

단, 부동산 과다소유법인(소득세법 시행령 제158조 제1항 제1호 가목에 해당하는 법인)은 순손익가치와 순자산가치의 비율을 각각 2와 3으로 한다. 또한 부동산 비중이 전체 자산의 80%가 넘으면 자산가치로만 평가한다.

나. 주가 및 거래량의 동향에 따른 평가방식

주권상장기업과 같이 시장성이 있는 주식의 경우, 그 주식의 가치는 시장에서 거래되는 시가에 의한다(자본시장법 제176조의7 제2항)는 가장 기본적인 시장가치 평가방식이다. 주로 과거 2개월, 과거 1개월, 과거 1주일 공표된 매일의 증권시장에서 거래된 최종시세가격을 실물거래에 의한 거래량을 가중치로 한 가중산술평균을 구하여 이를 각각 산술평균하여 구한다.

이러한 평가방식은 인수로 인한 대상기업의 환경의 변화를 반영하지 않고 과거의 역사적인 자료에만 의존하여 미래를 적절히 반영하지 못하고 있다는 단점이 있다. 그러나 이 방법은 매수자에게 회사의 가치에 대한 과거의 자료를 자세히 제시하고 있어 매수자가 다른 방법으로 대상기업을 평가하더라도 중요한 참고자료로 활용할 수 있을 것이다.

다. 순자산가액 배수방법

대상기업의 순자산가액(장부상 총자산－장부상 총부채±시가에 의한 조정 등)에 1.5～2.5배의 배수를 곱하여 평가하는 방법이다. 배수는 대상기업의 향후 영업전망, 수익성, 매수자의 인수목적 등에 따라 다르게 결정된다. 일반적으로 백화점, 호텔 및 주유소 등 자산의 규모, 등급 및 입지에 따라 기업의 가치가 영향을 받거나 평가되는 사업영역에 사용할 수 있다.

라. 매출액 배수 평가방법

대상기업의 매출액에 0.5～1.5배의 배수를 곱하여 평가하는 방법으로, 현재 인터넷 기업 등 e－비즈니스에 연관된 신종 사업의 수익 모델로 일부 사용되고 있다.

마. 대체원가 평가방법

대상기업의 영업자산 및 제반 영업 관계를 현재와 같은 상태로 만들기 위하여 소요될 대체비용으로 대상기업을 평가하는 방법이다. 이 방법은 영업 초기에 거액의 개발비 등의 투자를 요하는 회사나 유통망의 확보 단계에서 거액의 손실이 예상되는 회사의 경우에 적용할 수 있다. 또한 무형의 자산가치에 대하여 적절히 평가하고자 할 때에도 적용할 수 있다. 상표의 가치 또는 명성이 그러한 예이다.

바. 청산가치에 의한 평가방법

회사의 청산 시에 회사의 자산 및 부채를 정산할 때에 실현되는 현금액으로 대상 기업을 평가할 수 있는데, 이러한 방법은 극히 예외적으로 이미 대외 지급불능의 단계(default)에 처한 회사 또는 영업이나 경영권에 대한 프리미엄을 포기한 회사 등에게만 적용할 수 있을 것이다.

제3절 기술가치평가

❶ 기술평가의 개요

기술가치평가란 대상 기술에 대한 기술의 독창성, 시장성, 상용화 가능성, 특허 등 독점사용권 등에 대한 기회요인과 위험요인을 종합적으로 분석하여 기술의 시장가치를 평가하는 것을 의미한다.

현재의 기술자산은 미래의 수익을 창출할 수 있는 창조성 있는 자산이므로, 기업이 보유한 기술자산의 평가가 기술의 매매나 M&A에 있어 필요하다.

기술가치평가는 종합기술가치평가와 특정기술가치평가로 구분할 수 있다. 종합기술가치평가란 기업이 보유하고 있는 신기술을 사업추진능력 및 영업력 등 제반여건을 감안하여 평가하는 것으로, 신기술사업화 등 내부목적용, 금융기관 등의 여신자료 및 기업 M&A시 기업이 보유한 기술에 대한 가치평가에 주로 활용되며, 특정기술가치평가는 특정기술에 대한 기술성 및 사업성을 사업추진 주체의 경영요소를 배제하여 평가하는 것으로서 기술의 매매알선, 로열티 산정 및 기타 업무참고용으로 활용되고 있다.

또한, 기술평가는 서수적(ordinal) 평가와 기수적(cardinal) 평가로 나눌 수 있다. 즉, 항목별로 개략적인 상대적 위치를 평가하거나 항목별 점수를 산정하고 합산하여 상대적인 위치를 정하는 일종의 등급평가인 기술

성평가와 기술의 가치를 금액으로 환산하는 기술가치평가로 구분된다. 물론 양자를 혼합하여 사용하되 서수적 기법을 세부분석에서 활용하여 결과적으로 금액으로 평가하는 절충적인 방법도 있다. 기술을 금액으로 평가하기 위해서는 그 평가대상이 일정한 특성을 구비해야 한다. 무형자산인 기술의 평가에 있어서는 평가대상을 얼마나 정확하게 이해하고 인식하느냐가 중요하다. 왜냐하면 유형자산은 비교적 쉽게 평가대상의 내용을 파악하고 확정할 수 있으나, 무형자산은 특히 그 분야에 정통하지 못하면 사실 확인이 어렵기 때문이다. 평가자가 가치평가 모델의 활용능력이 있다 하더라도 대상에 대한 명확한 인식 없이 이를 평가할 때는 근본적 오류를 범하기 쉽기 때문이다.

기술자산의 가치를 평가할 수 있는 가치평가의 체계가 이루어지면 기술거래, 기술공여, 기술담보설정 그리고 기업의 매수합병 등이 보다 활성화될 수 있을 것이다.

2 기술가치평가의 대상

특정기술 자체에 의해 또는 그 기술이 중요한 부분을 차지하여 형성된 자산의 가치를 평가하는 접근이다. 특정기술이 기업의 수익에 공헌할 수 있는 잠재력을 화폐금액으로 산정한 가치라고 할 수 있다.

가. 기술가치

기술가치평가는 기술 자체의 본질적 가치를 평가하는 것으로, 기술을 보유한 기업이나 기술을 이용하는 주체와 관계없이 기술의 경제적 가치를 평가하는 것을 말한다.

대상	논리적 근거	평가방법
기술가치	• 기술은 별개의 평가대상 • 기술가치는 기술 자체의 본질적 가치 평가	• 비용접근법 • 시장접근법 • 수익접근법
기술력	• 기술은 기술력의 일부 • 기술 자체의 가치는 종합적 기술의 평가를 통해 파악	• 체크리스크 방법 • 평점법 • 벤치마킹 방법 • 갭 분석

나. 기술력평가

기술을 습득하고, 소화하고, 사용하고, 변용하고, 창조하는 능력을 평가하는 작업이다. 평가대상이 기술 자체의 가치나 효과가 아니라 기술의 사용주체가 지니고 있는 능력이다.

3 기술가치 평가방법

평가방법	측정기준	세부내용
프로파일법	상대비교	상대비교를 토대로 주요 항목에 대한 비교대상 기술 간의 우열을 시각적으로 표현
벤치마킹법	비율, 격차	선도기술(최고 수준)에 대한 기준점을 설정한 후 선도기술과 비교한 평가대상 기술의 수준을 비율 또는 격차로 표현
지표법	지표	기술가치를 종합적으로 측정할 수 있는 지표를 개발한 후 주요 항목에 대한 평가대상기술의 값을 대입하여 종합적인 지표의 값을 산정
평점법	점수	기술가치를 설명할 수 있는 주요 항목을 설정한 후 각 항목별로 평가대상기술의 점수를 부여한 후 이를 합하거나 곱하여 종합적인 평점을 산정

평가방법	측정기준	세부내용
금액법	화폐가치	기술가치를 비용, 수익 또는 시장가치로 파악하여 평가대상기술의 가치를 직접적인 화폐가치로 산정

 기술가치 평가모형

기술가치평가란, 특정기술의 경제적 가치를 평가하는 작업이다. 따라서 사전에 평가방법의 유형별 특성과 각 평가방법 적용을 위한 전제조건 등을 고려하여 비용접근법, 시장접근법, 소득접근법 중 합리적인 평가방법을 선택하여야 한다.

가. 비용접근법

비용접근법은 기술의 창출을 위해 소요된 비용을 근거로 기술가치를 평가하는 기법으로서, 기술개발에 투여된 총비용에서 시간의 흐름에 따라 발생될 수 있는 가치하락 정도를 가감하여 산출하는 방식이다(적정시장가치=개발투하총비용－가치하락요소). 이 방식을 사용하기 위한 전제는 기술획득 또는 개발비용과 그 자산으로부터 내용연수기간 중에 얻어지는 경제적 가치가 일치할 것으로 추정 가능하여야 한다는 점이다.

나. 시장접근법

시장접근법은 유사한 기술이 시장에서 거래된 사례를 근거로 공정한 거래가 형성되는 시장에서 기술의 가치를 측정하려는 방식으로, 기존의 실제 거래자료와 당시의 시장상황 및 현재의 시장상황에 대한 평가를 근거로 변동요인을 고려하여 평가한다. 이 방법은 평가대상기술과 유사 또는 동일한 기술의 시장거래가격을 기준으로 신청기술의 우열 등을 고려하여 산출한다(시장가치 = 매매사례가격 × 변동요인). 변동요인은 평가대상기술에 대하여 거래가격 형성시점의 시장성 및 가격수준, 기술의 사용가능 잔여기간, 시장점유율, 대체신기술 개발가능 여부, 유사 또는 동일 기술과의 우열관계 등을 고려하여 결정한다.

다. 수익접근법

수익접근법(income approach)은 원가비용과는 관계없이 그 기술의 수익 창출능력에 초점을 두고 있다. 기술자산의 가치는 기술의 수명기간 동안 창출되는 현금흐름의 현재가치로 추정된다는 것이다. 추정과 관련하여 현금흐름, 할인율, 기술자산 수명 등의 적용에서 가치평가의 결과는 차이가 다양하게 나타난다.

현금흐름할인법에 의한 기술가치는 매년 발생하는 현금유입에서 현금 지출액을 제외한 후 산출된 순현금수입액에 기회비용 관점인 할인율을 반영하여 산출한다.

수익접근법을 사용하기 위해서는 기술의 경제적 수명, 기술로 인한 미래현금흐름의 크기와 합리적인 할인율의 추정이 가능해야 한다. 수익접근법에 따르면 기술가치는 평가대상기술을 이용하여 생산되는 재화 또는 용역으로부터 기술의 수명기간 동안 기대할 수 있는 미래수익을 추정하여 다음과 같이 산출한다.

$$\text{기술가치} = \left[\sum_{t=1}^{n} \frac{(\text{초과이익}\,t)}{(1+\text{할인율})^{t}} + \frac{\text{잔존가치}}{(1+\text{할인율})^{n}}\right] \times \text{기술기여도}$$

※ 단, n: 수익추정기간

기술가치를 수익접근법으로 산정한다는 것은, 특정기술이 가진 미래의 수익창출능력에 초점을 맞춘 것이다.

여기에 미치는 변수들을 살펴보면 첫째, 기술수명이다. 기술수명이란 평가대상기술에 의해 초과이익이 발생되는 전기간을 말하며, 매 회계연도별로 수익을 추정하는 수익추정기간과 수익추정기간 이후부터 기술수명이 완료되는 시점까지의 잔존기간으로 구분한다.

기술기여도는 기술자산구성비 × 완성도계수로 구하며, 완성도계수는 기술의 완성 정도를 나타내고, 완성도에 따라 매년 계수를 조정한다.

| 기술가치평가 방법론 비교 |

구분	주요 변수	적용 영역	문제점
비용 접근법	• 개발비용 • 감가상각방법	• 공공기관의 기술 이전	• 미래기회수익 미반영
시장 접근법	• 유사기술의 시장사례가치	• 라이선스 및 로열티 산정	• 기술시장이 전제 • 거래사례가 존재하여야 함.
소득 접근법	• 현금흐름 • 할인율 • 기술수명	• 기술거래, 이전 • 보편화된 기술시장	• 변수추정의 주관성

제4절

A&D에서의 인수가격결정

스타트업과 벤처기업 등을 사고팔거나 투자하는 것을 보면 도무지 이해가 되지 않는 거래가액으로 매매 또는 투자가 이루어지는 경우를 볼 수 있다. 그런데 투자하는 기관은 모두 투자에서 성공을 거둔 투자의 달인들이 아닌가? 그러면 매매가격의 결정 또는 투자배수에 근거가 되는 무엇인가가 있을 법도 한데 그것이 눈에 들어오지 않는다. 그런데 각 투자자는 나름의 투자관점이 있어 투자할 것이고, 각 투자자의 투자관점도 모두 다를 수 있다. 그러나 당기순이익이 아니라 영업이익도 실현되지 않는 기업에 투자하면서 미래가치를 얼마로 평가했기에 거액을 투자하거나 아니면 거액을 주고 기업을 인수하는지 전통적인 평가방식으로는 이해하기 어렵다.

과거 우리나라의 스타트업이나 벤처기업에 투자한 현황을 잠시 알아보자. 일본 소프트뱅크가 쿠팡에 10억 달러, 미국계 베인캐피탈이 자동차 공유 서비스 업체인 쏘카에 180억 원, 골드만삭스가 배달앱서비스 업체 우아한 형제들에 400억 원, 중국의 텐센트는 라인과 손잡고 게임개발사인 네시삼십삼분에 1,000억 원, 포메이션8 · 굿워터캐피탈이 미미박스에 330억 원 등을 투자했고, 다음카카오가 국민내비로 불리는 김기사 앱을 개발한 록앤올을 626억 원에 인수하였다.

대표적인 투자로 일본 소프트뱅크가 쿠팡의 시장가치를 5조 5천억 원

으로 평가하여 10억 달러(1조 1,000억 원)를 투자하기로 하였고, 그와 비슷한 회사인 티켓몬스터에도 세계적인 사모펀드인 KKK, 앵커에쿼티파트너스, 싱가포르투자청, 캐나다연금 등이 그 가치를 8,500억 원으로 평가하여 대규모 투자를 단행했다. 그러면 투자한 회사의 영업실적은 어떤가? 쿠팡은 2014년 매출액 3,484억 원, 영업손실 1,215억 원을 시현했고, 티켓몬스터는 매출액 1,575억 원, 영업손실 246억 원, 록앤올은 매출 20억 원, 영업손실 20억 원을 기록했다.[29)]

이런 영업실적에도 불구하고 대규모 투자가 이루어진 이유에 대해 투자자들은 흔히 '경영진의 비전과 이를 향해 나아가는 과정, 인적구성 등을 보면 투자할 곳인지 아닌지 판단할 수 있다'고 설명하지만, 이는 투자할 곳인지 아닌지를 아는 것이지 투자가치가 얼마가 되는가를 말하는 것이 아니다.

그러면 시장가치를 5조 5천억 원으로 평가한 근거는 과연 무엇인가? 과거부터 오랫동안 영위되어 온 성숙산업의 경우에는 과거의 재무상태표와 손익계산서, 현금흐름표가 투자결정에 있어서 중요한 지표이지만, 새로 생긴 사업모델이나 신기술에 의해 만들어진 제품 등이 어떻게 시장에서 반응하고 폭발적으로 성장할 수 있는가를 예측하는 것은 결국 투자자의 통찰력에 의존할 수밖에 없다. 그러한 통찰력도 게임이론 중 조정게임에서 나올 수 있다.

29) 2018년 포괄손익계산서를 보면 쿠팡은 1조 1231억 원, 티몬은 1,355억 원, 위메프는 441억 원의 손실을 기록하여 이러한 영업이 언제까지 지속될지 회의가 시장에 퍼지고 있으며 과연 투자금액을 회수할지 의문이 들고 있다. 사견이지만 이렇게 치열하게 경쟁하면서 투자된 자금을 소진하는 치킨게임을 할 것이 아니라, 오히려 투자된 거금을 가지고 서로 간에 M&A를 단행하여 전자상거래 시장에서 독점적 지위에 오르는 것이 바람직해 보인다.

즉, '특별한 이유는 없지만 모두 같은 선택을 하면 서로 이익이 된다. 일단 정해진 것을 바꾸기 어렵다'는 조정게임의 이론처럼, 이러한 기업들은 지금의 수익이 아니라 대규모 투자를 통해 시장을 선점함으로써 미래에 시장을 선도할 수 있는 독점적 위치의 확보를 꾀한다. 따라서 이러한 업체는 수익성보다는 선점을 위한 현금흐름이 중요하므로 대규모 투자유치를 통해 자금을 확보하여야 한다.

과거 VTR 표준논쟁에서 VHS 방식이 보다 더 편리한 베타방식에 완승하여 독점적 이익을 얻을 수 있었던 것처럼, 각 사업모델도 선점을 위한 플랫폼 확보 전쟁을 하고 있다. 모바일커머스 사업모델도 같은 상황이다.

그러나 그렇게 발전 가능성이 있다 하더라도 현실에서 이를 설명할 모델이 없으면 가치를 평가하는 데 어려움이 많을 것이다.

이때 해답을 줄 수 있는 것이 PER이다. 애플, 구글, 페이스북 같은 회사의 초기 PER은 평균적으로 70에서 100 정도로 평가되고 있다. 쿠팡도 그 정도로 성장이 가능하다는 전제 하에 소프트뱅크가 투자금을 회수하려고 할 시점에서, 쿠팡의 영업이익과 당기순이익이 시현될 때 쿠팡의 PER을 대비하면 시장가치는 금방 계산될 수 있을 것이다.

성숙된 산업에서는 PER가 보통 12~18 사이에서 움직이지만, 초기 성장산업에서 PER이 100을 넘는 것은 그리 놀랄 일도 아니다. 현재 한국에서 거래되는 상장회사 중 화장품 회사 등 PER이 100이 넘는 기업들이 여럿 있다. 그러나 PER이 100이 넘는다 해도 그리 걱정할 일은 아니다.

플랫폼을 선점하여 독점적인 지위에 있거나 특허를 받은 의약품처럼 독점이 인정되면 매출과 영업이익이 제곱으로 늘어나는 '거듭제곱의 법칙'이 적용될 수 있다. 이처럼 당기순이익이 2의 제곱으로 늘어난다고 하면 처음에는 1, 다음 해부터는 2, 4, 8이 되므로 PER도 다음 해부터는 50, 25, 12.5가 되어 3년이면 성숙된 산업의 PER인 12~18 정도로 수렴하는 것을 알 수 있다. 그러므로 스타트업이나 벤처기업에 투자하거나 A&D를 할 경우에는 복잡한 기업가치 분석보다는 상대가치인 PER을 기준으로 거래하는 것이 일반적일 수 있다. 왜냐하면 이 시점에서는 매출과 이익 등의 재무제표의 숫자가 기업가치를 평가할 수 있는 기초자료가 될 수 없을 정도이고, 그렇게 평가한 가치가 의미가 없기 때문이다.

결국은 인수한 후 어떤 시점에서 예측한 결과를 얻을 수 있는가가 거래가격의 기초가 될 것이며, 예측이 맞으면 인수 혹은 투자가 성공한 것이고 그렇지 않으면 실패가 될 것이다.

어떤 갑이란 벤처업체가 있다고 하자. 이 회사는 3차연도부터 매출이 발생하나 개발비 등으로 수익은 5차연도부터 발생한다고 가정하자. 그 동안의 필요한 자금은 외부 투자업체로부터 조달받아 사용하여 자금의 부족은 없다고 하자. 이때 을이란 투자자가 2차연도 말에 50억 원을 투자한다. 그리고 다른 투자자도 투자하여 4차연도 말에 자본금이 100억 원이 된다.

자본금 100억 원(5차연도), 1주당 액면가 5,000원, 발행주식 수 2,000,000주, PER=100(5차연도부터)

(단위: 억 원)

	1차년	2차년	3차년	4차년	5차년	6차년	7차년	8차년	9차년
매출액	0	1	20	100	700	1,000	1,500	2,500	3,500
영업이익	−2	−5	−15	−30	13	25	50	100	200
순이익	−5	−8	−15	−30	10	20	40	80	160
주당이익(원)	0	0	0	0	500	1,000	2,000	4,000	8,000
시가평가총액	0	0	0	0	1,000	2,000	4,000	8,000	16,000

위의 예시에서 을이란 투자자는 계속해서 결손이 나는 회사를 어떻게 평가하여 투자할 것인가? 만약 5년 만에 투자와 이익을 회수하고자 한다면, 표에서 7차연도 말에 투자한 주식을 매각하면 된다. 이때 시가총액이 4,000억 원이므로 자기지분인 50%를 매각한다면 2,000억 원이 되므로 원금인 63.8억 원을 제하면 (이자율을 5%로 가정하면 5차연도에 투자한 원금은 63.8억 원이 된다) 1,936.2억 원의 이익을 실현할 수 있다. 투자원금의 30배에 해당하는 이익을 거둘 수 있는 것이다.

이 경우 을이란 투자자는 이익을 실현할 시점을 기준으로 갑이란 회사의 시가평가금액이 4,000억 원이라고 말할 수 있을 것이다. 을이란 투자자는 투자금을 50억 원을 불입하고 주식 100,000주(주당 50,000원)를 받았다 하더라도 매각하면 200억 원을 받을 수 있으므로 이익 136.2억 원(200억 원 − 63.8억 원)이 시현되어 2배 가량의 이익을 얻을 수 있다.

그러므로 투자하거나 A&D를 할 때 가장 중요한 관점은 미래의 어떤 시점부터 이익이 시현될 수 있고, 매출액과 이익이 기하급수적으로 늘어날 수 있느냐이다. 매출액이 산업평균 정도로 증가하거나 영업이익 또는 당기순이익 또한 그 정도로 증가할 경우에는 성숙산업으로 분류되어 PER이 낮아지기 때문에 투자원금을 회수하기가 어렵거나 회수하더라도 이익실현이 크지 않을 것이다.

벤처나 새로운 사업모델을 가지고 플랫폼 선점을 위한 전쟁을 하고 있는 업체는 그 사업모델에 대한 확신에 가까운 믿음과 미래의 수익예측에 대한 사업계획서를 가지고 투자자나 매수자를 설득하고, 투자자나 매수자가 동의하면 그것이 기업가치가 된다. 결국은 새로운 사업모델이나 신기술을 가진 기업의 가치는 미래에 대한 예상치를 바탕으로 협상에 의하여 결정되는 것이다.

제5절
제안가격의 결정

여러 가지 가치평가 모델에 의하여 가치가 산정되었다 하더라도 그 가격은 인수가격을 결정하는 기준이 되는 가격이지 그 가격이 반드시 제안가격이 되지는 않는다. 일반적으로 인수가격은 현재가치인 자산가치와 미래가치라 할 수 있는 수익가치의 사이에서 결정되나, 경쟁이 치열한 경우에는 수익가치를 벗어나기도 한다.

인수희망자의 입장에서 추정한 수익가치가 인수희망자가 제시할 수 있는 최대치가 될 것이라고 추정하는 것은 합리적이므로 인수희망자가 제시할 수 있는 최대치는 인수희망자의 입장에서 추정하는 수익가치, 즉 투자가치일 것이다.

손자병법에서 '나를 알고 적을 알면 백전백승(知彼知己 百戰百勝)'이라고 했듯이 경쟁입찰에서 인수희망자가 스스로 수익가치를 계산해보고 경쟁 상대방의 입장에서 수익가치를 계상해보는 것은 경쟁상대를 이해하는 길이며, 이는 곧 경쟁에서 승리로 가는 지름길이다.

그럼에도 불구하고 공개경쟁입찰에 의한 기업인수에 있어서 최종제안가격을 결정하는 것은, 용을 그릴 때 용의 눈동자를 그리는 일(畵龍點睛)과 같다.

기업의 가치를 평가하고 상대방의 정보를 수집해서 분석하는 일은 최종제안가격을 결정하기 위한 노력의 일환이다. 그러나 막상 분석과 검토가 끝났다 하더라도 제안가격을 정하는 것은 상대에 대한 확실한 정보가 없는 상황에서는 꼭 인수해야 한다는 강박관념과 경쟁 상대방에 대한 두려움으로 불안한 상태에 처할 수밖에 없다.

그러나 이 문제를 게임이론에 입각해서 검토해 보면 막연하거나 불안한 생각이 아닌 구체적인 해결방안이 나올 수 있다. 즉, 게임과 공개경쟁 입찰방식과의 유사성을 검토하여 공개경쟁 입찰방식이 여러 게임방식 중 어떤 게임의 특징을 가지고 있는가를 알면 그 게임의 전략을 이용할 수 있다.

1 게임이론이란 무엇인가

가. 게임의 특징

게임이란 놀이, 오락, 경기 등의 의미이다. 이들 가운데 어떤 것들은 서로 상관없어 보이지만 게임이라는 동일 범주로 분류되는데, 그것은 상호 간에 공통점이 있기 때문이다.

공통점은 첫째, 모든 게임은 나름대로 규칙(rule) 아래에서 진행된다는 것이다. 우선 규칙은 게임의 주체가 되는 경기자(player) 혹은 팀의 구성을 규정하며, 선수들이 어떠한 순서(order)로 게임할 것인가도 규정한다. 규칙에 따라 선수들이 택해도 좋은 행동과 택해서는 안 되는 행동이 정해져 있다. 이에 따라 반칙을 범했을 경우에는 벌점을 받거나, 그 정도가 심하면 경기를 계속할 수 없도록 퇴장당하기도 한다.

둘째, 전략(strategy)의 중요성이다. 전략에는 좋은 전략이 있는 반면 잘못된 전략도 있다. 어떤 선수나 팀이 잘못된 전략을 계속해서 사용할 경우에는 게임에서 지게 된다. 게임이론의 중요한 역할 중 하나는 어떤 전

략이 좋은 것이고, 어떤 전략이 잘못된 전략인지를 가려내는 데 있다.

셋째, 모든 게임에는 최종적인 결과가 있다. 운동경기의 경우에는 우리 편이 이기든가 지든가 비기든가 셋 중에 하나의 결과가 최종적으로 실현된다.

넷째, 게임의 결과는 전략적 상호작용(strategic interaction)에 의하여 결정된다. 바둑에서 내가 아무리 악수를 많이 둔다고 하더라고 상대방이 악수를 더 많이 두면 승리할 수 있다. 반대로 내가 아무리 훌륭한 전략을 쓴다 하더라도 상대방이 나를 능가하는 전략을 쓴다면 게임에서 지게 되는 것이다.

나. 사회현상과 게임의 유사성

일반적으로 게임이라고 불리지는 않으나 위의 공통점을 모두 만족하는 현상들이 많이 있다. 과점시장에서 영업하는 기업들 간의 경쟁은 그 좋은 예이다. 경쟁의 주체는 개별기업이다. 각 기업에는 정관, 상법, 공정거래법, 자본시장법 등 법률규제와 행정규제를 포함하여 회사경영과 경쟁을 제한하는 규칙이 있다. 이 규칙을 어길 경우 벌금을 물거나 형사처벌을 받게 되며, 심한 경우 경영진 교체, 부도 등 최악의 상황에 몰릴 수도 있다. 기업들 간의 경쟁에 있어서 생산량결정, 가격책정, 광고 여부 등 각종 의사결정에 따르는 전략의 수립은 매우 중요하다. 끝으로 우리 회사가 얼마의 매출액과 순이익을 남기느냐 하는 결과는 우리 회사가 택한 전략과 경쟁회사들이 택한 전략의 상호작용에 의하여 결정된다.

결국 과점기업 간의 경쟁은 규칙, 전략, 결과, 전략적 상호작용이라는 게임의 필수요건을 모두 갖추고 있으며, 따라서 경제학자들은 과점기업 간의 경쟁을 게임이라고 본다. 투자와 운영을 위하여 필요한 자금 중 얼마를 부채로 조달하고, 얼마를 주식발행이나 사내유보금으로 충당할 것인가, 내부거래를 어느 정도로 조절하여야 공정거래위원회의 눈을 피하면서 기업집단의 이익을 극대화할 수 있을 것인가 등도 대기업이 직면하는 전형적인 게임 상황이다.

이러한 게임 속성이 강한 사회현상은 전쟁이나 군비경쟁, 기업들의 신제품 개발 및 가격경쟁, 경쟁적 입찰, 노사교섭, 선거, 소송, 법률이나 각종 제도의 제정 등 수없이 많다. 그리하여 게임이론은 오늘날 경제학, 경영학, 회계학 등 사회과학 분야 이외에도 생물학, 컴퓨터 과학, 수학, 사회 심리학, 인식론 및 윤리학에도 적용되고 있다. 한마디로, 형식상 게임이론은 다수의 사람들이 서로에게 영향을 미치는 상황 속에서 어떻게 행동하여 어떤 결과를 달성하는가를 분석하고 예측하는 연구로서 '상호의존적(interactive) 의사결정이론'이며, 내용상으로는 그들이 어떻게 서로 돕거나 대립하며 갈등을 해결하는가를 다루는 '협조와 갈등의 이론'이다.

다. 게임이론의 시작과 발전

게임이론이란 용어는 화투놀이, 장기, 축구경기 등의 놀이게임에서 유래한다. 게임이론 최초의 정리인 체르멜로(Zermelo)의 장기정리도 장기게임에서 어느 한 편이 이기거나 지거나 비기는 3가지 결과 중 하나를 확보할 수 있음을 엄밀히 증명한 것이었다. 놀이게임에 공통된 요소는 게임의 결과(승패 내지 각자의 이득)가 자신의 행동뿐만 아니라 상대방의 행동에 의해 결정된다는 것이다. 각 주체는 좋은 결과를 얻기 위해 서로 경쟁적으로 다투기도 하지만, 때로는 연합하여 공동전선을 펴기도 한다.

우리는 일상생활에서 의식적이든 무의식적이든 사회현상에서 게임과 같은 상황에 참여하고 있으므로, 인간의 사회적 행태와 경제사회의 현상을 파악하는데 게임을 이해하는 것이 중요하다는 것을 알게 되었다. 게임을 이해하기 위해서 게임의 특징을 체계화시킨 것이 게임이론(game theory)이다. 구체적으로 게임이론은 전략적 상호작용이 존재하는 게임의 상황에서 개인의 전략 또는 행동이 초래하게 될 결과 중 가장 바람직한 결과를 얻기 위하여 어떠한 전략을 선택해야 할 것인가를 제시하는 실용적인 기여도 할 수 있다.

존 포브스 등 많은 학자가 게임이론을 발전시켰으며, 특히 하사니는 각 경기자가 자신의 이득은 알지만 상대방이 얻게 될 이득은 잘 알지 못하는 소위 불비(不備: incomplete)정보 하의 게임이론을 전개하였다. 전통적 경제이론에서는 누구든 필요한 모든 정보를 보유한다고 전제되지만, 현실적으로 거래 당사자 중 일방이 처한 정보 부족이 심각한 문제를 일으키는 경우가 적지 않다. 아는 것이 힘이라는 말 그대로, 정보가 바로 힘이고 돈이다. 이럴 경우, 거짓 정보가 난무하는 가운데 참된 정보를 수집하려는 노력이 경주된다.

1970년대 후반부터, 이러한 경제문제를 본격적으로 탐구하는 정보경제학이 태동하면서 이 게임이론은 더욱 광범위하게 활용되며 발전하고 있다.

2 게임의 분류

게임의 분류는 게임의 종류에 따라 여러 방식으로 나눌 수 있다. 이렇게 게임을 분류하는 목적은 게임의 성격을 이해하고 거기에 맞는 전략을 선택하기 위함이다. 현재 처해있는 경쟁상황이 게임의 분류상 어디에 해당하는지를 알게 되면, 꼭 닮지는 않아도 게임의 규칙 또는 속성을 응용하여 쉽게 해답을 얻을 수도 있을 것이다.

가. 협조적 게임과 비협조적 게임

게임 전에 게임의 주체들이 완전히 구속력이 있는 협약을 맺고 하느냐 그렇지 않느냐에 따라 협조적 게임과 비협조적 게임으로 나눌 수 있다.

(1) **협조적 게임**(cooperative game)

게임 이전에 게임에 참여하는 주체들이 완전히 구속력 있는 협약(full

and binding agreement)을 맺고 하는 게임을 말한다.

(2) 비협조적 게임(noncooperative game)

주체들이 서로 사전에 어떤 구속력 있는 협약 없이 주어진 전략집합 하에서 자신의 효용을 극대화하기 위해 합리적으로 최선의 전략을 찾으려는 형태의 게임이다.

나. 정적게임과 동적게임

(1) 정적게임(non stage game)

각 선수들이 한 번에 전략을 선택한 후 게임이 끝나는 경우의 게임

(2) 동적게임(multi－stage game)

각 선수가 전략을 선택하여(일부 선수만 전략을 선택하는 경우도 있음) 그 결과를 본 후 다시 전략을 선택하는 과정을 수회에 걸쳐 반복한 후에 나타난 결과에 따라 보상을 받는 경우의 게임

(3) 반복게임(repeated game)

동적 게임 중 동일한 게임을 여러 번 반복하는 경우의 게임

다. 전략형 게임과 확장형 게임

(1) 전략형 게임(strategic－form game)

정적인 게임의 분석에 적합한 형태로서, 게임에 참여하는 선수와 선수들이 택한 결과로서 각 선수들이 얻는 보상으로 구성된다. 이는 전략이 중심이 되는 게임 형태로서, 정상형 게임(normal form game)이라고도 한다.

(2) **확장형 게임**(extensive – form game)

동적게임 분석에 유용하게 활용되는 형태로서 게임의 진행과정, 즉 선수들이 선택한 전략이 알아보기 쉽게 표현되어 있다. 즉, 첫 번째에 상대가 무엇을 선택했는지, 또한 나는 무엇을 선택했는지 표시하고, 그 표시된 상태에서 다시 두 번째에는 무엇을 택하였는지 하는 과정을 생생하게 알아볼 수 있도록 표시한 게임이다.

라. 완전정보게임과 불완전정보게임

(1) **완전정보게임**(complete information game)

선수, 전략집합의 전략에 따라 보상 등 각 선수에 관한 사항을 모두 알고 하는 게임

(2) **불완전정보게임**(incomplete information game)

이러한 사항 중 적어도 하나는 모르는 경우의 게임

(3) **비대칭정보게임**(asymmetric information game)

한쪽은 상대의 정보를 모두 알고 있으나, 다른 쪽은 상대의 정보를 일부 모르는 경우의 게임

마. 제로섬게임과 비제로섬게임

(1) **제로섬게임**(zero – sum game)

각 선수가 어떤 전략을 택하든지 그 결과로서 나타나는 보상의 합이 영이 되는 경우의 게임

(2) 비제로섬게임(non – zero – sum game)

제로섬게임이 아닌 모든 경우의 게임

3 게임의 균형

게임의 균형은 서로 가장 좋은 전략의 접점을 의미한다. 그것은 어느 누구든 일방적으로 다른 행동으로 이탈함으로써 더 나은 이득을 얻을 수 없는 행동들을 말한다.

모든 게임에는 균형(동전 앞뒷면 맞추기 게임에는 균형이 존재하지 않는다)이 있으며, 그 균형에 일단 도달하면 어느 누구도 거기서 벗어나려는 유인을 갖지 않는다는 의미에서 안정적이다(내시균형). 특히 비협조적 게임에서 해답을 도출하는 데 가장 중요한 단서가 되는 것이 '내시균형'이다. 내시균형이란 '서로 상대방의 전략에 대해 최선의 행동을 취하는 상태'이다. 즉, 게임에서 사람들이 취하리라 예상되는 행동, 즉 게임의 해(solution)로서 제시된 것이 내시의 균형점이며, 흔히 내시(또는 전략적)균형이라 불린다. 내시균형은 노벨 경제학상을 수상한 미국의 수학자 존 포브스 내시가 제창했기 때문에 붙여진 용어이다.

그런데 게임에서는 내시균형이 2개 이상 있는 게임이 발생한다. 뒤에 소개하는 게임에도 균형점이 2개가 있는 경우가 있다. 이처럼 균형점이 2개라면 사람들이 어떤 행동을 취할지 예측할 수 없다는 문제가 발생한다. 이 문제를 극복하기 위해 젤턴은 내시균형 중에서 합리적이라 생각되는 완전균형이론이란 개념을 제창하였다. 전개형게임에서 완전균형을 소개한다.

여러 가지 게임의 소개[30]

가. 죄수의 딜레마게임

한 예로서 "죄수의 딜레마게임"을 보자. 갑과 을이라는 두 사람이 절도혐의로 경찰에 체포되었다고 하자. 양자가 혐의사실을 부인하면 무혐의로 풀려나지만, 자백하면 둘 다 같은 처벌을 받으며(징역 2년), 어느 한 편만 자백하면 그는 약간의 포상을 받는(징역 1년) 반면, 부인한 상대방은 중벌을 받는다고(징역 3년) 하자. 피의자들은 "자백"하거나 "부인"하는 두 가지 행동을 취할 수 있는데, 각자가 선택한 결과 얻는 이득(또는 만족수준)을 아래 표와 같은 수치로 표현하기로 하자. 이들은 과연 어떤 행동을 할 것인가?

※ 왼쪽은 갑의 상황, 오른쪽은 을의 상황

		죄수 을	
		부인	자백
죄수 갑	부인	0, 0	−3, −1
	자백	−1, −3	−2, −2

게임이론에서는 죄수들의 이해관계를 분석할 때, 일어날 수 있는 모든 경우의 수를 위와 같이 표(2×2 표)로 정리한다. 이러한 표는 게임이론에서 상대방의 입장도 포함하여 전체의 구조를 파악하기 위하여 필요하다.

30) 여기에서 설명하고 있는 게임은 '게임이론의 사고법'(가와니시 사토시, 김규태 역, 에쎄)에서 발췌한 것이다.

죄수의 딜레마게임에서는 죄수 갑과 을이라는 2명의 주체가 있고, 각자 두 가지 선택안(부인과 자백)이 있기 때문에 일어날 수 있는 상황은 전부 4가지(2×2)가 된다. 이렇게 이익을 수치로 나타내면 각 죄수의 입장에서는 어떤 상황이 좀 더 유리한지 명확하게 나타난다.

이런 상황에 처한 사람이 놀이게임을 하듯 유유자적하지는 않을 것이다. 게임이론에서는 각자가 철저히 자신의 이익을 추구할(합리적일) 뿐만 아니라, 그러한 상대방의 의중도 꿰뚫어 보는 영리한 사람이라 전제한다.

피의자들은 각자 부인함으로써 무죄 방면될 수 있지만, 문제는 그리 간단하지 않다. 왜냐하면 을이 부인할 것으로 예상하면, 갑은 자백함으로써 포상을 받을 수 있기 때문이다. 설사 두 사람이 사전에 부인하기로 굳게 약속하였더라도 그것을 신뢰할 수 없는 한, 약속을 준수한다는 것은 위험한 일이다. 따라서 죄수 갑과 을은 상대방을 신뢰할 수 없으므로 서로 자백함으로써(동시자백) 각자 징역 2년 형을 받을 것이다.

위의 게임에서 서로 신뢰하면 서로에게 더 유리할 것을 알면서도 신뢰할 수 없는 암울한 처지야말로 '딜레마'이며, 이런 게임은 우리의 생활 주변에서 자주 벌어지고 있다.

게임의 구조가 정해지면 '그 안에서 내시균형을 이룰 것'으로 생각한다. 내시균형이 아닌 상태에서는 '누군가가 최선이 아닌 행동을 취하고 있기' 때문에 그 상태가 오래 지속되지 않는다. 특정한 상태에 머문다면 상대방의 전략에 대해 서로 최선의 상태를 취하고 있는 상태(내시균형)를 이루고 있기 때문이다. 이렇게 비협조적인 게임에서 해답을 도출하는 데 가장 중요한 단서가 내시균형이다.

나. 합리적인 돼지게임

큰 돼지와 작은 돼지 두 마리가 우리 안에 있다. 우리의 오른쪽에 먹이통이 있고, 왼쪽에는 손잡이가 있다. 우리는 왼쪽으로 가서 손잡이를 올리면 오른쪽에 있는 먹이통에 먹이가 쏟아지게 설계되어 있다. 작은 돼지는 더 빨리 뛰지만, 큰 돼지가 먹이통에 오면 덩치에 밀려 먹이를 먹을 수 없다.

각각의 돼지에게는 '손잡이를 올린다', '먹이통 앞에서 기다린다'라는 2가지 선택안이 있다.

게임의 구조를 파악하면, 네 가지 경우의 수가 발생함을 알 수 있다.

① 작은 돼지가 손잡이를 올리고 큰 돼지가 먹이통 앞에서 기다린다. 이때는 큰 돼지가 먹이를 모두 먹어버리기 때문에 만족도는 5이고, 작은 돼지는 손잡이를 올렸지만 먹이를 먹지 못하므로 만족도를 −1로 한다.
<작은 돼지 −1, 큰 돼지 5>

② 작은 돼지가 먹이통 앞에서 기다리고 큰 돼지가 손잡이를 올린다. 이 경우에는 먹이가 떨어진 후 큰 돼지가 먹이통에 도착할 때까지 작은 돼지는 먹을 수 있으므로 작은 돼지 만족도 2, 큰 돼지 만족도는 3이라 한다.
<작은 돼지 2, 큰 돼지 3>

③ 작은 돼지, 큰 돼지 모두 먹이통 앞에서 기다린다. 이 경우에는 먹이가 떨어지지 않으므로 손잡이를 올리는 노동은 없었으나 얻는

것도 없기 때문에 양쪽 모두 만족도는 0이다.
<작은 돼지 0, 큰 돼지 0>

④ 작은 돼지, 큰 돼지 모두 손잡이를 올린 후 먹이통 앞으로 간다. 이때는 작은 돼지는 먼저 먹이통 앞으로 달려와 먹이를 조금 먹을 수 있으나 이내 큰 돼지에게 밀려 먹을 수 없으므로 작은 돼지의 만족도는 1, 큰 돼지의 만족도는 4라고 할 수 있다.
<작은 돼지 1, 큰 돼지 4>

		큰 돼지	
		손잡이 올리기	기다리기
작은 돼지	손잡이 올리기	1, 4	−1, 5
	기다리기	2, 3	0, 0

이 표에서 내시균형은 작은 돼지가 먹이통 앞에서 기다리고 큰 돼지가 손잡이를 올리는 경우가 될 것이다. 즉, 각 상대방이 합리적인 행동을 한다면 가장 일어날 가능성이 큰 경우이고, 여기에서 안정적인 상태에 머물 것이다.

다. 조정게임

죄수의 딜레마게임이나 합리적인 돼지게임과 같이 자신의 이익을 위해 주도권 싸움을 계속하는 것이, 결과적으로 서로 불이익만을 얻는 딜레마 구조에 대하여 알아보았다. 여기에서는 관점을 바꿔 소비자의 행동에 대하여 생각해 보자.

조정게임이란, 조정게임에 참가하는 주체가 서로 조정하여 상호 이익을 취하는 것을 말한다. 여기에서 조정(coordination)이란 동조 또는 조화를 의미한다.

VTR 규격경쟁 = 조정게임

일본에서 VTR 규격으로 VHS와 베타방식이 있었다. 베타방식은 VHS에 비해 기능이 좋고 크지 않아 사용하기 편리하였다. 그럼에도 불구하고 VTR 규격경쟁에서 VHS가 승리하였다. 그 이유는 무엇일까? 그 이유를 게임이론으로 살펴보자.

> 베타가 VHS보다 성능이 약간 더 좋다.
> 친구와 같은 선택을 하는 것이 편리하다고 가정한다.

| 베타 선택과 VHS 선택의 2가지 내시균형 |

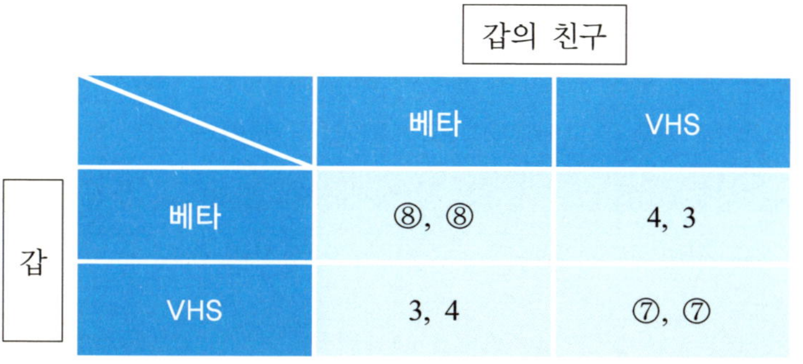

갑 \ 갑의 친구	베타	VHS
베타	⑧, ⑧	4, 3
VHS	3, 4	⑦, ⑦

베타를 선택하는 것이 VHS를 선택하는 것보다 두 사람에게 바람직하지만, 우연히 한 사람이 VHS를 사버렸다면 ‘나도 VHS’를 선택할 가능성이 높다. 친구와 다른 선택을 해도 비디오를 아예 못 보는 것은 아니지만, 친구와 같은 선택을 하는 것이 유리하다. 상대의 선택에 대응하는

최대의 이익을 동그라미로 표시하면 내시균형이 2개가 있다는 것을 알 수 있다. 실제로 VTR 규격싸움은 두 사람뿐만 아니라 훨씬 더 많은 사람이 관련된 거대한 게임이다. 그렇지만 결론은 모두 '전원 베타' 혹은 '전원 VHS'라는 이 두 가지 내시균형이 되는 게임구조라고 볼 수 있다.

즉, 우연히 누군가가 한쪽을 먼저 선택한 탓에 남은 사람들이 모조리 같은 선택을 하게 되는 것이 바로 조정게임의 특징이다. 특별한 이유는 없지만 모두 같은 선택을 하면 서로 이익이 되는 조정게임의 기본구조 때문이다. 경쟁기업 간에는 이러한 게임의 법칙이 작용하기 때문에 서로 선점하려는 전략을 사용한다.

라. 치킨게임

치킨게임이란, 다른 말로 하면 치킨레이스(chicken race)라고 불리는 것으로 치킨(겁쟁이)을 정하는 게임이다.

치킨게임은 갑과 을 두 사람이 있다는 전제 하에 각자 자기 차를 몰고 상대방을 향해 돌진하다가 충돌 직전에 핸들을 꺾은 사람이 지는 경기이다. 핸들을 먼저 꺾는 사람이 겁쟁이가 된다. 게임에 참가한 주체에게는 '먼저 핸들을 꺾는다'와 '핸들을 꺾지 않는다'라는 두 가지 갈림길이 있다. 게임이 어떻게 전개되는지를 '2×2'표로 정리해보자.

		을	
		먼저 꺾는다	꺾지 않는다
갑	먼저 꺾는다	0, 0	−5 , ⑤
	꺾지 않는다	⑤, −5	−20, −20

① 두 사람이 동시에 핸들을 꺾는 경우라면 갑, 을 각각 얻을 수 있는 이익은 0이다.

② 을이 핸들을 먼저 꺾고 갑이 꺾지 않을 경우 얻을 수 있는 이익은 갑은 5, 먼저 꺾은 을이 −5이다. 이때 갑은 주위 사람들에게 용감하다고 찬사를 받고, 을은 치킨이라는 불명예를 얻는다.

③ 갑이 먼저 꺾고 을이 꺾지 않을 경우 얻을 수 있는 이익은 갑은 −5, 을은 5이다. 이유는 위 ②와 반대이다.

④ 갑과 을 모두 꺾지 않는 경우 서로 충돌해 각각 얻을 수 있는 이익은 −20이 된다. 양쪽이 모두 자멸하게 되는 최악의 상황이다.

치킨게임에서 내시균형은 두 가지가 있다.

① 상대방이 먼저 꺾으면 나는 꺾지 않는다.

② 상대방이 꺾지 않으면 내가 먼저 꺾는다.

이러한 치킨게임은 주체의 성격이나 관계에 따라서도 결과가 달라질 수 있다. 게임의 구조만 분석하여 '이 선택 안이 타당하다'는 결론을 선불리 내릴 수 없는 구조이다. 그러나 치킨게임은 '겁쟁이는 되고 싶지 않지만 최악의 결과만은 피해야 한다'는 기본구조를 보여주고 있다.

마. 동적게임

동적게임이란 '움직임이 있는 게임'을 통틀어 칭하는 말이다. 움직임이 있다는 것은 시간이 지남에 따라 형세가 바뀌는 게임의 구조를 일컫는다. 여기에는 전개형게임과 반복형게임이 있다.

전개형게임으로 진입게임을 알아보자. 전개형게임의 특징은 의사결정 시간이 순서대로 찾아온다는 것이다. 게임의 플레이어인 주체의 선택에 따라 상대방의 선택에 영향을 미친다. 하나의 예를 들어 설명하자.

갑이 독점기업으로서 6억 원의 이윤을 버는데, 1억 원을 벌던 다른 어떤 기업(을)이 동 산업에 진출하면, 갑은 가격을 인하함으로써 "진출에 대해 대결"하거나 "진출을 용인"하며 공존을 도모할 수 있다고 하자. 대결하면 각자의 이윤은 0이고, 공존하면 3억 원씩 반분하며, 을이 불참하면 각자 원래의 이윤을 얻는다고 하자. 이 게임은 아래 표로 표현된다.

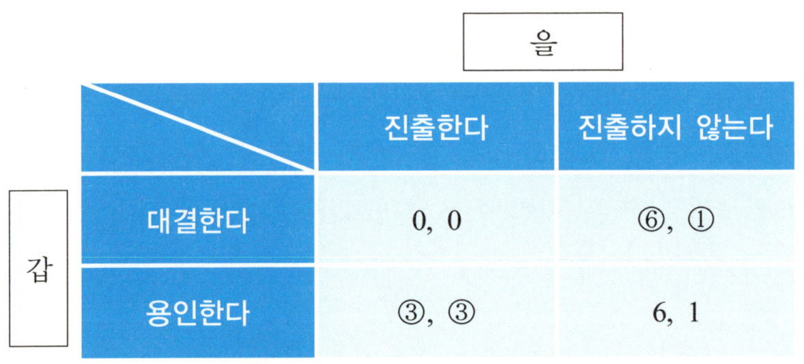

갑 \ 을	진출한다	진출하지 않는다
대결한다	0, 0	⑥, ①
용인한다	③, ③	6, 1

이 게임에서 내시균형은 2개가 된다. 왜냐하면 이 게임에서 을이 불참하고 갑이 "을의 참여에 대해 대결"하는 것은 내시균형이다. 왜냐하면 을이 불참하면 갑이 다른 행동(용인)을 취한들 달라질 것이 없으며, 갑이 "대결"할 때 을은 다른 행동(진출)을 취함으로써 더 불리하기 때문이다.

그런데 이 게임에서 을이 참여하고 갑이 "용인"하는 것도 내시균형이다. 왜냐하면 갑이 참여를 용인할 때 을은 다른 행동(불참)을 취함으로써 3억 원 대신 1억 원밖에 얻지 못하며, 을이 진출할 때 갑도 다른 행동(대결)을 취함으로써 3억 원 대신 0을 얻기 때문이다.

이 게임에서 갑과 을은 과연 어떤 행동을 취하겠는가? 첫 번째 내시균형대로 행동한다면, 갑은 신규참여를 저지함으로써 가장 유리해지며, 이를 기대하고서 '대결'한다는 엄포성 전략을 취한다고 볼 수 있다. 그런데 만의 하나라도 (어떤 실수로 인해) 을이 균형행동이 아닌 진출한다면, 갑에게는 대결보다 용인이 명백히 더 유리하므로 합리적인 갑은 결코 대결하지 않을 것이다. 그것은 갑이 '대결' 방침을 누누이 천명한 바 있더라도 마찬가지이며, 그 공언(약속)은 공허하다.

이 점을 갑은 물론 영리한 을도 알고 있으므로, 갑은 두 번째 내시균형대로 '진출'을 감행할 것이다. 요컨대, 첫 번째 내시균형은 갑에게(상대방의 실수에 대해) 자신의 이익에 배치되는 비합리적 행동을 처방하므로 불완전 균형이라 하며, 그렇지 않은 두 번째 것은 완전균형이라 한다. 이런 결과가 발생하는 것은 시간의 흐름과 의사결정의 순서가 게임에 크게 영향을 미치기 때문이다.

바. 반복게임 중 Tit-For-Tat 전략

죄수의 딜레마게임은 동시차례 게임이다. 각 주체가 동시에 의사결정을 내리는 구조이다. 그러나 죄수의 딜레마에서 벗어날 수 있는 게임이 있다. 단순한 게임을 반복함으로써 게임 전체를 지배하는 구조가 바뀌는 것이다.

한번만 기회가 있는 딜레마게임에서는 상대방에게 배신을 당하면 그것으로 끝이다. 내가 '부인'했는데 상대가 '자백'해버리면 나만 손해를 볼 뿐이다. 침묵이라는 선택을 할 수가 없다. 하지만 반복게임에서는 '상대가 배신하면 나도 생각을 바꾼다' 전략을 취할 수 있다. 원래 두 사람이 '무엇이 최선인지'는 충분히 이해하고 있다.

이러한 전략을 선택하면 일종의 신뢰관계가 형성되어 서로 '배신하면 손해다'라는 생각에 둘 다 '부인'하게 된다.

이처럼 몇 번씩 반복되는 게임 자체를 하나의 큰 게임으로 보면 협조 관계도 내시균형이 된다. 단기적인 관계라면 상대방을 배신할 법도 한 상황에서 장기적으로 관계를 유지한 탓에 서로 협조 관계를 유지하고 있는 경우가 세상에는 많다. 경쟁기업끼리 맺는 협정이나 카르텔을 유지하는 것도 그중 하나이다.

이러한 반복게임으로 가장 중요한 갈등해결 전략 중 하나가 Tit-For-Tat 전략이다. Tit-For-Tat이란, 사전적 의미로 "맞 받아 치기" 또는 "눈에는 눈, 이에는 이" 정도의 표현이다. 요즘 이 말이 경영관리 및 비즈니스 이론 중에서 많이 쓰이고 있는데, "팃포탯 전략"이란 "반드시 보복하기 전략"을 말한다.

로버트 액셀로드는 "죄수의 딜레마"에서 이러한 상황이 반복되면 합리적이라고 생각하는 결과가 바뀔 수 있는가에 대한 의문을 가지고 "반복되는 죄수의 딜레마(Iterated Prisoner's Dilemma)" 실험, 줄여서 IPD 실험을 실시하였다.

그 전제가 되는 것이 바로 아래의 내용이다.

"합리적인 사고가 최선의 결과를 이끌어내지 않는다는 것을 인정한다. 그렇다면 어떤 전략이 가장 효율적일 것인가?
실험 참가자가 가장 적합한 전략을 세우게 한 다음, 각 전략을 모의실험에서 서로 맞부딪혀 보자!
반복되는 시험해서 가장 포인트를 많이 딴 전략이 우승이다!"

실험결과 가장 문제해결에 적합한 전략이 가장 단순한 Tit-For-Tat 전략으로 밝혀진 것이다.[31)]

그럼 Tit-For-Tat 전략의 내용은 무엇인가.

"처음에는 협력한다. 그 다음부터는 상대방이 그전에 행동한 대로 따라서 한다"는 두 개의 규칙으로 구성된다. 그에 따라 4가지 행동양식을 기본으로 한다. 이것은 동물의 행동양식을 관찰한 결과로 얻어낸 게임이론이다.

1. 신사적일 것(선함): 내가 먼저 상대편을 속이거나 배반하지 않고, 최초에 설정했던 게임정신이나 둘 사이의 관계규정을 먼저 파기하지 않는다.
2. 반드시 보복할 것(분노): 상대방이 배반을 했을 때에는, 반드시 즉시 보복할 것이다.
3. 용서할 것(관대): 상대방이 배반한 적이 있더라도 다시 협력하면 따라 협력함으로써 협조 분위기를 복원시킨다. 그러나 용서를 할 때에는 보복을 할 때와는 달리 약간 뜸을 들이면서 용서를 한다. TFT는 성급한 용서를 배제한다.

---

31) 이런 실험에서 1차 토너먼트에서 팃포탯이 승리했지만, 레이스는 여기에서 끝나지 않았다. 엑셀로드는 1차 토너먼트의 성공을 토대로 2차 토너먼트를 예고하며 좀 더 많은 사람들을 끌어모았다. 그리하여 본래 15명이었던 참가자도 63명으로 늘었다. 1차가 클로즈베타였다면 2차는 오픈베타인 셈이다.
그리고 1차 우승자였던 팃포탯의 전략은, 당연하지만 모든 각도에서 분석되어 참가자들에게 그 자료가 제공되었다. 팃포탯이 어째서 승리할 수 있었는지, 약점은 무엇인지, 이를 깨기 위해선 어떤 점에 집중해야 할지 등. 그리고 그 분석자료를 토대로 만들어진 63개의 정예들이 2차 토너먼트 본선에서 팃포탯과 함께 맞붙었다. 결과는 믿기지 않게도, 또 팃포탯이 우승했다!
[출처] 협상과 승리의 전략, 팃포탯(Tit for Tat) 인간관계

4. 행동을 명백히 할 것(단호)

한마디로 당근과 채찍(회유와 위협) 정책의 요체를 합쳐 놓은 전략이다. 결론적으로 팃포탯은 호혜주의에 의해 이기적인 개체들로부터 협력 관계가 나타날 수 있음을 보여준다.

거래 계약, 교환, 분업, 양보, 신뢰, 의무, 빚, 우정, 선물, 은혜 등 우리가 일상생활에서 무수히 듣는 이 낱말들 속에는 호혜주의의 정신이 깃들어 있다. 인간은 상호 이타주의에 익숙한 존재인 것이다. 우리는 본능적으로 탁월한 장사꾼이다.

 최종가격결정에서 게임이론의 적용

가. 공개경쟁입찰과 게임의 유사성

공개경쟁입찰의 경우 최종제안가격을 결정할 때 게임이론을 적용할 수 있을까? 게임이론을 적용하기 위해서는 경쟁입찰과 게임의 유사성을 살펴보아야 한다. 게임의 특징인 네 가지를 비교해보자. 우선 나와 경쟁자는 경기 주체인 플레이어와 같고, 매각주간사는 게임의 심판 역할을 하고, 결과는 누가 입찰에서 성공하느냐 마느냐 또는 모두 입찰에 탈락하는 세 가지 경우가 생긴다. 또한 입찰에서 성공하는지 여부는 전략적 상호작용(strategic interaction)에 의하여 결정된다는 점에서 게임과 흡사한 구조를 갖는다.

공개경쟁입찰은 비협조적 게임이다. 각 경쟁자가 사전에 어떤 구속력 있는 협약 없이 각 입찰자의 주어진 전략집합 하에서 자사의 잠재수익을 극대화하기 위해 합리적으로 자신에게 최선의 전략을 선택하기 때문이다. 또한 각 입찰자는 한 번에 전략을 선택한 후 입찰이 끝나는 정적게임이며, 상대방의 전략집합, 전략에 따른 잠재이익 등 상대방의 모든 상황을 다 알 수는 없으므로 불완전정보 게임에 가깝다. 그러나 경매호가방식에 의한 입찰방식은 다수의 경매입찰자가 입찰을 계속하는 방식이므로 정적게임이 아닌 동적게임이다. 또한 각 입찰자가 전 입찰에 응한 전략, 즉 가격, 고용승계, 기타 조건 등을 공개하므로 확장형 게임이라 할 수 있다.

그런데 공개경쟁입찰은 게임과 약간 다른 점이 있다. 보통 공개경쟁입찰은 매각주간사가 참여하여 경쟁자가 지켜야 할 규칙을 정하고, 여기에 따르지 않으면 입찰자격을 주지 않거나 아니면 중대한 위반이 있을 경우 입찰보증금을 몰수한다. 그런데 심판의 역할을 하는 매각주간사는 흥행이라 할 수 있는 입찰 성공에도 관여하기 때문에 게임의 심판과는 차이가 있다. 즉, 매각주간사는 매수자가 선정되어 매각이 이루어져야 온전한 수수료를 얻을 수 있으므로, 흥행의 성공을 위해 전략적인 정보를 흘리거나 가치평가 시 부풀리기를 할 수 있는 위치에 있다. 입찰에 참여한 주체가 매각주간사의 성격을 제대로 파악하는 것은 정보수집의 일환으로서도 필요하다.

나. 전략수립의 중요성

경쟁입찰에서는 전략(strategy)의 중요성이 강조된다. 각 경쟁자는 공개입찰에서 이기기 위해 여러 전략을 사용할 것이며, 입찰의 결과는 공개경쟁에 참여한 경쟁자끼리의 전략적 상호작용에 의하여 결정될 것이다. 전략이 이렇게 중요하다면 전략을 세우기 위해서는 정보가 필요하다. 각 경기주체는 자신의 이득은 알지만 상대방이 얻게 될 이득은 잘 알지 못하는 소위 불비(不備: incomplete)정보 하의 게임이론과 같은 상황에 놓이게 된다. 전통적 경제이론에서는 누구든 필요한 모든 정보를 알고 있다고 전제되지만, 현실적으로 입찰 당사자 중의 일방은 상대에 대한 정보 부족이 의사결정에 심각한 장애를 일으킬 것이다. 이럴 경우, 거짓 정보가 난무하는 가운데 참된 정보를 수집하려는 노력이 무엇보다 필요하다.

우선 매각 대상회사에 대한 필요한 정보는 매각주간사가 만들어 놓은 규칙인 매각제안 내용을 파악하여 얻는다. 어느 정도 필요한 정보는 일정한 비용을 내고 예비실사를 할 때 자료실(data room)에서 얻을 수 있으나, 나머지 꼭 필요한 정보는 스스로 찾아야 한다. 이러한 정보로는 주간사와 매도자가 정하여 둔 잠재적인 매도가격, 인수희망자 자체조달 인수대금의 규모, 재무적 투자자의 자금 조달 확실성과 재무건전성 등이 있다. 이러한 자료와 정보는 자기 스스로 전략을 세우는 데 매우 중요하다. 사실 잠재적인 매도가격과 같은 정보는 매각주간사가 실시한 자료를 심층 검토하거나 흘러나오는 정보를 수집하여 분석하면 어느 정도는 알 수 있다.

그러나 게임의 승리는 상대방과의 전략적 상호작용에 의하여 결정되므로 상호작용에 영향을 미치는 요소를 이해하여야 한다. 그것은 경쟁자가 누구인지, 경쟁자가 취할 전략은 무엇인지, 경쟁자에 비해 자신의 강점은 무엇이고 약점이 무엇인지를 파악하여 상대방이 얻은 이익을 아는 것이다. 게임이론에서는 상대방이 얻는 이익과 손실이 정해져 있지만, 공개입찰에서는 상대방이 얻은 잠재적인 이익은 알 수 없기 때문이다. 그러므로 상대방이 매각대상회사에 대하여 정보를 수집하고 분석하는 일도 중요하지만, 상대방이 얻을 수 있는 이익(투자가치)을 예측하는 것은 상대방이 입찰에 얼마나 인수가격을 제시할 것인지를 추정해 볼 수 있는 일이므로 전략상 가장 중요한 일이다.

여기에서 투자가치는 인수희망자가 인수를 했을 경우 자기가 가지고 있는 인적·물적 자원을 가지고, 그 매수회사에서 향후 창출할 수 있는 잠재적인 수익에 의해 결정되므로, 인수희망자가 각각 처해 있는 상황에 따라 그 가치는 각자 상이할 것이다. 따라서 상대방의 입장에서 수익가치(투자가치)를 계산해 보아야 한다.

다. 게임의 특징에 따른 전략의 선택

(1) 공개경쟁입찰

공개경쟁입찰은 각 경쟁자끼리 사전에 어떤 구속력 있는 협약없이 각 입찰자마다 자신의 잠재수익을 극대화하기 위해 각자 합리적으로 최선의 전략을 선택하는 비협조적 게임이며, 각 입찰자는 한 번에 전략을 선택한 후 입찰이 끝나는 정적게임이다. 또한 상대방의 전략집합, 전략에 따른 잠재이익 등 상대방에 대한 모든 상황을 알 수 없으므로 불완전정보 게임에 가까운 특징을 갖는다.

따라서 이러한 게임의 특징에 따라 전략을 선택하여야 한다. 우선 비협조적 게임이라는 특징이 있으므로 게임을 경쟁자끼리 협력할 수 있는 길을 모색하여야 한다. 담합에 가까운 협약은 어려운 일일지라도 서로가 입찰에서 지켜야 하는 최소한의 어떤 가이드 라인을 경쟁자끼리 대화하여 모색하는 것이다. 둘째는 한 번의 전략의 선택으로 입찰이 끝나는 특징이 있으므로 경쟁 상대방을 이기기 위해 과다한 금액을 써낼 수 있는 위험이 있다. 이러한 위험을 극복하기 위해서는 경쟁 상대방을 이기려는 전략보다는 자신이 인수하여 얻을 수 있는 잠재이익의 최대치를 생각하여야 한다는 점이다. 즉, 자신이 인수하여 얻을 수 있는 시너지에만 집중하여야 하며, 가격불문하고 경쟁자를 이기겠다는 생각을 버려야 한다. 다음으로 공개경쟁입찰은 상대방의 전략과 잠재이익 등을 다 알 수 없는 불완전정보게임의 특징이 있으므로 불완전 정보를 최소한으로 줄이는 전략을 사용하여야 한다. 상대방에 대한 정보를 수집 가능한 한도까지 수집하고 상대방이 구사할 수 있는 전략의 경우의 수를 검토한 후, 그중 선택 가능한 전략이 무엇인지를 구체적으로 검토하여야 한다. 정보에는 상대방의 조달가능한 자금의 규모, 재무적 투자자, 전략・법률・회계 등 자문사는 어느 회사인지, 또한 의사결정에 관여하는 임직원은 누구인지 등도 중요한 정보에 해당된다. 특히 의사결정자가 누구인지를 정확히 알면 그 사람의 성향에 따른 의사결정결과를 예측해 볼 수 있으므로 꼭 파악해야 할 정보이다. 이렇게 정보를 수집한 후 자신이 상대방이었으면 선택할 수 있는 전략을 구체적 상황에서 시뮬레이션해보아야 한다. 상대방의 전략과 인수에 따른 잠재적인 이익을 알 수 있다면 게임을 일방적으로 유리하게 이끌 수 있으며, 자기가 힘이 부족하다면 일찍 포기하면 되므로 헛힘을 쓸 필요가 없을 것이다.

요약하자면 승부가 한 번에 끝나는 정적게임이므로, 상대방을 제압하기 위해 과도한 가격으로 입찰에 응할 수 있는 위험이 있다는 점이 이 경매방식의 특징이다.

(2) 경매호가방식

경매호가방식도 경쟁자끼리 비협조적인 게임의 특징을 가지고 있다.

공개경쟁입찰 방식에서처럼 경쟁자와의 대화를 모색하여야 하지만, 혹시나 매도자나 매각주간사가 들러리로 세워 놓은 경쟁자가 있을 수 있음을 고려하여야 한다. 시장에서 이루어지는 경매호가 방식과는 달리 주간사의 이익이 걸려 있기 때문에 들러리를 세울 가능성이 있다고 보아야 한다.

경매호가 방식에 의한 입찰은 다수의 경매입찰자가 입찰을 계속하는 방식이므로, 정적게임이 아닌 동적게임 또는 반복게임의 특징이 있다. 입찰자는 우선 잠재 인수자의 위치를 확보한 후 각 입찰자의 전 입찰에 응한 전략, 즉 가격, 고용승계, 기타 조건 등에 따라 전략을 변경해간다. 잠재 인수자군이 결정되면 경쟁상대방이 누구인지 서로 알 수 있으므로 전략의 선택은 쉬워질 수 있다. 그러나 미술품이나 골동품의 경매에서 노련한 경매진행자의 화려한 미사여구, 정신을 혼동하게 하는 현란한 몸동작과 손놀림에 속아 넘어가듯이 노회하고 노련한 매각주간사의 선동술에 혹할 수 있는 위험이 있다. 이 방식의 위험은 매도자 또는 매각주간사의 전략에 심리적으로 휘둘릴 수 있다는 점이다.

이러한 위험을 줄이기 위한 방법은 게임이 반복되면서 노출되기 쉬운 매수의향자의 매수의지를 감추는 것이다. 즉, 어떠한 가격에도 불구하고 매수하겠다는 의지가 알려지면 매각주간사나 매도자에게 고가에 매도할 수 있는 절호의 기회를 줄 뿐이다. 전략의 노출은 어쩔 수 없다 하더라도 의지의 노출, 특히 최고경영자의 의지의 노출은 치명적일 수 있다.

물론 여기에서도 상대방의 전략이 일부 노출되나 상대방이 얻을 수 있는 잠재이익 등은 알 수 없으므로, 공개경쟁입찰의 전략처럼 상대방에 대한 정보의 수집과 전략의 분석은 필요하다. 특히 집요하게 호가경매에 응하는 경쟁자에 대한 정보수집은 필수적인데, 매각주간사의 들러리인지 알 수 있는 정보를 얻을 수 있기 때문이다. 인수할 능력이 없는데도 불구하고 반복해서 호가경매에 응하는 경쟁자는 들러리일 가능성이 높다.

라. 실전전략

(1) 전제조건

게임을 단순화하기 위해 경쟁자는 갑과 을이 있다고 하고, 매도자 병이 있다고 하자. 매각주간사가 실사한 자산가격이 110억 원이고, 수익가치는 120억 원이다. 매도자의 매도예정가격은 자산가치 이상이며, 제시가격이 자산가치와 수익가치 사이에 있으면 입찰이 성립되고 입찰단위는 1억 원 단위로 한다. 물론 자산가격은 예비실사자료에서 제시되어 있지만 수익가치는 공개되지 않는다. 수익가치를 공개하지 않는 이유는 자산가격은 수익가치에 비해 객관적이기 때문에 평가방법만 일치한다면 큰 차이는 없으나, 수익가치는 주관성이 많이 개입되어 있기 때문에 매수의향자에 따라 크게 차이가 날 수 있기 때문이다.

갑은 투자가치 측면에서 수익가치를 150억 원으로, 을은 130억 원으로 평가하였다면 양측 입찰의 제시가격의 최대치는 각각 150억 원과 130억 원으로 결정하였다는 것을 의미한다. 각 참여자는 다른 입찰자의 수익가치를 모른다고 가정한다. 입찰에 참여한 갑과 을이 각각 손해를 볼 경우에는 다른 선택을 할 수 있다.

이 거래의 전제는 최소 10%의 투자이익이 있어야 인수에 따른 위험을 보상받을 수 있다고 전제한다. 즉, 투자이익이 10%에 미치지 못하면 인수를 포기하는 것이 낫다. 그러므로 투자이익이 최소 10%가 되도록 입찰하는 것은 합리적인 결정이고, 그렇지 않는 경우는 모두 비합리적인 결정이다.

갑 \ 을	합리적 결정	비합리적 결정
합리적 결정	<전략 1> 136, 118	<전략 3> 136, 140
비합리적 결정	<전략 2> 150, 118	<전략 4> 155, 145

〈전략 1〉 갑과 을이 합리적인 결정을 한 경우

갑과 을이 공히 기대수익률을 10% 얻을 목적으로 각각 자기가 계산한 수익가치에서 10%를 할인한 136억 원과 118억 원을 제시한다. 갑의 잠재적인 투자이익은 14억 원이고, 을은 12억 원이 된다. 이 경우 갑이 인수자로 결정되고, 매도자 병은 잉여이익 16억 원을 얻는다. 만약 갑이 을의 수익가치를 알았다면 갑은 제시된 가격보다는 낮고, 을의 제시가격보다 높은 가격을 제시하여 기대수익률을 올릴 수 있을 것이다. 을은 설령 갑의 잠재가치를 알았다 하더라도 자기가 제시할 수 있는 최대치가 130억 원이므로 인수자로 결정되지 못할 것을 알 수 있으므로 제시가격에 불만은 없다. 매도자 병은 잉여이익이 발생하였으므로 만족한다.

〈전략 2〉 갑이 비합리적인 결정을 하고, 을은 합리적인 결정을 한 경우

갑이 150억 원을 제시하고 을이 118억 원을 제시하는 경우이다. 갑은 잠재적 투자이익이 0이고, 을은 12억 원이다. 역시 갑이 인수자로 결정되고 매도자 병은 30억 원의 잉여이익을 얻는 결과가 나온다. 여기서 을은 갑의 전략을 분석하여 자기보다 높은 가격을 제시할 것으로 생각하여 갑보다는 낮으나 갑에게는 위협이 될 수 있는 가격을 제시할 것처럼 하고, 실제는 투자이익을 얻을 수 있는 합리적인 가격을 제시하는 것이다. 결과적으로 갑은 인수자로 결정되어 투자이익이 0이 되나, 을도 탈락하였으므로 이익이 없고 매도자만 잉여이익을 30억 원을 얻는다. 이러한 경우에 갑에게는 투자이익이 없는 결과를 가져와 게임에 참여할 의미가 없게 된다.

이러한 전략은 을은 합리적인 투자이익이 없는 경우에는 인수하지 않는다는 확고한 자기의지가 있으나, 갑은 을의 이러한 의지를 모르고 을의 능력을 과도하게 평가하는 경우에 발생한다. 이런 속임수에 걸려들면 인수에 성공해도 잠재적인 이익은 사라져버리고 위험만 남게 된다. 갑으로서는 피해야 할 전략이고, 을로서는 경쟁자를 약화시키기 위한 훌륭한 전략이 될 수 있다.

〈전략 3〉 갑이 합리적인 결정을 하고, 을은 비합리적인 결정을 한 경우

갑이 합리적인 투자자 입장에서 인수로 최소 10% 이상의 잠재적인 이익을 남겨야 한다고 생각하고 136억 원을 제시하고, 을은 갑의 전략을 분석결과 자기보다 상대적으로 유리한 입장에 있는 것으로 생각하고 이를 만회하기 위해 10억 원의 잠재적인 투자손실을 감수하고 140억 원을 제시하는 경우이다. 이 경우 갑의 잠재적 투자이익 14억 원, 을은 −10억 원이고, 을이 인수자로 결정되어 매도자는 잉여이익 20억 원을 얻는다. 물론 을은 합리적인 투자자이므로 10억 원이라는 잠재적 투자손실을 감내하면서 이런 가격을 제시하지 않을 것이나, 합리적 시장가설이 통하지 않는 사회에서는 종종 일어날 수 있는 일이다.

〈전략 4〉 갑과 을이 모두 비합리적인 결정을 한 경우

갑은 잠재적인 투자손실 5억 원을 감내하고 155억 원을 제시하고, 을은 잠재적인 투자손실 15억 원을 보면서 145억 원을 제시하는 경우이다. 이러한 경우는 합리적인 투자자를 가정한다면 발생하지 않을 것이나 다음과 같은 경우에 일어난다. 단계적 경매게임이나 선거전과 같이 낙찰 또는 당선되지 않으면 그동안 들어간 비용이 매몰되기 때문에 게임이 진흙탕 싸움이 되는 것과 같은 상황이다. 즉, 이러한 일은 공개입찰을 준비하면서 들어간 변호사나 회계사 자문비용과 같이 매몰되는 비용이 많을 때, 매몰비용을 회수하기 위한 심리에서 비이성적으로 나타나는 현상이기도 하다. 결과는 매몰비용보다 수배나 많은 손실로 나타난다. 이러한 일은 또한 경매호가 방식에서도 일어난다. 즉, 우선 예비입찰자의 자격을 얻기 위해 매도자가 제시한 가격 이상으로 입찰에 응한 복수의 참여자들을 대상으로 실시하는 경매호가 입찰에서 양 참여자가 자존심 대결을 벌일 때 일어날 수 있는 상황이다.

마. 전략의 평가

위의 전략선택에서 가장 중요한 변수는 상대방의 투자가치이다. 기업을 인수하고자 하는 목적은 투자가치를 얻고자 하는 것이기 때문에, 투자가치 이상 중요한 변수는 없을 것이다. 단지 그것을 얼마나 정확히 예측하느냐의 문제이다. 아무리 자본조달 능력이 뛰어나다 하더라도 스스로 정한 투자가치 이상으로 인수가액을 제시하지 않을 것이기 때문에 상대방의 투자가치를 알고 있다면 전략을 세우기 쉽다.

게임이론에서는 <전략 1~4> 중에서 <전략 1>에서와 같이 입찰의 결과가 나와 균형을 이루어야 하겠지만, 매각주간사의 과도한 프로모션이나 매수 자문사의 잘못된 정보에 의한 자문 등으로 입찰이 과열되는 경우에 <전략 2, 3, 4>와 같은 결과가 일어난다. <전략 1>에서도 모두가 이익을 얻는 구조로 되어 있지만, 만약 갑이 을의 투자가치를 어느 정도 알고 있었다면 최소한 130억 원까지는 입찰가를 낮출 수 있었을 것이다. 그러면 투자수익률이 5%는 올라가는 효과가 생긴다.

경쟁 상대방의 정확한 인수의지나 투자가치 등을 고려하지 않고 상대방이 상대적으로 재무구조가 좋거나 명성이 있을 경우 <전략 2>와 같이 일방이 인수대금을 과도하게 제시하는 경우가 발생한다. 상대방은 합리적인 투자자로서 투자가치를 계산하여 인수에 가장 적합한 가격을 제시하나, 인수하고자 하는 본인은 상대방의 그러한 의도를 모르고 상대방보다 월등히 높은 인수가액을 제시하는 일이 발생한다. 그런데 아무리 자금이 많아도 투자가치 이상으로 투자하여 손실을 보는 것은 어리석은 일이다. 특히 재무전략에 뛰어난 회사일수록 치밀한 계산 하에서 합리적인 결정을 하지, 오로지 인수에 매달리지는 않는다.

매우 오래된 이야기로 삼성그룹과 LG그룹의 과거 데이콤(현재 LG U+) 인수전에서 LG그룹이 제시한 가격이 삼성그룹에서 제시한 가격의 거의 두 배에 해당하였던 것으로 기억된다. 또한 과거 삼성동 한국전력 부지 인수를 두고 삼성그룹과 현대차그룹이 경쟁했을 때, 현대차그룹은 삼성그룹 제시가격(물론 공개되지 않았음)보다 월등히 높은 인수가격을 제시한 것으로 추정된다. 전제조건에서 갑이 을보다 잠재투자이익이 큰 것처럼 현대차그룹이 인수로 얻을 수 있는 잠재적인 이익을 삼성그룹보다 크게 계산하였음이 분명하다. 그런데 현대차그룹은 <전략 1> 방식을 선택하여야 했는데 <전략 2>를 선택한 것 같다. 왜냐하면 현대차그룹이 상대방인 삼성그룹의 자금력이 아닌 삼성그룹이 그 부지를 인수해서 얻을 수 있는 투자이익을 정밀하게 추정하고 인수의지가 얼마나 강한가를 파악할 수 있었더라면 현대차그룹은 그렇게 높은 가격을 제시하지 않았을 것이기 때문이다.

또한 <전략 3>과 같은 경우도 발생하고 있다. <전략 3>은 흔히 최고경영자의 과도한 인수의지로 인해 자기의 투자이익을 무시하고 손실을 보고서라도 인수에 나서는 경우이다. 갑과 을이 치열한 경쟁관계에 있는 경우, 매도대상기업이 경쟁자인 갑의 지배권에 들어갈 경우 을이 입을 손실은 막대하나 갑은 높은 가격으로 인수해서는 높은 수익을 얻을 수 없는 경우에 발생한다. 따라서 갑은 합리적인 투자이익을 생각하고 입찰에 참여하였으나, 을은 매도대상 회사가 갑의 지배권으로 들어가는 것을 막기 위해 잠재적인 투자이익 이상으로 입찰에 응함으로써 입찰가격이 매우 높게 형성되는 경우이다.

<전략 4>는 경매호가입찰 방식으로 시행되는 M&A에서 예비 인수자에 선정된 기업들이 매각주간사나 매도자의 선전선동술에 넘어가 과도한 가액을 제시하는 경우 자주 일어난다. 예비 인수자를 대상으로 자존심 대결을 하도록 하거나 심리적인 압박으로 불안감을 조성하는 등 모두 심리전이 동원된다. 가끔은 전혀 인수하고자 하는 의지가 없는 참여

자를 들러리로 내세우기도 한다. 웅진그룹이 론스타로부터 극동건설을 인수할 때 이와 같은 일이 일어났다.[32)]

위의 <전략 1>에서 합리적인 결정이라도 상대방에 대한 정보가 있다면 인수가액을 낮출 수 있는 여지가 있는데, 상대방의 전략에 말려들거나 정보가 없는 상태에서 내려진 결정은 비합리적인 결정으로 귀결되어 지불하지 않아도 되는 비용을 지불하게 된다. 최고경영자의 과도한 인수의지는 곧 과욕이며, 감정적으로 행동한다는 것을 의미한다. 그 결과는 <전략 4>처럼 치명적이다. 전략적 사고 대신 감정적 행동으로 대응하면 결과적으로 반드시 패배한다는 것을 게임이론을 통해 알 수 있다.

32) MBK파트너스의 영국의 테스코로부터 홈플러스를 인수할 때도 이런 경우에 해당되지 않나 생각된다.

제 7 장

M&A 절차

인수 후 개발(A&D)의 경우, 교섭은 최고경영자나 최고경영자로부터 전권을 위임받은 최고재무책임자(CFO)나 최고운영책임자(COO) 등이 인수하고자 하는 회사의 최고경영자와 접촉하면서 조건을 제시하고, 상대방이 그 조건에 동의하면 바로 실무선에서 계약서를 작성하고 최고경영자가 날인하는 것으로 절차가 끝나기 때문에 매우 간단하고 신속히 결정된다. 하지만 규모가 큰 전통적인 M&A에서는 대상회사가 소유하고 있는 많은 자산과 임직원, 회사의 시장에서의 영향력, 유통망, 기술, 잠재력 등 여러 요소의 평가와 다양한 관계자의 이해관계를 조정하여야 하기 때문에 여러 절차를 거치야 하는 매우 복잡하고 긴 의사결정 과정을 지나야 한다. 여기에서 설명하는 것은 이런 전통적인 M&A에 대한 것이다.

M&A의 목적이 구체적으로 결정되어 실제로 M&A가 실현되기 위해서는 여러 단계를 밟아야 한다. 이들 각각의 과정은 중요하므로 신중하게 이루어져야 하며, 업무의 성격상 연속적으로 진행되고 시기적으로 중첩될 수도 있다. 앞에서 살펴본 대로 M&A를 하는 방법은 다양하므로 그 진행절차는 일반적으로 정형화되어 있거나 표준화되어 있는 것이 아니며, 주어진 여건 및 환경에 따라 달라질 수 있다. 이러한 M&A의 비정형성이 M&A의 성공을 위해서는 여러 상황에 임기응변적으로 대응하고 대처할 수 있는 유능하고 경험있는 전문가가 필요한 이유이기도 하다.

최고경영자는 현재 시행하려는 M&A로부터 무엇을 얻기 위해 M&A를 시도하려 하는지, 실패했을 때 입을 손실과 성공했을 때 얻을 수 있는 편익이 무엇인지, 인수에 성공했다 하더라도 사후관리에 성공할 수 있는지 등을 꾸준히 자문해 보아야 한다. 즉, 절차에 임했다 하더라도 최후의 의사결정까지는 아직도 시간이 남아 있으므로 되돌려 생각하는 마음가짐이 중요하다. 그런 의미에서 한화그룹이 거액의 인수보증금을 지불하였음에도 불구하고 대우조선해양 인수를 철회한 것은 대단히 고뇌에 찬 결정이었겠지만, 지금 생각해보면 그 담대한 결정이 한화그룹의 오늘을 있게 한 것으로 보인다.

또한 M&A를 진행하는 데 있어 절차를 효율적으로 통제할 수 있는 수단, 예를 들면 각 과정에서 가장 중요한 요소나 법적위반사항 등을 점검하는 체크리스트 등을 가지고 있어야 한다. 각 과정에서 적정한 비용으로 안정적으로 진행할 수 있고, 시간이 절약되며, 시행착오를 줄일 수 있는 최적의 방안이 무엇인지 미리 상상해 보고 실무자의 보고를 받는 것이 좋다.

제1절

전략수립과 대상기업의 선정

1 기본 전략수립

최고경영자가 M&A를 실현하기 위해서는 M&A의 목적을 분명하게 밝히는 것이 우선이다. 하고자 하는 M&A가 현재 사업의 시장지배력을 확장하기 위한 것인지, 아니면 기존 사업의 시장이 사양화됨에 따라 새로운 먹거리 사업을 인수하여 기업의 변신을 꾀한 것인지, 또는 업종다각화로 사업집단의 안정성을 올리기 위한 것인지 등 그 목적을 명확히 하여야 한다. 어떤 형태의 M&A든 M&A를 하게 되면 회사운영에 핵심이 되는 자원인 자금이 크게 소요되고, 핵심인력의 재배치가 이루어지는 등 기업의 계속 및 성쇠에 지대한 영향을 미치기 때문이다. 그러면서도 그 목적은 객관적으로 타당하고 합리적이어야 한다. 오로지 최고경영자 한 사람에게만 합리적이고 타당해서는 안 된다.

현재 경영하고 있는 사업이 처해 있는 상황이나 중장기적인 환경변화와 전망 등 현황과 문제점을 파악하고, 어떤 사업을 더 추가할 것인지 또는 현재 경영하고 있는 여러 사업군 중 어떤 사업을 구조조정하거나 매각할 것인지에 대해 최소 5~10년의 긴 호흡으로 전반적인 M&A 추진계획 및 전략계획을 수립하여야 한다.

'지피지기는 백전불태'라고 하듯이 M&A도 하나의 전쟁과 같이 전략을 수립할 때 먼저 객관적이고 구체적인 분석을 통한 자체적인 인수능력의 검토가 선행되어야 하며, 이러한 결과에 대하여 외부자문기관으로

부터 자문을 받아야 한다. 이러한 자기진단과 관련하여 다음과 같은 사항을 반드시 고려하여야 한다.

- 자기 회사에서 동원할 수 있는 현금성 자산과 차입 가능한 자금은 어느 정도인가?
- 회사가 시장에 영향력을 미칠 수 있는 능력과 시장점유율은 어느 정도인가?
- 현 경영진은 어느 사업영역에서 능력을 발휘하고 있으며, 누가 새로운 인수 사업체를 운영할 것인가?
- 현재 기업의 단기 목표는 무엇이며, 향후 기업의 장기 사업방향은 무엇인가?

이러한 자기 진단을 통해서 자기 회사의 잠재력과 내부위험을 먼저 점검한 후 본격적으로 M&A 대상기업을 찾거나 일부 사업부문의 매입을 추진하여야 한다.

가. 인수자 자신의 시장가치의 측정

자기 회사의 가치를 모르고 다른 기업과 M&A를 한다는 것은 무모하기 그지없기 때문에, 자기 회사의 시장가치를 아는 것이 급선무이다. 회사의 최고경영자는 자기 회사의 가치를 잘 알고 있을 것으로 생각하기 쉽지만, 그 평가는 주관적인 믿음에 따른 결과일 뿐이다. 즉, 회사의 최고경영자는 자기 회사가치를 시장보다 과대평가하는 것이 일반적이고 과소평가하는 경우는 거의 없다.

자기 회사의 가치를 알아야 M&A에 의한 시너지가 얼마나 발생할 수 있는지 알 수 있는 등 M&A에 합리적으로 대처할 수 있기 때문에 가장 먼저 해야 할 일은 자기 기업의 시장가치가 얼마나 되는지 정확하게 파악하는 일이다. 이때 평가에 주관이 개입될 수 있으므로 내부에서 평가하기보다는 외부 전문가에게 평가를 의뢰하는 것이 더 나을 것이다. 평가에 있어서는 회사의 재무상태뿐만 아니라 조직, 환경, 내부인재 등의 요인이 반영되어야 한다. 이러한 종합적인 관점에서 한 기업이 갖고 있는 강점과 약점은 무엇이고, 외부에서 다가오고 있는 위협과 기회요소가 무엇인가 하는 분석결과가 시장가치의 판단기준이 된다.

M&A를 하고자 하는데 있어서 자기 기업의 상황과 잠재력을 파악해 보면 회사의 사업방향을 새로 설정하거나 신사업의 필요성을 느낄 수 있다. 이러한 필요에 따라 설정된 방향 및 목표추진을 위해 검토해 보아야 할 일은 시장에서 요구하는 회사의 잠재력과 기업의 현재 시장에 대한 영향력과의 차이를 파악하는 것이다. 이것이 바로 회사와 시장에서 느끼는 '가치차이' 파악인데, 이를 통해서 회사는 변화와 발전의 폭을 얼마로 해야 하는지 그리고 그 변화와 발전을 위해 얼마나 노력을 기울여야 하는지가 결정된다.

가치차이 분석을 통해 회사의 잠재적인 발전 가능성이 결정되면 차이가 난 기업가치를 획득할 수 있는 방법, 성장전략으로서 적합한 방법이 무엇인지를 결정해야 한다. 전략의 선택은 회사 고유 업종의 특징, 인재의 집합도, 재무적 충족도, 문화적 특징 등을 종합적으로 살펴 이루어지는데, 이를 통해 자신에게 가장 유리한 방법이 무엇인지 선별하게 된다.

나. 인수대상 업종과 대상업체에 대한 기초조사

자기 회사에 대한 분석에 의해 도출된 결론에 따라 자기 회사의 M&A

목적에 가장 부합한 업종이 어느 업종인지, 또한 그 업종에 속한 업체 중 어느 회사가 대상업체로서 가장 적합한지 등에 대한 기초조사가 이루어져야 한다. 그 대상업종의 전체시장 규모는 얼마인지, 그 시장은 향후 매년 어느 정도 성장할 수 있는지, 그 업종의 시장지배적 사업자는 어느 업체이며, 그 사업자의 시장에서의 위치는 견고한지 등에 대한 조사가 이루어져야 할 것이다.

다. 추진기본계획

어떤 업종의 어떤 기업을 인수하는 것을 목표로 세웠다면 추진 기본계획 단계에서는 태스크포스(Task Force)팀을 어떻게 구성할 것인지, 대상업체에 대한 조사와 평가는 어떻게 할 것이지, 필요한 인수자금은 얼마나 되며 어떻게 조달할 것인지, 거래절차 및 거래형태 등은 누구에게 자문을 받아 정할 것인지에 대한 기본적인 사항을 정한 스케치와 같은 기본계획을 세워야 한다.

2 태스크포스(Task Force)팀의 구성

M&A는 단순한 투자와는 달리 회사사업과 인수회사 전반에 대한 깊이 있는 이해가 필요하기 때문에, 추진기본계획에 따른 본격적인 M&A 단계에서는 가장 먼저 전략팀을 구성하는 것이 중요하다. M&A 거래는 여러 분야에 대한 경험과 지식이 복합적으로 적용되는 거래이기에, 인수하려고 하는 팀의 효율성을 증대하기 위해 내부 인력과 더불어 경험과 노하우를 갖춘 외부전문가가 포함된 팀을 형성하여 M&A 업무를 진행하는 것이 요청된다.

M&A 추진 기본계획에 따라 M&A 전담(Task Force)팀을 구성한다. 전담팀은 기본계획을 바탕으로 좀 더 구체화한 M&A의 실천전략을 수립하고 그에 따라 M&A를 주도적으로 이끌어 나간다. 태스크포스팀은 외부 전문사문기관 등과 한 팀이 되어 진행하는 것이 가장 이상적이며, 크게 사전 M&A팀, 협상팀, 사후 M&A팀으로 나누어지고, 다시 세부단계와 방침에 따라 여러 팀으로 구성되기도 하고, 기존 업무를 완수한 팀은 해체되는 등 동태적으로 구성된다. 예컨대 실사팀에는 회계사, 금융전문가 등이 포함되고, 협상팀에는 변호사와 컨설턴트 등의 전문가 등이 포함되는 식이다. 태스크포스팀은 각 단계에 포함된 외부전문가와 함께 전략설정, 실사와 거래준비, 자금조달, 협상 등을 담당한다. 주로 처음 조직된 전략팀을 주축으로 단계마다 팀원을 보충하거나 탈퇴시키면서 효율적인 팀을 구성해 나가는 것이 바람직스럽다.

대상업체 기초조사와 예상 이슈 검토

가. 기초자료의 수집

진출하고자 하는 사업영역이 정해지면 그 업계에서 대상기업을 탐색하여야 한다. 대상기업의 선정 방법은 회사 스스로 직접 선정하는 방법과 투자은행이나 M&A 부티크와 같은 M&A 전문중개기관에 매수 대상기업의 선정을 의뢰하는 방법이 있다. 첫 단계로 여러 대상기업 중 적당하다고 생각되는 대상기업을 발견하면 그 대상기업의 소유구조, 시장점유율, 기업가치 등 기초자료를 수집하여야 한다. 이 단계에서 최고경영자가 특별히 관심을 가져야 하는 것 중 하나는 대상기업의 인적자원에 대한 것이다. 내부적으로든 외부전문가 집단을 통해서든 인적자원에 대한 자료를 수집하는 것은 특별한 의미가 있다. 왜냐하면 '인사가 만사'라는 말이 있듯 사람이 가장 중요한 자원이기 때문이다. 외부자문기관이나 내부직원 등은 인사업무를 직접 담당하지 않기 때문에 인력자원의 평가에 관심이 적고 또한 평가하기도 어렵다. 최고경영자의 가장 큰 안목은 사람을 알아보는 능력[33]이라 할 수 있으므로, 인적자원에 대한 자료는 꼭 최고경영자가 챙겨야 하는 항목 중 하나일 것이다.

또한, 최고경영자나 임원이 관심을 가지고 보아야 할 것은 정량적으로 표현될 수 없는 사항이다. 예를 들면 '회사가 보유하고 있는 기술수준과 연구개발 내용', '개발한 새로운 사업모델', '회사의 인재풀'과 같은 것이다. 내부 관련부서 직원이나 외부전문가 등의 도움을 받아 보유기술이나 연구개발 성과 등에 대해서는 어느 정도 알 수 있지만, 사업모델이나 인재에 대해서는 최고경영자나 임원이 그 가치를 알아볼 수 있는 직관 또는 안목을 가지고 있어야 한다. 막연히 상대방의 이야기만 듣고 쓸 만한 기술이나 연구성과가 있는 것으로 판단하고 결정한 경우 상대방의 프로파간다에 속아 넘어가는 것이 되어 M&A는 결과적으로 실패에 직면할

33) '중국의 소로스'라고 불리는 '에릭 리' 중국청웨이캐피탈 대표는 유망기업에 투자하여 세계부자 서열 40위에 오른 투자가이다. 에릭 리가 중국인 7억 명이 사용하는 '중국판 유튜브' 유쿠에 투자할 때 투자기준이 되는 것도 사람을 가장 중요시한다는 점이다. 그의 인터뷰 내용을 들어보자. "첫째이자 가장 중요한 것은 사람입니다. 만약 투자를 해야 하는 사람의 자질에 문제가 있을 경우엔 다른 조건이 아무리 좋아도 투자하지 않습니다. 그러나 만약 사람에게서 가능성이 엿보인다면 부수적인 조건이 별로 탐탁하지 않더라도 얼마든지 결점은 고쳐 나갈 수 있습니다. 제가 투자를 결정했을 때 유쿠는 그저 사업에 대한 개략적 구상을 적어 놓은 종이 한 장밖에 갖고 있지 않았습니다. 심지어 그 계획이라는 것조차 변변치 못했지요. 그들이 가진 것은 그저 종이 한 장과 기업가 정신이 전부였습니다. 그걸 보고 전 그들을 지지해야겠다고 생각했어요. 그러니까 유쿠는 순전히 아니 '순전히'라고 하기엔 좀 그렇지만 상당 부분 사람을 믿고 투자한 것입니다."
조선일보 Weekly Biz(C3면), 2014.3.15.~16.

것이다. 실제로 그러한 예는 많다.

기초조사단계에서 수집해야 할 자료는 다음과 같은 것이 있다.

- 회사의 현황 및 연혁 등 일반정보
- 기업의 소유구조를 알 수 있는 주주현황
- 재무상태, 경영성과 및 기타 재무적 상황
- 생산, 판매 및 시장점유율
- 회사가 보유하고 있는 기술수준 및 연구개발 내용
- 회사가 보유하고 있는 전문 연구소의 연구개발 인력과 수준
- 조직형태 및 인사 노사관계 상황
- 중요계약 및 기타 관리시스템의 상황

한편, 인수대상기업에 대한 정보자료를 수집하는 과정에서 정보의 노출 우려가 있으므로 극비리에 진행하는 것이 중요하며, 여러 자료를 근거로 과학적으로 후보 기업들을 선정조사, 분석하는 것이 중요하다.

나. 예상 이슈 검토

M&A 거래를 진행하는 과정에서 매도인과 매수인은 여러 이슈에 직면하게 되며, 이러한 이슈들에 대한 해결 여부가 M&A 성패를 좌우한다. 일반적으로 가장 이슈가 되는 것은 인수가격이다. 벤처기업이나 스타트업 기업은 사업모델의 잠재력, 기술의 상용화 가능성, 인적자원의 창의력 등의 평가에 의하여 가격이 결정될 것이나, 전통산업의 경우에는 시장의 지배력, 초과수익력, 브랜드의 가치 등이 가격결정에 큰 변수가 될 것이다. 어찌되었든 가격이란 모든 것이 복합되어 하나의 숫자로 표현한 것이므로, 그 가격에 여러 의견이 있을 수 있기 때문이다. 그 이외

에도 남들은 중요하게 생각하지 않으나 최고경영자는 매우 중요하게 생각하는 요소들이 있을 수 있는데, 이러한 요소를 찾아내는 것이 바로 성공의 지름길이다. 모그룹 회장은 외환 위기 당시 모두가 건설회사 인수를 외면하였지만 알짜 부동산을 가지고 있는 건설회사를 인수해 사업의 토대를 만든 것으로 유명하다. 어떻든 성공적인 거래를 위해서는 준비단계에서 예상되는 이슈들에 대한 세부적인 검토와 그 해결책을 고심하여야 한다.

대상기업 선정 · 평가 · 결정

가. 대상기업 선정방법

M&A 대상기업 선별을 위한 접근 방법으로는 기회주의적 방법, 연구조사방법, 기회주의적이며 연구 조사하는 방법(복합적인 방법) 세 가지가 있다.

기회주의적 방법은 매도의사가 있는 기업을 먼저 발견한 후 그 회사가 인수하기에 적당한지를 결정하는 것으로 시간절약 효과가 있다. 연구조사방법은 기업전략에 입각한 선별기준을 설정하고 그 기준에 맞는 회사를 찾은 후 매도의사를 타진하는 것으로, 이상적인 방법이지만 많은 노력이 필요하다. 복합적인 방법은 기업전략에 입각한 선별기준을 보유하고 매수 대상기업을 추적하면서 M&A 중개기관과 끊임없는 접촉을 통해 가장 매력적이며 적합한 대상기업의 매수기회를 탐색하는 방법이라 할 수 있다.

인수대상 후보 기업의 선정 우선순위를 정할 때 활용되는 선정기준으로는, 다음과 같은 항목이 적용된다.

- 선호업종: 서비스산업 또는 제조업, 지역, 산업형태
- 매수기업과 결합 가능 정도: 경영자 태도, 기업문화, 금융시너지, 향후 기업이미지 및 시장효과
- 매수호가 범위
- 산업구조: 경쟁사 숫자 및 크기
- 경쟁적 위치: 시장주도 혹은 부실기업
- 과거 수익성: 자산수익률, 투자수익률, 매출액수익률, 매출 및 이윤의 순환성, 동종기업 간의 차이점 및 그 이유
- 예측된 미래의 성장추이: 단기 · 중기 · 장기 성장
- 자본투자의 강도: 현금사용률
- 기술, 시장 법률 및 정치적 위험부담
- 자본시장 전체 대비 투자위험도
- 대상기업의 재무상태 예측: 현금흐름, 내부이익률, 투자수익률
- 금융 및 영업의 레버리지효과: 부채 정도, 상대적 구조

나. 인수대상기업 결정과정

인수대상 후보를 선정하기 위한 사전정보자료에 의거하여 후보대상기업에 대한 구체적인 평가가 이루어져야 한다. 보통 그 평가과정은 회사의 연혁과 설립목적, 지배관계, 시장점유율, 경쟁자, 유통, 기술, 생산, 조직과 같은 일반적인 회사 내부사항을 검토하고, 다음으로는 피인수기업의 재무적인 내용을 수집하여 안정성, 수익성, 유동성 및 경제성 등을 분석한다. 마지막으로 가장 중요하다고 할 수 있는 경영진의 경영능력과 인적자원수준, 보유 기술과 기술수준 및 기술의 상용화 가능성, 향후 시장진입이 가능한 잠재적 경쟁자 등 비재무적 내용도 살펴야 한다.

일반적인 M&A에 있어서는 시장지배력이나 경제성과 같은 지표가 중요하겠지만 A&D의 경우에는 경영진의 인적자원과 보유기술 또는 사업모델의 잠재성 등이 가장 중요한 요소일 것이다.

이러한 과정을 거쳐 재무 시너지효과, 영업적인 시너지효과, 노동과 인사 등의 경영요인, 합병 및 주식인수에 대한 제약 등 법률적인 사항, 외부경쟁자 환경, 경쟁기업과의 인수경합 가능성, 인수기업 내 장기 경영전략과 부합 여부, 인수기업의 경영자원과 대상기업의 경영자원이 결합했을 때의 시너지 효과, 인수에 따른 장점과 약점, 기회와 위험, 종합적인 결론 등이 포함된 인수대상기업에 대한 검토서 또는 평가서를 작성한다.

최종적인 대상회사 선정과정에서도 M&A를 하고자 하는 목적과 가장 부합할 수 있는 결과가 도출될 수 있느냐 여부를 다시 한 번 점검하는 것이 중요하다. 즉, M&A 목적이 시장지배력과 영업력 증대를 통한 시장점유율 확대인지, 아니면 안정적인 사업을 위한 수직적 결합인지에 대한 목적적합적인 의사결정이 가장 필요하다는 점이다.

5 자금조달계획

인수자 측이 M&A 전략 수립 시에 우선적으로 고려해야 할 사항은 자금조달 계획이다. 그러나 최고경영자는 자금에 대해 구체적으로 잘 모르고 보고만 받는 경향이 있는데, M&A 과정에서는 실제 많은 자금이 소요되므로 구체적으로 자금의 규모를 정확히 보고받고 검토할 필요가 있다. 보통 일을 추진하다 보면 예상보다 더 많은 자금이 소요되므로 여유자금을 확보하도록 지시하여야 한다. M&A는 다양성과 비정형성을 띄고 있기 때문에 다양한 파이낸싱 기법을 활용할 수 있으나, 각 조달방법은 나름의 위험이 내재되어 있으므로 그 위험성을 인지하고 있어야 한다.

근래 진행된 M&A에서 거액이 필요한 경우에는 주로 전략적 투자자가 재무적 투자자를 끌어들이는 것이 일반적이다. 하림그룹이 팬오션을 인수할 때 재무적 투자자로 사모펀드인 포세이돈이 투자하였던 것과 같은 것이다. 사모펀드는 안정적인 수익을 얻기 위해 전략적 투자자와 어떤 옵션을 정할 수 있는데, 그 옵션이 나중에 어떻게 현실화되는가에 따라 위험이 달라질 수 있음에 주의할 필요가 있다.

자금조달 방법으로는 자기자본이나 채무에 의한 자금조달, 후순위 유가증권에 의한 조달 등 여러 가지가 있다.

가. 자기자본에 의한 자금조달

회사에 유보된 자금을 활용하거나 주식을 발행하는 방법으로 기업인수에 소요될 자금을 마련하는 방식이다. 인수대상 회사의 주가가 높거나 경영권에 크게 영향을 미칠 수 없는 정도로 주식을 보유하고 있는 경우에는 유상증자에 의한 주식발행을 검토하는 것이 바람직할 것이다. 그러나 비상장 회사의 경우에는 유보된 자금을 활용하거나 차입에 의존할 수밖에 없어 자금조달에 애로가 발생한다.

나. 회사채에 의한 자금조달

자기 회사의 신용상태가 두 개 이상의 신용평가 회사의 평가결과상

BBB+ 이상이 나온다면 회사채 발행도 검토할 필요가 있을 것이다. 그러나 평가 결과가 그 이하로 나온다면 회사채의 자금조달 비용이 높아질 우려가 있거나 실패할 가능성이 있으므로 신중히 시장상황을 예의 주시할 필요가 있다. 회사채 발행은 전문적인 증권회사 등 인수업자에게 위탁하여 발행하는 간접발행의 형식을 거친다. 인수단에 참가하는 각 인수업자는 맡은 역할에 따라 주간사, 공동간사, 인수 및 매출사 등이 있으며, 인수단은 공개모집방법을 채택하고 있다. 여기에서 주간사가 책임을 지고 나서지 않으면 회사채 발행이 실패할 가능성이 있다.

다. CB, BW에 의한 자금조달

전환사채(CB)나 신주인수권부사채(BW)는 일정한 기간 경과 후 소유자의 청구에 의하여 보통주식으로 전환할 수 있는 사채를 말한다. 발행사의 입장에서는 사채와 주식의 양면성을 가지고 있으므로 사채와 주식의 양면에 걸친 투자자를 대상으로 모집할 수 있는 장점이 있으며, 발행회사는 전환옵션가치로 인하여 보증사채나 무보증사채보다 유리한 이율로 자금을 조달할 수 있어 자금조달비용을 절감하는 효과를 가져 올 수 있다.

또한 회사의 수익성이 향상되어 주식의 배당수익이 사채의 이자수입보다 높아진 시점에서 주식으로 전환할 수 있는 이점이 있으므로, 주가상승으로 주식으로의 전환이 진행되면 회사로서는 비교적 수월하게 자기자본의 충실을 기할 수 있다.

라. 차입매수(LBO)

LBO(Leveraged Buy－Out)에 의한 경영권 인수 방식은 목표 대상기업의 토지나 기업내부 자금 또는 기업인지도 등을 담보로 자금을 차입하여 기업을 인수하는 방법이다. 이때 동원된 자금은 주식매입대금으로 지급되므로 기업인수자는 적은 자본으로도 기업매수가 가능하지만, 거액의 차입을 수반하기 때문에 기업매수 후에는 자기자본비율이 크게 저하되어 신용위험이 높아지는 단점이 있다.

LBO의 대상이 되는 기업은 다음과 같은 특징을 가지고 있다.[34] 첫째, 부동산을 많이 보유하고 있으나 시장가치 평가가 낮게 되어 있어 추가적인 담보제공이 가능하여 자금조달이 용이하다. 둘째, 현금을 많이 보유하고 있어 은행신용도가 높아 LBO펀드로 조달이 가능하다. 셋째, 확실한 시장점유율을 장악하고 있어 현금흐름이 양호하고 브랜드, 영업권, 특허권 등의 무형자산의 가치가 높아 소비자의 선호도가 높아 안정적인 기업이다.

국내에서는 활발하지 않았으나 최근에 이르러 LBO(Leveraged Buy-Out) 파이낸싱을 이용한 M&A 성공 사례가 증가하고 있다. 과거 STX그룹이 계열사를 인수할 때도 LBO 방식을 이용한 것은 잘 알려진 일이다. STX그룹은 회사를 인수 후 바로 자본시장에 상장시켜 차입에 의한 위험을 바로바로 해소시킴으로써 재무적 위험을 피할 수 있었다. 또한 차입매수에 의해 인수한 예로는 동양그룹이 옛 한일합섬을 인수할 때 한일합섬의 토지를 인수한 후 담보로 제공하기로 이면계약하고 금융기관으로부터 자금을 빌려 한일합섬을 인수하였고, 한신공영을 인수할 때도 거의 같은 방법을 이용하였다. 그러나 회생절차 중인 회사의 M&A에서는 이 차입매수는 위법하므로 허용되지 않는 방법이다.

34) 성보경, 『M&A병법 36계』, 매일경제신문사(2013), p.281

미국에서 신용등급이 낮은 기업의 채권으로 정크본드을 만들어 LBO 자금으로 제공하여 엄청난 돈을 번 밀켄 같은 투자자도 있지만, 우리나라에서는 거의 이루어지지 않는 방법이다.

마. 기업공개에 의한 자금조달

기업공개를 현장에서는 IPO(Initial Public Offering)라고 하는데, IPO란 주식을 신규로 상장하기 위하여 자본시장법에 의한 모집 또는 매출의 방법으로 주식을 새로이 발행하거나 이미 발행된 주식을 매도하는 것을 의미한다.

여기에서 공모란, 균일한 조건으로 일반 대중에게 새로운 주식을 발행하는 것을 말하고, 매출이란 이미 발행되어 대주주가 소유하고 있는 주식의 일부를 매각하여 주식을 분산시키는 것을 말한다.

중국의 전자상거래 회사 '알리바바'처럼 비상장회사가 공모방식의 기업공개를 통해 자금을 확보하게 되면 그 자금을 타기업의 인수자금으로 사용할 수 있고, 그래도 자금이 부족하면 증권시장에서 추가 증자를 통해 자금을 확보할 수 있으므로 매우 효과적인 자금의 확보수단이 된다. 또한 인수대상회사가 비상장회사인 경우에 인수 후 상장규정에 맞춘 후 상장하면 바로 인수자금을 회수할 수 있어 강력한 인수자금의 조달수단이 될 수 있다.

과거 STX그룹이 범양상선을 인수한 후 바로 싱가포르 증시에 상장하여 인수자금을 바로 회수한 것은 잘 알려진 사실이다.[미주2)]

바. M&A 펀드

대표적인 M&A 펀드는 사모펀드와 구조조정펀드를 들 수 있다. 사모펀드는 고수익기업투자펀드라고도 하며 자본시장법에서는 100인 이하의 투자자, 뮤추얼펀드는 50인 이하의 투자자를 대상으로 모집하는 펀드를 말한다.

사모펀드는 비공개로 투자자를 모집해서 자산가치가 저평가된 기업에 자본참여를 하고 기업가치를 높인 다음, 기업주식을 되파는 전략을 취한다. 우리나라에서는 M&A를 활성화하기 위한 수단으로 사모펀드를 도입하여 시행하고 있다.

반면 CRC펀드는 기업구조조정전문회사가 주식인수, 합병, 영업양수 등의 방법으로 부실기업의 구조조정을 이끌어 기업이 정상화되었을 때 기업을 재매각하거나 주식을 매도하는 것을 목적으로 조성된 펀드이다.

M&A 과정에서 거액의 자금이 필요한 경우 이러한 펀드와 약정을 맺고 함께 기업을 인수하는 경우가 종종 있다. 펀드가 M&A 과정에 참여하는 이유는 펀드는 경영권보다는 수익을 목적으로 하고 있으므로 일정한 수익이 보장되거나 인수 후 주가가 일정한 수준에 이르면 주식을 매도하여 자금을 회수할 수 있는 기회를 얻을 수 있어 투자가치가 있기 때문이다.

M&A 과정에서 자금조달로 연금과 같은 공모펀드나 사모펀드를 재무적 투자자로 참가시켜 자금을 조달하는 것이 대규모 자금을 조달하는데 매우 유용하고 편리한 방법이다. 다만, 재무적 투자자는 일정한 기간 내에 일정한 투자수익을 얻고 자금을 회수하는 것이 목적이므로, 만약 조

건이 달성되지 않으면 자금을 회수할 방법이 없어지게 된다. 이때를 대비하여 인수자로 하여금 일정한 조건에서 원리금 보장 지급보장을 요구하게 된다.

만약 인수자가 지급보증에 의하여 지급보장을 요구받는다면 인수자가 모든 인수자금을 조달하는 결과가 되어 재무적으로 매우 위험한 상태에 처할 수 있다. 그런 예가 금호아시아나그룹이 대우건설을 인수하면서 겪은 일이다.

제2절

교섭 및 양해각서의 체결

교섭의 첫 단계는 '비밀유지협약'을 체결하는 것이다. 협약을 체결한 예비투자자는 매각주간사에서 분석한 상세한 정보와 자료를 받아 볼 수 있는데, 여기에는 대외비 성격의 정보가 포함되는 경우도 있다.

일반적으로 상세정보와 자료에는 운영전반에 대한 정보를 포함하고 있으므로 이를 바탕으로 투자의향서(LOI)를 제출함으로써 인수 또는 투자를 위한 직접적인 정보를 수집하기 위하여 예시실사에 참여하게 된다.

M&A에서 중요한 부분의 하나가 거래협상 단계이다. 거래협상을 성공적으로 이끌기 위해서는 무엇보다도 문제가 될 이슈를 제대로 검토하고 이에 대한 대비를 철저히 하여야 한다. 특히 어려운 가격협상을 위해 여

러 가치평가모델로 회사의 가치를 산정하여 가장 적합하다고 인정되는 평가모델로 산정한 가격을 중심으로 협상에 대비한다.

물론 엄청난 가격으로 거래되는 거대기업뿐만 아니라 일반적인 기업에서도 비계량적 항목은 타결을 위한 협상카드로 이용되기 때문에 기업분석이나 가치평가시 이러한 비계량적 항목이 무엇인지 찾아내야 협상카드로 사용할 수 있을 것이다. 기업인수자 입장에서는 거래가액을 낮추기 위한 목적으로 대상회사의 약점이 되는 협상카드의 확보에 주력할 것이고, 매도자 입장에서는 거래가액을 높이기 위한 목적으로 대상회사의 장점, 즉 인수메리트가 되는 협상카드 확보에 주력하게 될 것이다.

여기에는 심리적인 협상의 기술도 필요한데, 인수하겠다는 것인지 하지 않겠다는 것인지 분명하게 밝히지 않는 NCND(Neither Confirm Nor Deny) 전략이 필요하다. 특히 오너의 본심을 숨겨야 한다.

매수의향이 있는 오너가 공개적으로 M&A를 하겠다고 미디어를 통해 공언을 하면 임직원은 그 오너의 의지를 지키기 위해 큰 희생을 무릅쓰고서라도 성사시켜야 한다는 엄청난 압력에 시달리게 된다. 그런 상황에서는 어느 누구도 반대 또는 다른 의견을 개진하지 못하게 되어, 가격이 문제가 아니라 '어떻게 하면 인수하느냐'에 골몰하게 될 것이다. 인수에 모든 관심이 쏠리게 되면 자연히 객관적인 분석이나 합리적인 가격 등은 관심에서 멀어질 수밖에 없다.

객관적이고 합리적인 가격으로 협상하기 위해서는 의사결정권자인 오너는 본심을 숨겨야 한다. 신중하게 검토하고 철저하게 분석하여 반드시 인수조건에 맞으면 인수하고, 그렇지 않으면 인수하지 않는다는 철칙을 가지고 임해야 한다. 최고경영자의 이러한 원칙을 이해하면 인수에 투입된 임직원도 여러 가지 면을 검토한 객관적인 분석자료를 토대로 의견을 개진할 것이며, 자문업무에 투입된 법무, 회계법인 등도 보다 자유로운 분위기에서 심도 있는 자료를 제공하고 조언도 하게 될 것이다.

상대의 측면에서도 생각해 볼 일이다. 인수하고자 하는 상대방이 적극적으로 인수하고자 할 때 인수가격을 깎아 줄 매각주간사나 매도자는 없을 것이다. 오히려 경매호가입찰 방식처럼 입찰가를 올리려 할 것이 분명하다. 따라서 최고경영자가 공개적으로 인수의지를 밝히는 것은 상대방에게 본심을 보여주는 것과 같으므로 전략적으로 잘못된 행동이다. 매도자나 매수자나 M&A 협상에 임하는 기본 법칙은 본심을 숨기는 것이다. 한마디로 포커페이스로 임하는 것이다.

 대상회사와의 교섭

M&A 대상기업을 확정하고 인수팀을 구성한 후에는 그 대상기업의 경영진이나 대주주와의 접촉을 통해 기업매각의 의사가 있는지 비공식적으로 은밀하게 타진하여야 한다. 이를 통해 인수대상기업의 매각의사가 부정적일지라도 인수하고자 하는 쪽에서 꼭 인수해야겠다고 생각되면 여러 설득방안을 강구하거나 아니면 적대적 기업인수를 강행할 것인지 결정하여야 한다.

그러나 적대적 M&A는 우리나라의 경우 지나치게 많은 자금이 소요되기도 하고, 또 한편으로는 법률위반 등으로 소송전으로 비화할 수 있어 성공하기 어렵기 때문에 검토를 하지 않는 것이 좋다. 차라리 때를 기다리거나 다른 대상업체를 찾는 것이 더 나을 것이다.

한편, 상대방이 기업매각의사를 밝히고 M&A 거래에 응할 의사가 있는 경우에는 반드시 당사자 간에 '비밀유지협약'을 체결하여야 한다.

가. 태핑

매도인 입장에서 매수가능성이 있는 잠재 매수인 리스트를 작성하고, 반대로 매수인 측에서는 설정된 전략 및 인수 필요성에 의거하여 잠재 인수대상기업 리스트를 준비한다. 상대기업의 M&A 필요성 및 자금여력, 거래 후 얻을 수 있는 효과 등 전반적인 요소를 감안하여 접촉대상 리스트가 준비되어야 하며, 회사의 경영상 · 전략상 필요성에 바탕을 두고 접촉 대상을 선정한다.

이러한 잠재적인 인수자 또는 매도자와의 초기 접촉을 '태핑(Tapping)'이라고 하며, 매각을 위임받은 주간사 등은 초기 접촉을 통해 잠재 매수자의 매각 대상기업에 대한 관심도를 파악하고 투자안내서를 전달한다. 그와 함께 인적 접촉을 통해 거래참여 유도 및 잠재 투자자의 우선순위를 선별한다.

나. 비밀유지협약

태핑 단계 이후 해당 M&A에 대한 관심을 진지하게 표명하는 투자자와 비밀유지협약(Confidentiality Agreement, CA)을 체결함으로써 제한된 투자자와 절차를 진행하게 된다. 비밀유지협약을 체결하여야 해당 기업에 대한 운영 노하우 및 해당 기업에 대한 사업정보를 획득할 수 있어 다음 단계로 나갈 수 있을 것이다.

2 매수희망제안서 제시

M&A 절차에서 제안서를 제출하는 것은 상대방에게 매수의사를 서류상으로 전달하는 의미가 있다. 제안서에는 인수하고자 하는 회사의 개요, 매수방법 및 절차, 잠재적인 매수가격, 기타 매수조건 등이 포함된다. 매도인은 이러한 매수희망제안서를 검토하여 다수의 매수 희망자들 가운데서 거래성사의 가능성이 높고, 인수가격을 높게 제시한 잠재 매수인을 1차적으로 선별하여 예시실사에 참여시킨다.

3 예비실사

예비실사 전에 매각주간사는 외부전문기관인 회계법인의 주도 아래 매각대상회사의 재무사항, 영업현황과 시장점유율, 법률 사항 등을 토대로 매각대상 회사의 가치평가보고서를 미리 작성한다.

예비실사는 당사자인 매도인과 매수인의 협의를 거쳐 매각 대상기업의 규모, 거래의 복잡성에 따라 실사기간과 범위가 정해지나 통상적으로 매각주간사가 평가한 가치보고서를 중심으로 검토된다. 여기에 매각 대상회사의 경영진의 회사소개, 매각 대상회사의 주요 경영진과의 인터뷰, 공장 등의 현장방문 등이 포함되기도 한다. 매수인 측은 인수 후 사업계획수립을 위해 매각대상회사의 운영 및 사업파악에 회사 내부인력을 참여시킨다.

외부전문기관인 회계법인, 법무법인 등은 각각 주어진 가치평가자료를 토대로 재무실사 및 법률검토를 실시한다. 자문사는 전체 실사를 관장하고 최종제안서 제시를 위한 매각 대상회사의 가치평가 작업을 매수회사와 함께 진행한다. 아울러 예비실사기간 동안 양측은 서로에 대한 의사파악 및 서로가 원하는 거래구조, 가격에서 상대방을 유인하기 위한 노력을 기울인다.

예비실사가 이루어지는 동안에 매각주간사와 매도자 측은 기업 매수자의 재무상황, 자금조달능력, 경영능력 등에 대해서 예비실사와 버금가는 검토를 진행하여야 하며, 매수와 매도 양 당사자가 체결한 양해각서 또는 가계약서에 명시된 내용에 대한 정밀검토가 필요하다. 그 이유는 M&A 과정에서 계약을 체결하였다 하더라도 이행능력이 부족하거나 사기행위가 개입된 경우라면 법적 조치를 취할 수 있는 근거를 확보해야 실질적인 효과를 높일 수 있기 때문이다.

예비실사는 다음 단계에 실시하는 정밀실사에 비해 중요성이 덜한 느낌이 드나, 실제에 있어서는 매우 중요한 단계이다. 예비실사에서 제안가격이 결정되고 이를 매도인이 수용하면 정밀실사에 의해 실사가치가 크게 달라진다고 해도 제안가격의 변경이 제한된다. 왜냐하면 크게 변경된 제안가격을 매도인 측에서 받아들이지 못하면 그 M&A는 지속할 수 없게 되기 때문이다.

따라서 예비실사에서는 정밀실사 못지않게 여러 정보를 수집하고 분석하여 적정가격을 찾으려는 노력을 기울여야 한다. 보통 M&A를 성공시키고자 하는 의욕에 예비실사에서 가격을 높여 우선협상 대상자로 선정되고 나서 정밀실사 후 가격을 깎으려는 생각을 가질 수도 있으나, 이는 인수가격을 덤터기 쓸 수 있는 기회를 스스로 제공하는 것이다. 오히려 예비실사에서 가격을 보수적으로 산정하여 위험을 스스로 줄이는 것이 궁극적으로 M&A에 성공하는 지름길이다.

 가격산정

M&A에 있어서 매매가격보다 더 중요한 이슈는 별로 없을 것이다. 어떻게 보면 다른 모든 명분과 이유도 매매가격을 자기에게 유리하게 이끌기 위한 시도라고 볼 수 있다. 가격을 깎고자 하는 측에서는 매도 대상회사를 평가할 때 수익력의 약화, 설비의 노후화, 기술의 보편성, 임직원의 평범성 등 온갖 약점을 들추어내서 평가에 반영하려 할 것이고, 매도자 측에서는 반대로 인수의 여러 장점들을 내세울 것이다.

우리나라에서 행하여지는 M&A에는 개별 회사끼리 적당히 평가하여 가격이 맞으면 경영권을 인수인계하는 우호적인 인수합병을 제외하고 대부분이 공개경쟁입찰로 행하여지는 것이 일반적이다. 따라서 M&A 시작단계에서 이미 매각주간사가 정해지고, 그 주간사가 매각회사의 최저입찰가격을 산정해 놓고 있는 경우가 대부분이다. 따라서 입찰에 참여하는 매각주간사가 정해 놓은 가격에 맞추지 않으면 입찰에 참여할 수 없는 구조이기 때문에 입찰 참여자는 불리한 여건에 서는 위험을 감수하지 않으면 안 된다. 우선협상 대상자로 선정되어 정밀실사에 참여하더라도 최종 제안한 가격에서 일정범위, 보통은 5% 내외로만 조정하게 되어 있으므로 최종제안서를 내기 전 가격산정은 매우 중요하다. 따라서 가격산정 문제는 최종제안서 제출 전에 매우 심도 있게 검토하지 않으면 안 된다.

일반적으로 경쟁가격은 기업가치 평가금액을 기준으로 더하거나 빼거나 하는 선에서 결정된다. 즉, 인수대상기업에 남이 모르는 장점이 있거나 내가 이용하면 더 많은 시너지를 낼 수 있는 경우에는 평가금액에 어느 정도 프리미엄을 더할 수도 있으나, 보통은 핵심인재의 이탈이나 기술의 유출 등 M&A 위험 때문에 평가금액에서 감액하는 것이 일반적이다. 여기에서 변수가 되는 요소를 살펴보자.

가. 거래가액 협상변수

M&A 대상기업의 평가는 자금난이나 기업구조조정의 일환으로 매각을 추진하더라도 계속기업(Going Concern)인 회사를 전제로 기업이 현재 보유하고 있는 유형·무형의 모든 자산들의 미래수익창출 능력이 얼마나 될 것인가에 대한 가치부여라고 할 수 있다.

대상기업의 일반적인 평가가액은 기본적으로 후술할 기업가치 평가모델에 의해 산정되고, 거래가액은 평가가액을 기준으로 매수측과 매도측의 협상에 의해 결정된다. 이때 양측은 각자에게 유리한 협상카드, 즉 비계량적인 항목들(상호 입장 차가 있을 것이므로 변수들이라 할 수 있다)을 사용하여 협상을 진행하게 된다. 이때 주어진 환경변수인 다음과 같은 거래가액 협상변수가 거래가액 결정에 중요한 영향을 미치게 됨을 고려해야 한다. 다음의 네 가지로 나누어 설명한다.

(1) 평가주체별 입장차이

M&A 대상기업의 가치는 누가 평가하느냐에 따라 달라진다. 우선 평가자가 매도자 입장인지 매수자 입장인지에 따라 기업가치는 차이가 있을 수밖에 없다. 즉, 매도자 측 입장에서는 당해 기업의 시세나 내재가치를 고려하여 당해 기업을 일구어 내기까지의 투자액, 그에 따른 노력이나 시간 또는 당해 기업이 보유한 부동산시세 등을 강조할 것이다. 그리고 매수자 측 입장에서는 이제까지 이룬 성과보다는 당해 기업을 인수

한 후의 개발 가능성과 수익성 또는 시너지 효과에 주목하여 평가하게 될 것이다.

(2) 인수동기

한편 인수자가 누구인지와 매수동기가 무엇인지에 따라 기업가치가 달라진다는 점을 고려해야 한다. 예시하면 다음과 같다.

① 자금만 가지고 새로운 사업을 시작하려는 매수자인지 또는 M&A 대상기업과 유관한 사업체를 운영하고 있는 매수자인지 여부

② 인수자가 개인인지 법인인지 여부 또는 재벌기업인지 중견기업인지 여부

③ 인수자 입장에서 당해 기업의 핵심가치(Crown Jewels)가 무엇인지? 그것이 인력인지, 기술인지, 유통망인지, 입지조건인지 브랜드인지 등의 여부

④ 인수자가 다각화를 목적으로 하는지, 시장지배력의 확장을 목적으로 하는지 여부

한편 우호적인 M&A에서는 인수후보자가 한정되어 있는 경우가 많기 때문에 매도자가 약자의 입장인 경우가 일반적이다. 우리나라는 IMF체제 이후 일부 업종의 회사를 제외하고는 매수자우위시장(Buyer's Market) 성격을 띠고 있다고 본다.

(3) 대상기업이 처한 상황

매도자가 기업을 매도하려고 하는 시점 또는 매도대상기업이 처한 상황이 어떠하냐에 따라 평가액이 달라진다. 예시하면 다음과 같다.

① 당해 기업의 자금난이 심하여 매도하려는 것인지(급매물이라면 당연

히 기업가치가 떨어질 수밖에 없다) 여부

② 당해 기업이 속한 산업이 경기순환 과정상 호황국면인지 하강국면인지, 그리고 사양산업인지 성장산업인지 여부

③ 당해 기업의 영업실적 추이가 증가하고 있는지 감소하고 있는지 여부

④ 노동집약적 산업이라서 과도한 인건비로 인해 수익성이 떨어지는 기업 또는 경쟁이 심하여 더 이상 성장이 기대되지 않는 한계기업이기 때문에 매각하려는 것인지 여부

⑤ 기술개발이 절실히 요구되는 상황이지만 기술개발자금을 마련할 길이 없어 매각하려는 것인지 여부

(4) 매도자의 사유

매도자(오너) 등이 처한 상황에 따라 협상가격이 달라질 수 있다. 매도자가 처한 상황을 예시하면 다음과 같다.

① 후계자가 마땅치 않아서 매각하려는 것인지?

② 매도자의 개인부채를 갚기 위해 부득이 회사를 매각하려는 것인지?

③ 매도자의 개인적인 사정(질병 등) 때문에 매각하려는 것인지?

나. 기업가치 평가 모델

기업가치 평가는 특히 비상장회사를 대상으로 하는 우호적 M&A에서 가장 중요하고 핵심적인 업무로 기능한다.

상장회사의 경우에 시장에서 형성되는 시가가 거래가액의 기준이 되기 때문에, 기업가치 평가는 상대적으로 중요도가 떨어질 수 있다. 그렇다 하더라도 기업가치 평가는 필수적이라 할 수 있다.

기업가치 평가모형은 현금흐름을 이용한 가치평가모형과 초과이익개

념을 이용한 가치평가가 있다(자세한 설명은 미주 "기업가치평가 모델의 설명" 참조).

(1) 현금흐름을 이용한 가치평가

① 배당할인모형(DDM: Dividend Discount Model)[미주3)]

② 현금할인모형(DCF: Discount Cash Flow Model)[미주4)]

(2) 초과이익 개념을 이용한 가치평가

① 초과이익모형(RIM: Residual Income Valuation Model)[미주5)]

② EVA모형(EVA: Economic Value Added)[미주6)]

(3) RIM과 EVA의 비교[미주7)]

다. 성공적인 기업매수를 위한 30%의 룰

지금까지 우리나라에서 일어난 M&A 중에서 결과적으로 실패했다고 여겨지는 것은 인수가격이 실제 가치보다 높거나 매우 높았고, 반대로 성공했다고 여겨지는 것은 그 가격이 합리적이었다는 결론에 이른다. 그런 의미에서 가격요소는 매우 중요하므로 나름대로 주관적으로 생각해 본 것이 '30%의 룰'이다.

여기서 '30%의 룰(이하 '30 rule')'이란 매수자의 입장에서 설명한 것으로, 가격산정 후 매수희망자가 가격을 제시할 때 참고하여야 할 원칙 같은 것이다. 우선 네 가지로 나눌 수 있다.

첫째, 인수할 회사를 현재의 가치보다 30% 정도 싸게 사야 한다는 것이다. 우호적인 M&A에 의한다 하더라도 인수 후에는 핵심인력의 이탈,

기술의 유출, 거래처의 이탈, 부적합 등 여러 가지 이유로 가치가 손상되는 경우가 많다. 만약 제값을 주고 회사를 인수하였다면 인수와 동시에 가치가 하락하여 손실을 보게 된다. 회사를 인수한 후 특별한 변화없이 인수한 그대로 운영하고자 할 경우에는 이러한 점을 감안하여 평가금액보다 약 30% 정도는 낮게 제시하여야 한다는 점이다.

둘째, 평가된 가치로 매수하게 될 경우에는 현재 평가금액보다 30% 정도의 가치를 올릴 수 있는 핵심적인 무언가를 찾아야 한다는 점이다. 가치손상을 감안하더라도 인수를 결정할 경우에는 다른 사람은 모르더라도 최고경영자는 알 수 있는 '드러나지 않아 볼 수 없는 가치'를 알아보아야 하고, 그 가치를 감안할 때 인수 후 가치를 현재보다 30% 이상 올릴 수 있어야 한다.

셋째, 현재가치보다 더 많은 프리미엄을 주고서라도 매수하는 경우에는 그 인수로 인해 다른 사업으로 진출하기보다는 현재 사업의 독점력을 강화하는 방안으로서 가치가 있는가를 생각하여야 한다. 예를 들면 구글이 유튜브를 인수할 때 시장에서 생각하는 금액 이상을 지불하였지만, 이는 구글 경영진이 구글의 광고영업의 독점력을 강화시키는 하나의 방법으로 인수를 결심하였기 때문에 가능한 일이었다.

넷째, 현재의 가치로 살 경우에는 인수를 포기해야 한다는 점이다. 현재가치로 산다는 것 자체가 첫째에서 언급한 대로라면 손해이기 때문이다. 인수에 따른 어떤 장점이 없다면 인수는 매우 위험한 결정이다. 핵심인력이 빠져나가고 둔재들만 모여 있는 조직을 인수한다는 것은 깡통조직을 인수하는데 불과할 수 있다.

 최종제안서 제출

실사기간이 종료되면 잠재 매수인는 최종제안서를 작성한다. 최종제안서의 내용 중 가장 중요한 것은 대체로 인수가격이다. 우호적인 M&A도 일반적으로 경쟁입찰방식으로 진행되고, 최종인수자로 선정되는데 가장 중요한 요소는 가격요소이므로 최종까지 가격을 얼마로 제안할 것인지 망설이게 된다. 또한 경쟁자가 있다면 경쟁자까지 고려하여 가격을 정해야 하므로 가격결정은 매우 어려운 의사결정에 속한다(제6장 제5절 5. 최종가격결정에서 게임이론의 적용 참조). 그러나 어떤 경우에도 위에서 언급한 원칙에 입각해 최종가격을 결정해야지, 그렇지 않으면 흔히 말해서 '전투에서는 이기고 전쟁에서 지는' 결과에 빠지게 된다.

최종제안서는 법률적으로 구속력이 있는 제안이며, 최종제안서에 언급된 제안 부분을 매도인이 수용할 경우 매수인은 조건변경을 요구할 수 없기 때문에 더욱 신중을 요한다. 물론 본 계약체결 시 최종제안서에 제시된 내용변경이 반영되지만, 원칙적으로 매도인이 최종제안서를 토대로 잠재 매수인을 우선협상대상자로 지정하여 거래를 진행하는 경우 최종제안서의 내용은 법률적으로 본 계약과 같은 의미를 갖는다.

통상적으로 최종제안서에 포함되어야 할 사항은 다음과 같이 요약할 수 있다.

- 인수주체: 매도인의 명칭, 조직형태, 5% 이상의 주주명부, 계류 중인 사건 내역, 관련 법적 · 내부적 승인여부 및 계획
- 인수제안대상 및 가격
- 대금지급방법과 시기

- 인수거래구조
- 인수인의 자금조달계획
- 인수선행조건
- 최종제안서의 유효기간
- 인수인 측 담당자 연락처
- 인수 후 경영계획 및 기타 요구사항

6 우선협상대상자 선정

최종제안서 접수 결과를 토대로 매도인 측은 제안한 가격, 거래구조, 인수조건 등을 미리 정한 심사기준에 따라 평가한 후 가장 우수한 제안을 한 잠재 매수인을 우선협상대상자로 지정한다. 일반적으로 우선협상대상자는 일정 기간 동안 독점권을 가지고 매도인과 협상을 진행할 권리를 부여받는 대신 매도인이 정한 기준에 따라 매각예상금액의 5% 정도의 금액을 에스크로(escrow) 계좌에 예치하여야 한다. 그런데 매수인 측이 정당한 이유 없이 최종제안서 내용을 이행하지 않을 경우 예치금은 매도인 측으로 귀속되므로 최종제안서 제출 전부터 이점을 확실히 알고 대처하여야 한다.

일례로 현대그룹이 현대건설을 인수하기 위해 예치한 금액을 결국 법원 판결에 의해 되돌려 받았고, 또한 한화그룹이 대우조선해양을 인수하기 위해 예치한 금액도 오랜 법정 다툼 끝에 일부만 되돌려 받았다.

그러나 우선협상대상자와의 협상결렬에 대비할 목적으로 차선협상대상자를 함께 선정하는 경우도 있다.

7 양해각서 체결

우선협상대상자와 매도인은 우선협상대상자가 제출한 최종제안서를 토대로 양해각서(MOU)를 체결한다.

양해각서에는 거래당사자인 매도인과 우선협상대상자가 상호 합의한 거래와 관련한 사항, 향후의 일정, 독점권 부여기간, 상세실사의 범위 및 일정 등이 담겨지며, 당사자 간의 합의에 따라 그 내용은 달라질 수 있다.

제3절

M&A 협상 및 계약체결

대부분 M&A의 경우 협상으로 시작해서 협상으로 끝난다고 해도 과언이 아니다. 즉, 모든 거래 단계별로 협상을 통해 합의함으로써 다음 단계로 넘어갈 수 있고, 설령 다른 모든 부분이 제대로 준비되고 분석되었다 해도 협상이 결렬되면 M&A는 성사될 수 없기 때문이다. 그만큼 협상의 중요성은 크며, 협상은 전통적으로 상호신뢰를 기반으로 이루어져야 성공의 확률이 높아진다. 따라서 매수자 또는 매도자도 가장 중요한 이슈를 먼저 정리하고 이슈에 대해서 어느 정도 융통성을 가질 만한 범위를 설정해 놓고 그 방침에 따라 협상에 임해야 할 것이다. 협상은 상대방의 가치를 인정하는 데 기초해야지 매수자나 매도인 일방의 가치만을 추구하면 성공하기 어렵다. 다시 말해 인수합병 후 얻을 수 있는 가치와 새롭게 창출된 가치를 매도자와 매수자가 서로 나눌 수 있는 신뢰가 있어야 한다. 매도자의 입장에서는 매수자가 지금보다 성공적으로 경영하여 오랫동안 지속되길 바라야 할 것이며, 매수자의 입장에서는 매도자가 정당한 가격을 받고 만족할 수 있어야 진정한 인수합병이 성공했다고 말할 수 있을 것이다.

1 정밀실사

우선 협상대상자의 정밀실사는 전단계의 예비실사보다는 한층 신중하고 세밀하게 진행된다. M&A 진행절차에서 정밀실사라 함은 기업의 인수합병에 따르는 위험 또는 문제점을 인수합병계약서에 서명하기 이전에 파악하는 절차로서 대상기업에 대한 재무에 관련된 내역의 실제와 부외부채의 존재여부, 영업현황, 법적인 현황, 시설의 상태 및 향후 예상되는 추가비용, 노사관계, 환경문제 등 기업이 처해 있는 실재 현황을 조사하고 그에 근거하여 수익창출의 가능성, 임직원의 잠재력 등 예측자료의 수집 및 분석하는 과정을 의미한다. 여기에는 매도자가 매수자에게 제공할 정보의 진위여부를 판단하기 위하여 행하는 확인 작업도 포함된다. 법률팀은 정밀실사 기간 동안에 매수자와 매도자 양 당사자가 체결한 가계약에 명시된 내용, 즉 가격, 조건, 지급보장 등에 대한 정밀검토도 필요하다. 그 이유는 M&A 과정에서 계약을 체결하였다 하더라도 이행능력이 부족하거나 사기행위가 개입된 경우라면 법적 조치를 취할 수 있는 근거를 확보해야 실질적인 효과를 높일 수 있기 때문이다.

정밀실사는 예비실사 과정에서 매도자가 밝히지 않았든 발견하지 못했든 자산가치 손상 등이 드러날 경우 최종제안서에서 제시한 인수가격의 수정을 요구할 수 있는 기회이기도 하고, 인수가격의 타당성을 검토할 수 있는 단계이기도 하다. 정밀실사 결과 제안한 가격이 수용할 수 있는 범위에 있다면 다행이지만, 그렇지 않다면 신중히 검토하여 우선협상대상자의 지위를 내려놓을 각오를 하여야 할 것이다.

일반적으로 정밀실사는 내부 협상팀과 외부 전문가인 컨설턴트, 회계사, 변호사 등에 의해 수행된다. 이때 최고경영자의 역할은 인수 합병에 있어서 현안으로 대두된 가장 이슈가 되거나 필요성이 절감되는 사항에 집중하여 검토하고 분석하도록 실사 담당자에게 요구하는 것이다. 예를 들면 대상회사가 가지고 있는 기술의 확보가 가장 큰 목적이라면 그 기술이 실제로 그럴만한 가치가 있는지, 그 기술이 시장에서 상용화될 가능성이 얼마나 되는지, 핵심적인 인력이 이탈된 경우에도 그 기술은 유효한지 등 문제가 될 만한 것들을 소상히 검토하도록 요청하는 것이다. 이러한 사항에 대해서는 가계약서의 '진술과 보장' 조항을 이용하여 매수자 측은 매도자 측에 다양한 질문과 가능성에 대한 의문을 제기하고 매도자 측의 진술과 그 진술내용의 보장을 통해 기업가치를 분석하는 데 필요한 중대한 정보를 얻을 수 있다. 나머지 문제는 각각 그 분야의 전문가에게 맡기는 것이 좋을 것이다.

가. 일반적인 수행업무

정밀실사는 수행하는 업무의 내용에 따라 여러 가지로 구분할 수 있으며, 통상적으로 다음과 같이 구분하여 수행할 수 있다.

① 회사일반
② 정부 인·허가 및 규제 관련 사항
③ 재무회계
④ 재고자산/유형자산
⑤ 활동과 관련된 중요한 계약
⑥ 대외투자에 관한 내역
⑦ 인적자원에 관한 사항
⑧ 지적재산권
⑨ 소송·중재 및 행정처벌 등에 관한 사항
⑩ 보험
⑪ 조세
⑫ 환경관리

나. 특별 수행업무

의사결정권자인 최고경영자는 정밀실사에서 특별히 검토를 요구한 사항이 있을 것이다. 어떻게 보면 인수 대상회사가 가지고 있는 어떤 메리트를 보고 최고경영자가 인수를 검토하였을 것이므로, 정밀실사팀은 그것에 집중해서 분석하여야 한다. 그런 인수 포인트는 M&A 대상회사마다 다르지만 예를 들면 A&D에서는 기술이 가장 중요한 요소가 될 것이고, 신시장으로 진출하기 위해서는 사업모델이 될 것이며, 전통적인 M&A에서는 시장지배력의 확대가 가장 중요한 포인트가 될 것이다. 또한 인수 포인트가 될 수 있는 메리트에는 아름다운 장미의 가시처럼 위험도 따를 것이므로, 그 위험도 잘 분석하여야 한다.

기술이 가장 중요한 경우에는 그 기술이 실재하는지, 대체기술은 무엇인지, 경쟁하는 기술과의 차이는 무엇인지, 시장에서 상용화가 가능한지 등이 검토의 대상이 될 것이다. 또한 위험으로는 막대한 기술료를 지불하였으나 기술이 상용화되지 못했을 경우 입게 되는 손실이 얼마인지, 기술의 라이프 사이클이 짧아져 사업비를 회수하지도 못하고 사라질 위험은 있는지 등이 될 것이다.

사업모델도 마찬가지이다. 사업모델이 시장에서 상용화될 수 있는지, 상용화되더라도 얼마나 영향을 미칠 수 있는지, 경쟁기업에 비해 선점효과는 있는지 등 다양한 각도에서 검토하여야 한다. 위버택시나 에어비앤비처럼 시장가능성이 무한히 클 수 있는 사업모델인지 아니면 조금 유행하다 곧 사라질 것인지 꼼꼼하게 검토하여야 한다.

전통적인 M&A에서 시장지배력을 확대하고 유지하기 위하여 M&A

를 할 때 인수한 회사가 시너지효과를 낼 수 있는지, 시장지배력을 확대할 수 있는지 등에 대한 분석도 심도 있게 진행되어야 한다. 예를 들면 PC시대의 사회관계망 분야의 총아였던 싸이월드가 시너지효과를 얻기 위해 검색회사 엠파스를 인수하였으나 모바일시대로 넘어오면서 SNS에서는 다음카카오의 카톡에 밀리고, 검색에는 네이버에 밀려 아무런 시너지효과도 얻지 못하고 실패해버린 것은 검색으로 인한 시너지보다, PC에서 모바일로 넘어가는 트렌드에 적응하지 못했기 때문이다.

건설회사의 경우에는 향후 회사가 부담하게 될 소지가 있는 부외부채에 관한 것을 검토해 보아야 한다. 부외부채는 주로 매수대상회사가 맺고 있는 계약 중 현재 유효하게 진행되는 계약에서 비롯되는 경우가 많다. 특히 계약서의 목록 등을 단순히 점검하는 것이 아니라 향후에 그 계약으로 인한 회사의 잠재적인 손실과 이익 등 계약의 영향력을 세심히 살펴야 한다는 점이다. 이와 더불어 그 계약을 무효화시키거나 갱신할 수 있는지도 알아보는 것이 좋다. 예전에 효성그룹이 건설사 진흥기업를 인수한 후 하자보수와 이행계약 등에 의해 인수금액의 몇 배에 해당하는 몇 천억 원을 손해 본 것은 이러한 계약서의 영향력을 검토해 보아야 하는 타당한 이유이다.

이러한 계약에는 다음과 같은 것이 있다.

- 회사의 영업활동과 관련하여 체결된 기본계약서, 구매계약서, 판매계약서, 제품개발계약서, 서비스계약서, 광고계약서 등 구매, 판매, 공급 관련 일체 계약
- 하자보증계약서, 이행약정계약서, 타인에 대한 보증계약서 등 향후 불리한 영향을 미칠 수 있는 계약

- 회사의 사업내용을 제한할 수 있는 계약 조항(불경쟁 조항, 비밀유지조항 등)이 있는 계약
- 주식 또는 기타 자산, 사업의 취득 또는 처분에 관하여 미래에 어떤 사항이 도래되면 효력이 발생하는 계약
- 임직원 주식매입선택권(Stock option)을 부여한 계약
- 프랜차이즈, 라이선스, 기술도입, 영업비밀 등에 관하여 체결한 계약
- 회사의 영업과 관련하여 소유 또는 사용하고 있는 특허, 상표, 의장, 상호, 저작권 등 지적재산권에 관한 계약
- 회사에 의한 또는 회사에 대한 지적재산권의 소유, 사용, 침해 등에 대한 진행 중 또는 예상되는 클레임에 대한 목록과 내역

2 M&A 협상

M&A 진행과정에서 협상은 정밀실사로 얻은 대상기업에 대한 기본적이고 핵심적인 정보를 바탕으로 세워진 전략에 따라 계약체결을 위해 대상기업과 실질적인 거래를 위한 교섭 단계이다. 이러한 협상은 대개 우호적인 M&A에서 적용되며, 매수자와 매도자 상호 간의 의견을 조정함으로써 인수가격, 인수형태, 제반 법적문제 등이 최적화된 조건으로 거래가 성사되도록 조정하는 단계이다. 따라서 협상은 이전 단계에서 투하된 시간과 비용이 경제적 가치를 가질 수 있는지 여부를 결정짓는 중요한 단계라고 할 수 있다. 이러한 협상은 전문가들로 구성된 협상팀에서 세부사항과 법적 절차 등에 대한 철저한 조사가 이루어진 후 추진되어야 한다.

그러나 공개적인 M&A에서는 매각에 대한 최저가격, 가격조정의 범

위와 임직원의 승계 등 제반 조건이 정해져 있으므로 협상의 여력이 매우 좁아진다는 점에 유의하여야 한다.

가. 협상팀의 구성과 협상준비

M&A 전략을 수립하는 데 중요한 3가지 요소는 자금조달능력과 유능한 인적 네트워크 그리고 협상전문가라고 한다.[35] 그만큼 M&A에서는 상대방을 설득하고 포섭할 수 있는 실력을 갖춘 사람이다. 사람들은 각기 특성을 지니고 있으므로, 협상에서는 이러한 특성을 적절히 파악하여 활용하는 지혜가 필요하다. 이는 상대방에 대한 분석뿐 아니라 자신의 협상 당사자를 선정하는 데도 매우 필요한 것이다. 최고경영자는 협상팀을 구성할 때 외부 전문가에게 의뢰하거나 내부 전문가를 내세울 수 있으나, 협상팀에는 탁월한 협상전문가가 포함되도록 하여야 한다.

협상팀은 정보수집 단계에서 협상 상대방에 대한 인물정보, 대상업체에 대한 기업정보, 증권시장 등에서의 풍문, 업종에 대한 산업정보 등 관련된 정보를 가능한 많이 수집하여 협상에서 이를 이용할 수 있도록 협상대표에게 보고하고 주지시켜야 한다.

무엇보다도 상대방의 정확한 의사를 파악하여 실제 협상에서 발생할 수 있는 다양한 시나리오 전개에 유연하게 대응함으로써 의견충돌을 최소화할 필요가 있다. M&A와 관련된 커뮤니케이션, 관련 정보에 대한 보안유지는 최종 성공 여부에 이르기까지 중대한 영향을 미칠 수 있다. 예상치 못한 경쟁자의 등장이나 주식시장의 부정적인 반응 등에 대한 방지를 위해 철저한 보안은 협상 진행에 있어서 중요한 요소이다. 또한,

35) 성보경, 『M&A병법 36계』, 매일경제신문사(2013), p.387

협상에서 유리한 고지를 선점하기 위한 치밀한 사전 대안의 준비는 상대방을 설득시키는데 영향을 미친다.

나. 협상전략

각 기업은 고유한 기업문화로 이루어진 유기체적인 공동체라고 할 수 있다. 그러므로 기업이라는 상품의 거래를 위한 효율적인 협상전략은 매우 중요하며, 거래의 조건과 성사 여부는 효율적인 전략에 의한 교섭과 협상능력에 따라 결정된다. 협상은 서로 다른 이해관계자들이 특정한 이슈에 대한 합의점에 도달하는 과정이다. 따라서 협상은 합의점에 도달하지 못한 이슈 가운데 가장 합의에 도달하기 쉬운 부분부터 우선적으로 접근하여야 한다. 협상과 관련된 주장은 가능한 논리적이고 합리적이어야 하며, 이 시점에서 상식을 벗어난 터무니없는 요구조건은 협상 상대방에게 좌절감과 불쾌감을 불러 일으켜 별다른 진척 없이 논의를 종결시키는 결과를 초래할 수도 있기 때문에 상대방의 신뢰를 확보하기 위한 객관적인 노력을 기울일 필요가 있다.

3 본 계약체결

교섭과 협상이 완전히 끝나면 인수의향서에 합의된 내용을 정밀실사 결과에 따라 재조정하고 인수가격을 확정한 다음 거래의 쌍방은 계약서를 작성・날인하게 된다.

M&A는 기업의 지배권인 경영권의 거래를 의미한다. 주식매매 계약을 통해 대주주 지분에 해당하는 주식을 취득하여 대주주가 되면 이사회를 장악하여 경영권을 확보하게 된다. 이러한 M&A의 대부분 절차 및

최종 결과는 결국 계약서에 의해서 확정된다. 따라서 계약체결의 중요성은 M&A 실무에서 가장 중요한 부분이며, M&A의 실패는 계약서 작성과 이에 따른 계약체결에서 판가름이 나게 된다.

기업의 경영권을 확보하거나 매각을 하는 인수합병 거래는 거래의 절차가 복잡하고 시간이 많이 걸리기 때문에, 절차에 따라 당사자 간 서면에 의한 합의사항과 메모 또는 구두형식으로 합의한 사항들을 단계별로 문서화하는 것이 필요하다. 대상기업의 경영권 획득을 위한 M&A의 최종적 조건협상이 마무리되었다면, 단계별로 문서화한 내용을 반영하여 지체 없이 본 계약을 위한 계약서를 작성한다.

M&A 본 계약에 따라 거래대금을 지급하며, 거래당사자는 주식양수도와 관련하여 각자에 해당하는 세무신고를 마무리함으로써 M&A의 모든 과정은 종결된다.

일반적으로 계약서에는 다음의 사항이 포함되어야 한다.

가. 서론(Introduction)

일반적으로 계약서에 쌍방의 의사를 서술하는데 사용되는 형식으로 거래의 목적, 계약서에서 사용되는 용어의 해설 등을 기재하여 향후 분쟁이 발생할 경우 중요하게 사용된다.

나. 가격과 양도방법(Price and Mechanic of the Transfer)

이 항목에서는 주식양도, 자산양도, 혹은 합병 등으로 거래구조를 정의하고 M&A 대상기업의 자산을 인수자에게 양도하는 방법을 기재하고, 인수자의 거래대금 예약의 필요성 혹은 인수자의 거래종결 이행보장을 언급하게 된다.

다. 진술과 보장(Representation & Warranties)

진술과 보장 항목은 M&A 계약에서 대상기업을 인수하고자 하는 매수희망자는 매도자에게 다양한 질문을 하고 매수자는 그 질문에 대한 진술과 그 진술의 내용에 대한 보장을 요구하는 것을 계약서에 명문화하는 것이다.

M&A 계약에서 이러한 조항에 의하여 매수자는 매도 주체를 통해 대상 기업에 대한 필요한 정보를 사전에 취득할 수 있는 많은 기회를 가질 수 있다. 매수자가 대상 기업에서 발생할 수 있는 다양한 분야의 가능성을 질문하고 그 과정에서 얻은 내용을 계약서 조항으로 삽입하면 매도자가 진술과 보장 내용에 대한 법적 책임 및 배상책임으로 인하여 사전에 정확한 답변을 해야 하는 부담감을 갖게 된다.

매수자는 다양한 진술과 보장에 관한 목록을 활용하여 정밀실사 및 협상을 진행할 수 있게 되어 M&A 거래가 원활하게 진행될 수 있으며, 거래에 대한 신뢰도를 높일 수 있다. 이러한 조항은 M&A 계약을 체결한 후에 사전에 공지되지 않았던 사실이 발견되거나 새로운 상황이 발생할 가능성이 인지되는 경우, 또는 M&A 거래를 더 이상 진행할 수 없는 상황이 초래되었을 경우에 계약서의 진술과 보장에 조항이 세밀하게 작성되어 있다면 매수자는 이를 근거로 M&A 거래 중단에 대한 분쟁을 최소화할 수 있다.

하지만 M&A 계약서에 삽입되어 있는 진술과 보장에 대한 조항 중 새롭게 발견된 사항이나 발생 가능성에 대한 조항이 누락되어 있다면 매수자는 불리한 사실이 발견되더라도 매도자의 그 상황이 고의나 사기 등 중대한 사항에 해당하지 않는 한 매도자 측에서 제기하는 계약의 이행을 거부하기 어렵게 된다. 때문에 M&A 거래의 대상이 되는 기업의 과거 현황 및 미래 발생 가능성에 대하여 매도자의 진술과 보장에 대한 내용을 구체화시키고 책임 소재를 명확하게 규정하는 작업은 매수자의 탁월한 M&A 능력에 달려 있다.[36)]

또한 M&A 계약서에 게재된 진술과 보장에 대한 내용이 사실과 다르거나 거짓이 증명되는 경우에는 거래의 과정이나 종료 후에도 매수자는 매도자에 대하여 그 조항에 따라 손해 보상 또는 손해에 대한 배상을 청구할 수 있다.

여기에 들어가는 항목을 예시하면 다음과 같다.

(1) 양도대상이 되는 기업의 법적 지위 및 기타 사항이 인수에 의해 회사 정관 및 관련규정이 공정거래법, 자본시장법, 상법 등에 거래의 여부

(2) 대상기업의 자본계정, 자산, 계열회사에 대한 내용설명과 저당권으로 인한 자산의 계류상태

(3) 회사 재무상태가 일반적으로 인정되는 회계기준에 따라서 작성되었는지의 여부 및 부외부채 존재 여부, 알려지지 않은 거래, 급격한 거래변동 소지가 있는지 여부 등

(4) 세금납부 상태, 계류 중인 소송이나 정부기관으로부터의 시정명령 접수 여부

---

36) 성보경, 『M&A병법 36계』, 매일경제신문사(2013), p.182

(5) 종업원과의 노사협약 등 노사관계
(6) 자산의 등기상태, 회사가 체결한 계약, 보험가입 여부, 재고현황, 특허권 및 상표권 등의 유효성

라. 서약(Covenants)

이 약정조항은 통상 계약체결 시로부터 계약종결(closing)까지의 기간 내에서 특정의 작위 또는 부작위를 약속하는 것을 내용으로 하며, 보증(warranties)이 보통 과거나 현재의 사실을 대상으로 하는데 비해 서약은 미래의 행위를 대상으로 한다.

그러므로 대상행위는 계약종결까지의 행위가 대부분이나 때로는 계약종결 이후의 행위(겸업금지)인 경우도 있다. 특히 서약조항은 주로 매도회사의 행위를 대상으로 하지만, 매수자 측의 행위를 대상으로 하는 경우도 있다.

마. 종결조건(condition)

이 조항에는 그것이 실현되지 않으면 당사자가 배상책임을 부담하지 않고 계약종결을 거부할 수 있는 사유를 기재한다. 조건사항에는 보장조항이 계약종결 시점에서 이루어진 것과 마찬가지로 보장사실이 계약종결 시점 현재에도 진실하며, 약정사항이 계약종결 시점까지 모두 이행될 것 등이 기재되는 것이 보통이다.

이 경우 조건으로 명시되지 않았을 경우에도 보장사항이 허위로 드러나거나 약정사항을 불이행한 때에는 계약법의 일반 원칙상 상대방이 계약을 해제할 수도 있을 것이다. 그러나 계약을 해제할 수 있는 것은 계약의 불이행이 중대한 경우에 한하여야 할 것이다.

바. 손해배상(indemnifications)

이 손해배상 조항은 계약종결 이후에 보장사항이나 약정사항의 위반에 대한 손해배상 책임을 규정하는 조항이다. 물론 손해배상 조항이 없더라도 보장조항이나 약정사항의 위반이 있었을 때에는, 매수자는 계약법에 따라 매도자 측에 손해배상을 청구할 수 있다.

사. 해약절차와 구제책(Termination Procedures & Remedies)

M&A 거래 당사자 중 일방이 거래를 해약할 수 있는 경우와 그 해약의 결과에 대해서 이 항목에서 기술하게 된다. 통상 명기된 날짜에 종결을 달성하지 못하고, 일방의 행위 또는 불이행으로 인해서 계약이 완결되지 못한다면 상대방은 계약을 해약함과 더불어 계약 위반을 이유로 상대방에게 손해배상을 청구할 수 있게 된다.

한편, 구제책은 계약 위반으로 인한 손해배상 청구와 특별구제책이 있다. 즉, 특별구제책은 손해배상청구권을 갖게 되는 일방이 즉시 활용할 수 있는 조치를 취하는 것이다.

아. 기타 법률관계(Legal Miscellany)

M&A 계약서의 해석지침과 이로 인해 발생하는 의무를 다루는 것으로, 비록 이런 규정을 계약과정에서 협상하지 않았다 하더라도 종종 몇 개의 조항은 쌍방에게 유용한 권리를 제공하기도 하는 것이다.

대금지급

M&A의 거래에 따른 모든 대내외 절차가 완료되어 계약의 효력이 발생하면 대금을 지급하게 된다. 인수자는 계약조건에 따라 대금지급의 방법, 형태 및 일정 등의 의무를 이행하면 된다. 즉, 인수자의 대금의 지급이 완료되면 M&A의 거래는 성공적으로 종결된다. 거래대금의 지급은 보통 현금에 의한 지급, 채무증서에 의한 지급, 주식에 의한 지급, 연계 방식에 의한 지급이 있다.

M&A의 대금지급 시기는 본 계약서에 거래 상대방이 합의한 일정에 따라 지급된다. 가장 간단하고 일반적인 방법은 거래 종결일에 대금을 지급하는 방법이며, 본 계약 체결일에 일정 부분을 지급하고, 종결일에 잔금을 지급하는 방법이 국내에서 흔히 행해지는 방법이다.

5 종결(closing)

M&A의 최종절차는 인수대금의 지급완료와 함께 매수대상인 자산 또는 영업권, 주식을 매수자에게 이전하는 절차이다. 이 경우 대체로 매도자와 매수자의 자문기관으로 참여한 변호사 및 중개기관 등 관련자들이 대부분 참가한 가운데 필요한 서류들을 교환하는 것으로 이루어진다. 종결은 M&A 절차의 종결인 동시에 그에 따른 금융문제의 종결을 의미한다. 그러나 계약 당사자 간 선정한 특정의 Escrow Agent에 의해 수행되는 Escrow Closing도 있다.

이러한 경우에는 거래 완결을 위한 필요조건이 충족되지 않은 상태로 종결될 수 있으므로 Escrow Agreement를 명확히 설정할 필요가 있다. 또한, 이행되지 않은 조건이 치명적으로 중요할 때는 종결하지 않는 것이 바람직한 일이다. 종결 시 수반해야 할 사항으로는 최종서류의 확인 및 확정, 이사회의 승인, 인·허가의 완료, 주식의 양도, 합병 승인, 거래대금의 지급이 있다.

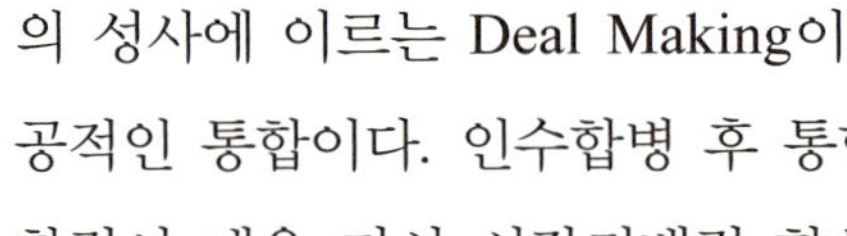

제4절

사후관리(PMI)

기업을 인수한 후 사후관리(PMI: Post Merger Integration)를 크게 두 가지로 나눌 수 있다. 하나는 물리적으로 합병하여 하나의 실체로 통합하는 것이고, 다른 하나는 자회사처럼 독립적으로 운영하게 하는 것이다. 인수 후 합병할 것인지 또는 독립적으로 운영할 것인지의 여부는 어떻게 하면 M&A에서 의도했던 주주가치 창출이나 경영성과의 향상과 같은 시너지효과를 낼 수 있는지에 달려 있다.

합병으로 시너지효과를 낼 수 있는 경우는 대체로 M&A가 수평적으로 이루어져 시장지배력의 확대를 목적으로 한 경우이다. 그러나 이러한 경우에도 단지 물리적으로 합병했다고 해서 합병기업이 시너지효과를 누릴 수 있는 것은 아니고, PMI를 성공적으로 완성했을 때 비로소 진정한 인수 합병의 성공이 가능하다.

M&A에서 성공하는 데는 두 단계가 있는데, 하나는 M&A 계약 자체의 성사에 이르는 Deal Making이고, 다른 하나는 기업 인수합병 후 성공적인 통합이다. 인수합병 후 통합은 그 복잡함이나 조직에 미치는 영향력이 매우 커서 시장지배력 향상과 같은 조직의 성과에 직접적인 영향을 미친다.

통합에 문제가 발생하면 인수합병을 단행한다고 해서 반드시 합병기업이 의도했던 주주가치 창출이나 경영성과의 향상과 같은 시너지효과를 누리지는 못한다. 바로 이런 점에서 PMI에 대한 최고경영진의 관심은 높아질 수밖에 없다.

PMI란 이와 같이 인수합병 이후 예상되는 조직의 변화 관리에 초점을 맞추는 것이다.

기업 통합의 성공을 위한 PMI 준비는 계약체결 이전부터 이루어져야 한다. M&A 두 번째 단계의 실패 원인은 많은 기업들이 인수합병 후에서야 비로소 조직 통합을 고려하는 데서 찾을 수 있다. PMI에는 조직의 변화 관리, 다양한 심리 문제, 문화 차이의 극복 등 수많은 난관이 도사리고 있어 문제가 발생한 후에 수동적으로 대처하는 접근 방식으로는 온전한 해답을 찾기가 어렵다.

PMI 일반원칙

성공적인 PMI를 위한 몇 가지 일반적인 원칙을 살펴보면 다음과 같다.

첫째는 자신감을 심어주는 것이다. 인수자가 피인수기업의 임직원에게 자신감을 심어주는 것이 무엇보다 중요하다. 자신감은 미래에 대한 비전을 제시함으로써 강화될 수 있으므로, 초창기에 사업의 미래에 대한 비전을 제시하여야 한다.

이러한 비전을 제시함으로써 핵심적인 인재가 회사를 떠나는 일을 방지할 수 있다. 과거 삼성테크윈을 인수한 한화가 한화테크윈으로 상호를 변경하고 비전선포식을 거행하는 것도 자신감을 심어주기 위한 PMI의 일환이다.

둘째는 조직의 안정이다. 합병 초기 조직의 혼선과 갈등을 정리하고 치유하기 위해서는 강력한 추진력과 합리적인 리더십이 요구된다. 피인수기업의 임직원 입장에서 새로운 경영자가 합리적인 리더십을 발휘하면 조직에 대한 믿음이 생기고, 조직이 빨리 안정화될 것이다.

셋째는 소통이다. 합리적인 경영자가 배치되어 임직원과 끊임없이 소통하여야 한다. 이러한 소통은 임직원에게 자신감을 줄 수 있고, 소통을 통해 임직원 개개인의 재능과 특징을 알 수 있으므로 조직의 안정에도 기여할 수 있다. 또한 새로운 경영자는 인수 전에 여러 가지 면에서 정보를 수집하고 검토하였다 하더라도 새로운 조직에 대하여는 정보의 비대칭이 있을 수 있으므로 내부 깊숙이 파묻혀 있는 암적인 존재를 모를 수 있다. 경영자는 기존의 임직원과 소통을 통해 인수한 조직의 내부 깊숙한 곳까지 샅샅이 알고 있어야 조직을 합리적으로 이끌 수 있을 것이다.

넷째는 기업문화의 차이 극복이다. 기업문화는 오랜 시간 동안 형성되었기 때문에 기업문화에 대한 단기적인 접근방법은 기존가치를 파괴할 수 있다. 따라서 한쪽 문화를 다른 쪽으로 점진적으로 이식시키거나, 양쪽 문화를 유지하면서 점진적 통합이나 복합적인 문화를 창조하는 방법을 고려해야 한다. 또는 새로운 정체성을 확립하기 위해 비전을 가진 리더십과 커뮤니케이션 같은 행동과학적인 방법으로 임직원을 교육시키는 것도 중요하다.

다섯째는 모니터링에 의한 관리이다. 합병 후 결제과정은 신속하게 이루어지는지, 합병 직원 간의 갈등은 감소하는지, 피합병회사 직원이 합병법인의 문화에 잘 적응하는지, 업무나 기술 공유는 잘 되어 가는지 지속적으로 모니터링해서 문제점이 발견되면 즉각 개선하도록 관리하는 것이 중요하다.

2 인수 후 합병관리

두 기업 간의 결합은 쌍방에 급격한 변화와 마찰, 동요를 가져오기도 한다. 회사는 합병을 통해 법적으로는 하나의 기업이 되겠지만, 조직 구성원들은 서로 다른 조직의 틀에서 지내왔기 때문에 업무방식이나 기업문화 등 여러 면이 서로 달라 내부적으로는 아직 별개의 조직으로 갈라져 있다고 할 수 있다. 이와 같은 문제들을 해결하기 위해서는 조직 구성원들을 구분하는 기준이 되는 기업문화, 업무방식, 조직구조, 변화에 대한 수용능력 등을 하나로 묶는 조정 과정을 반드시 거쳐야 한다. 이러한 과정을 사후관리라 할 수 있다.

가. 사후관리팀 구성

사후관리팀은 인수합병 후 운영방안을 계획하고 새로 탄생한 기업이 안정화될 때까지의 일련의 과정을 수행하게 된다. 사후관리팀은 실무경험이 풍부하면서 전문 지식을 갖춘 조직을 장악할 수 있는 능력이 있는 사람들로 구성한다. 합병 후 발생할 수 있는 문제에 대한 체크리스트를 만들어 일정 기간 동안 모니터링한 결과를 분석하고 해석하여 문제점이 발견되면 바로 해결할 수 있는 방안을 제시하고, 최고경영자에게 보고한다. 목적된 업무를 완수하게 되면 해체하고 본연의 부서로 제각기 복귀함으로써 그 기능을 완수하게 된다.

나. 공유비전의 제시

조직의 안정은 합병 후 매우 중요한 과정이므로 조직의 안정과 구성원 간의 통합을 위해서 최고경영자는 공유비전을 제시할 필요가 있다. 공유비전은 두 조직이 실질적으로 결합하는 데 필요한 미래에 대한 방향을 제시하는 것이므로, 이를 통해 구성원들은 조직의 미래상을 분명히 깨달으면서 미래의 꿈을 공유할 수 있기 때문이다. 또한 공유비전은 구성원과 고객, 주주 등 이해 당사자들에게 새로운 행동 양식과 실행이 필요함을 일깨워 주고, 매일매일 벌어지는 의사결정 과정에 지침이 되기도 한다.

공유비전에는 통합 기업이 M&A의 이득과 목표를 달성하기 위해 제품의 품질과 가격, 서비스, 유통 체계를 어떻게 결합해야 자기 업종에서 다른 기업과 차별화된 기업이 될 수 있는가 하는 가치 제시와 다른 기업보다 월등한 성과를 내기 위해 회사가 반드시 갖추어야 하는 필수 기술과 지식, 경험 등 차별화된 역량이 무엇인지 등을 담고 있어야 한다. 이러한 공유비전은 기업이 설정하고 있는 경영이념을 기초로 회사가 도달할 수 있는 최대한의 모습과 목표를 설정하고, 그에 도달하기 위한 시나리오, 방침 그리고 행동규범을 설정하는 전략적 비전으로 나갈 수 있는 것이어야 한다. 이러한 일련의 과정으로 새로 인수한 회사의 경우 공유비전 선포식 같은 것을 개최하기도 한다.

다. 프로세스 재구축

프로세스란 특정한 목적을 달성하기 위해 구성된 일련의 행위들을 말한다. 따라서 합병 후에는 경영전략방침 및 목표의 달성을 위해 합병법인에 맞는 프로세스를 검토하고, 필요하면 프로세스를 재구축해야 한다. 새로운 조직에 적응하기 위해서는 업무방식(Process)을 파악하고, 빠른 시일 내에 공유될 수 있도록 하여야 한다. 이러한 일련의 행위는 통합기업의 경쟁력 강화와 비전의 달성에 필요하므로, 불필요하거나 중복되는 부분을 없애나가면서 조직의 수직적 분화와 수평적 분화를 통하여 결합된 조직을 효율적으로 운영하기 위한 방안을 설계하여 조직원에게 제시하여야 한다.

라. 업무통합 계획

업무통합이란 불필요한 업무단계의 폐지, 유사업무의 통합, 처리절차의 간소화 등을 총칭한다. 먼저 두 회사의 프로세스와 사업부문 기능을 통합하기 위한 방안으로 기존 자료의 정비 및 업무절차 개선방안, 관련 정보시스템의 연계통합 방안, 서비스 체계 구축 방안 등 경영정보 일원화를 위한 마스터플랜이 수립되어야 한다. 이를 위해서는 상세한 점검표가 필수적이며, 결정적인 성공 요소와 실패 요소가 무엇인지 정리한다. 또 최악의 상황을 고려한 비상계획도 담아야 하며, 의사소통과 보고를 원활하게 하기 위한 요구 조건들도 정리하고 이런 모든 사항을 뒷받침하기 위한 재무결과를 예측해 보아야 한다.

마. 인적자원통합관리 시스템 구축

새로 만든 업무 프로세스와 업무통합을 성공적으로 정착시키기 위해서는 조직의 인력에 대한 관리 방법 또한 적절하게 바꾸어야 한다. 피합병법인과 합병법인의 인적자원관리 시스템을 비교하여 보다 선진화된 시스템이 있다면 피합병법인이나 합병법인을 막론하고 이를 개선하는 방식으로 이루어져야 한다. 물론 이때는 전반적으로 조직의 규모나 인력 등을 감안하여 규모나 인력이 큰 회사를 중심으로 시스템을 개선하는 것이 새로운 시스템을 적용하고 또한 구성원이 적응하는 데 편리할 것이다.

인적자원관리의 통합은 조직 구성원들이 내·외부 환경변화에 자발적으로 대응하면서 조직 목적 달성에 적극적으로 기여하면 조직 발전과 함께 개인의 만족과 성취를 동시에 달성케 할 수 있도록 체계화시켜야 한다.

인적자원관리는 시스템적 관점에서 기업의 생산성 및 구성원 만족을 동시에 달성하는 것을 목표로 인적자원을 관리하는 일련의 프로세스이며, 물적자원과 인적자원을 투입하고 양자의 결합을 통해 조직목표 달성 및 구성원의 만족을 꾀하고자 하는 체계적 시스템이다. 따라서 M&A 후 통합된 인적자원관리 시스템 구축은 이질적인 구성원의 통합관리이므로 보다 면밀히 설계되어야 할 것이다.

바. 통합 조직구조 구축

기존 조직의 역량, 조직구조 특성 간의 상호관계가 M&A 후에 미치는 영향을 파악하는 것은 매우 중요한 일이다. 새로운 조직으로 거듭나서 완벽한 통합화를 이루기 위한 단계로서 향후 조직구조에 대한 청사진을 만들고 제시된 통합된 조직구조를 지원하기 위해 지원기술을 연결하는 작업이 필요하다. 조직에 통합화 구조를 일시에 적용하는 것은 그에 따른 위험이 크기 때문에 일반적으로 몇 개의 사업부문 또는 하위조직 기능에 먼저 시범적으로 적용해 보는 것도 좋은 방법이 될 수 있다. 이 시범 적용을 통해서 통합화 구조가 각 업무방식과 수용 능력 그리고 기능적인 측면을 어떻게 효율적으로 지원하는지 알 수 있으며, 그렇지 못할 경우 어느 부분에서 통합화 구조가 기능의 결여 또는 지원이 불가능한지를 파악할 수 있다. 통합구조는 한번 설치하면 고정적인 구조가 아니라 기술의 변화, 시장의 재구성 또는 내부의 재무적 문제점과 같은 사항으로 변경 가능한 구조이다. 이를 위해서 기술 표준에 대한 벤치마킹, 시장의 변화 관찰과 재무적 문제점들에 대해 재조정하고 보완해야 한다.

따라서 새로운 환경에 적응이 용이한 유기적 조직구조로의 전환이 무엇보다 중요하며, 핵심역량 개발에도 관심을 가져야 한다.

사. 공유문화 창출

기업문화의 일반적인 개념은 한 조직체의 구성원들이 모두 공유하고 있는 가치관과 신념, 관습과 전통, 규정 그리고 지식과 기술 등을 포함한 종합적인 개념으로, 조직 구성원과 조직 전체의 행동에 영향을 주는 기본요소를 말한다.

따라서 공유문화는 M&A를 통해 새롭게 재편된 조직이 기업문화를 하나의 새로운 공통문화로 대체할 수 있도록 하여 결국 새로운 조직의 결속력 및 동질성 확립을 위한 필수요소가 된다. 공유 문화를 통해 구성원들 간에 공감대가 형성되어 있지 않으면 M&A에 따른 변화가 조직에 효과적으로 흡수되지 않고 오히려 파벌형성, 직원 간의 갈등증대 등으로 인하여 직원의 사기와 업무 능력이 떨어지기 쉽다. 공유문화는 기존의 조직 구성원에게 새로운 협력가능성 및 효용성을 믿게 하고, 제한사항을 제거함으로써 정착될 수 있다.

❸ 인수 후 독자경영

기업을 인수 후 합병할 것인지 또는 독립적으로 경영할 것인지를 결정하는 것은 최고경영자의 몫이다. 각 기업은 기업을 경영하는 최고경영자의 색깔에 따라 각자 다른 문화를 가지게 되고, 그 문화에 익숙하고 친숙한 구성원만이 그 기업에서 오래 일할 수 있기 때문에 그 구성원은 각 기업문화에 적응되어 있다고 할 수 있다. 그런데 전혀 다른 성격의 최고경영자가 이미 형성된 문화를 뒤섞어 놓으면 두 문화가 충돌하여 갈등을 일으키거나, 갈등이 완화된다고 해도 뚜렷한 정체성이 없는 회사가 되어 시장에서 개성 있는 회사로 평가받지 못할 것이다.

이처럼 물리적인 통합이 화학적인 통합이 될 수 없는 경우에 해당하거나 각 회사의 정체성을 살리는 것이 각 기업가치를 올리는 방안이라면 인수기업을 독자 경영하는 것이 좋을 것이다.

가. 통합이 완전한 통합이 될 수 없는 경우

인수한 회사가 시장지배력을 확대하기 위한 것이라도 지리적으로 멀리 떨어져 있어 통합이 어려운 경우가 있다. 예를 들면 두산그룹은 미국의 중장비 회사 밥캣(Bobcat)을 인수하였으나, 같은 업종인 두산인프라코어와 별개로 운영하고 있다.

인수한 회사가 조직이나 인적자원 측면에서 합병을 할 경우 오히려 피합병회사에 지배될 수 있는 경우도 양 회사를 독자적으로 운영하는 것이 좋다.

소규모 회사가 대규모 회사를 인수한 경우 대규모 회사의 임직원의 능력과 자질이 우수한 경우 인수한 측의 임직원과 피인수한 측의 임직원 간 갈등이 증폭될 가능성이 높다. 이러한 경우 차라리 양 회사를 독자적으로 운영하는 것이 더 효과적일 것이다.

나. 각 회사의 정체성을 살리기 위한 경우

각 회사의 고유가치를 살리기 위해 독립 경영하는 경우가 A&D에는 매우 많다. 과거 다음카카오는 '김기사'라는 브랜드를 가진 록앤올주식회사를 인수하였으나, 다음카카오에 합병하지 않고 독자적으로 운영하기로 하였다. 또한 인스타그램을 인수한 페이스북과 유튜브를 인수한 구글도 모두 각 회사를 독자적으로 운영하기로 하여 그 회사에 있는 독자적인 브랜드와 가치를 더 배가하여 인수자의 가치를 높이는 전략을 사용하고 있다.

제 8 장

합병과 분할절차

제1절 합병의 실행

제2절 합병준비절차

제3절 합병관련 세무

제4절 분할

제1절

합병의 실행

M&A에 의하여 기업의 지배권을 확보하였다면 이제는 어떻게 운영할 것인가의 문제가 남게 된다. 그중 하나는 독자적인 경영을 하는 경우이고, 다른 하나는 합병에 의하여 하나의 회사로 운영하는 경우이다. 한화그룹이 삼성종합화학과 삼성테크윈, 롯데그룹이 삼성정밀화학 등을 인수하였으나 그룹 계열사를 표시하는 상호만 변경하고 독자 경영하는 것처럼 요사이는 인수하여도 합병보다는 독자적 운영에 맡기는 것이 일반적이다. 오히려 M&A에 의한 경영권 인수를 위한 합병보다는 계열사 통·폐합, 즉 구조조정 차원에서 부실기업정리 수단이나 경영권 강화 등의 수단으로 합병을 이용하고 있다. 예를 들어, 삼성물산과 제일모직의 합병은 경영의 합리화라는 목적 외에도 경영권 승계와 강화 측면에서 계열사끼리 이루어진 것이다.

1 기업합병의 의의

합병이란 두 개 이상의 회사가 계약에 의하여 한 회사로 합체되는 것으로서 당사자인 회사의 일부 또는 전부가 해산하고 그 재산은 청산절차를 거치지 않고 포괄적으로 존속회사 또는 신설회사로 이전되며, 해산회사의 주주에게 존속회사 또는 신설회사의 주식을 부여하는 것을 말한다.

최근 우리나라에서는 합병이 증가하는 추세를 보이고 있는데, 이는 독점규제법이나 세법 등에 따른 소위 일감몰아주기에 대한 규제를 피하고 조세를 절감하기 위한 목적에서 일어난 현상이라 할 수 있다.

합병은 수개의 합병당사회사 중 한 개의 회사만이 존속하고 나머지 회사는 모두 소멸하며 존속회사가 소멸회사의 권리·의무를 포괄적으로 승계하는 '흡수합병'과 합병당사회사가 전부 소멸하고 신설된 회사가 소멸회사의 권리의무를 포괄적으로 승계하는 '신설합병'으로 구분된다(상법 제235조, 제530조).

합병은 규모와 범위의 경제를 실현하기 위한 것이고, 분할은 규모와 범위의 비경제를 제거하기 위한 것이라 할 수 있다.

2 합병에 있어서 중점 고려 사항

가. 비상장법인 간의 합병

첫째는 합병비율 평가가 핵심이다. 특수관계가 있는 법인끼리 합병할 경우에는 상증법에 따른 각 회사의 주식평가의 결과에 따라 합병비율이 결정되기 때문에 의사결정이 쉽지만, 특수관계가 없는 법인끼리 합병할 경우에는 상호협상에 의하여 비율을 결정하여야 하므로 합병비율에 따른 이견이 노출될 수 있기 때문이다.

둘째는 세무상의 리스크 회피가 중요하다. 세법상 비상장회사의 평가는 상증법상의 비상장회사의 평가방법에 의한 것만 인정된다. 따라서 상증법에 의한 평가금액이 아닌 다른 방식으로 평가한 금액을 기준으로 합병비율을 결정했을 때 그 정도가 상증법에서 인정되는 범위를 벗어나는 경우 증여세가 과세되거나(특수관계가 없는 법인 간), 법인세법상 부당행위계산부인(특수관계가 있는 법인 간)이 적용되어 세금을 추징당할 수 있다는 점을 염두에 두어야 한다.

나. 주권상장법인 포함된 합병

첫째, 주권상장법인이 포함된 합병의 경우는 소액주주를 보호할 목적으로 증권신고서 및 주요사항보고서 제출이 의무화되어 있는 등 「자본시장과 금융투자업에 관한 법률」에 의거 감독기관이 관여하게 된다. 이에 따라 합병비율은 자본시장법과 '증권의 발행 및 공시 등에 관한 규정'에 따라 주권상장법인은 기준주가에 의해, 그리고 비상장법인은 외부평가기관에 의해 본질가치 또는 상대가치에 의해 결정되어야 한다.

둘째, 주권상장법인이 포함된 합병의 경우는 주식매수청구권의 행사여부 및 그 규모가 합병의 성패를 결정하는 수가 있다. 과거 삼성중공업(주)과 삼성엔지니어링주식회사의 합병 실패는 대표적인 사례이다.

제2절
합병준비절차

합병준비절차 중 비상장 회사 간 합병의 경우에는 회사 내 회계팀이 합병에 대한 경험이 있는 변호사의 도움을 받아 처리할 수 있으나, 주권상장법인이 합병에 포함되는 경우에는 투자자 보호를 위한 여러 서류를 작성하여 금융감독원(또는 금융위원회)에 제출하여야 하므로 인수업무를 하는 증권회사의 도움을 받는 것이 좋다.

생소한 용어와 까다로운 서식 등으로 인해 이러한 업무를 상시적으로 하지 않는 사람은 서류 작성에 실수할 가능성이 크다. 그럴 경우 재작성 등의 명령이 떨어질 수 있어 시간이 지체될 경우 합병에 지장을 초래할 수 있기 때문이다.

 합병절차 Flow Chart

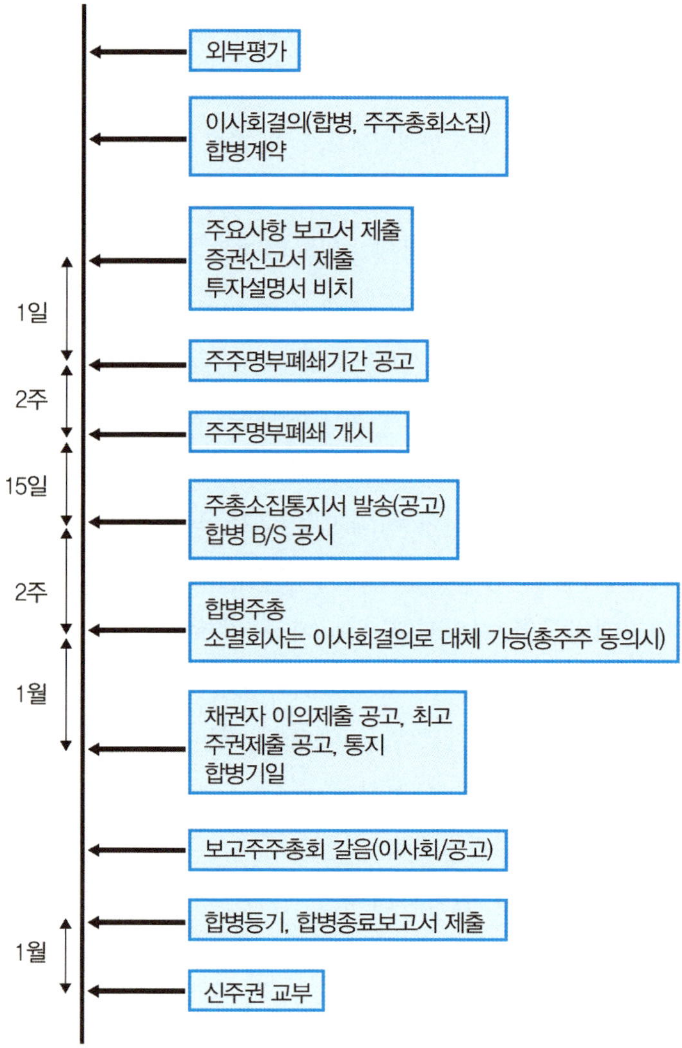

외부평가

이사회결의(합병, 주주총회소집)
합병계약

주요사항 보고서 제출
증권신고서 제출
투자설명서 비치

1일

주주명부폐쇄기간 공고

2주

주주명부폐쇄 개시

15일

주총소집통지서 발송(공고)
합병 B/S 공시

2주

합병주총
소멸회사는 이사회결의로 대체 가능(총주주 동의시)

1월

채권자 이의제출 공고, 최고
주권제출 공고, 통지
합병기일

보고주주총회 갈음(이사회/공고)

합병등기, 합병종료보고서 제출

1월

신주권 교부

2 사전준비 항목

가. 당사회사 간 협의항목 결정

본격적인 합병절차를 수행하기 전에 다음 사항에 대한 당사 회사 간의 협의가 사전에 준비되어야 한다.

① 합병방식(어느 법인을 합병법인으로 할 것인지 등)

② 합병비율

③ 불공정합병에 따른 증여세 발생 여부

④ 주식매수청구권 예상금액 추정

⑤ 포합주식과 자기주식 처리 문제

⑥ 합병당사법인의 정관 검토(합병법인의 정관개정 사항)
여기에는 피합병법인 주주에게 발행할 주식으로 인한 수권주식 수의 증가, 합병으로 인한 사업목적 추가, 피합병법인의 임원 승계로 인한 이사정원 변경 여부 등이 포함된다.

⑦ 공정거래법상의 기업결합신고 대상 여부
매출액 또는 자산규모 2천억 원 이상인 회사의 경우 합병등기 후 공정거래위원회에 신고 또는 매출액 또는 자산총액 2조 원 이상인 회사는 주주총회 후 사전신고 검토

⑧ 합병 후 경영진 구성

⑨ 합병 후 조직 및 인력관리 등

⑩ 주권상장법인과 합병하는 비상장법인의 외부감사(우회상장인 경우 의무임)

나. 합병비율 산정을 위한 가액산정

(1) 주권상장법인 간 합병의 경우

합병이사회 결의일과 합병계약 체결일 중 앞선 날의 전일을 기산으로 한 1개월 거래량 가중평균 종가, 1주일 거래량 가중평균 종가 및 최근일 종가를 산술평균한 가액(이하 '기준시가')을 기준으로 30%(계열사 간 합병은 10%) 범위 내에서 할인 또는 할증한 가액(자본시장법 제165조의4 및 영 제176조의5 제1항)으로 주식을 평가하여 합병비율 산정한다. 다만, 제기준시가가 자산가치에 미달하는 경우에는 자산가치로 할 수 있다. 주권상장법인이 합병가액을 산정하면서 기준시가의 100분의 10을 초과하여 할인 또는 할증된 가액으로 산정하는 경우에는 합병가액의 적정성에 대하여 외부평가기관의 평가를 받아야 한다(자본시장법 시행령 제176의5 제7항).

(2) 주권상장법인과 비상장법인 간 합병의 경우

주권상장법인은 주권상장법인 간 합병의 경우를 준용하고, 비상장법인의 경우에는 자산가치와 수익가치를 가중산술평균한 가액(본질가치)으로 평가하고 금융위원회가 정하여 고시하는 방법에 따라 산정한 유사한 업종을 영위하는 법인의 가치(이하 이 항에서 "상대가치"라 한다)를 비교하여 공시하여야 한다(증권의 발행 및 공시에 관한 규정 5-13). 본질가치에 의하여 합병가액을 정하는 경우에는 합병가액의 적정성에 대하여 외부평가기관의 평가를 받아야 한다(자본시장법 시행령 제176의5 제7항).

(3) 비상장법인과의 합병 시 제약

상장회사가 비상장회사와 합병하는 경우에는 상장요건에 미달하는 비상장회사의 편법상장을 제한하기 위해 합병비율의 산정 시 합병가액의 적정성에 대하여 외부평가를 받도록 하였다. 또한 비상장회사가 자산총계·자본금 및 매출액 중 두 가지 이상이 주권상장법인보다 큰 경우에는 증권상장규정(자본시장법 제390조)과 감사의견, 소송계류, 그 밖에 공정한 합병을 위하여 필요한 사항에 관하여 상장규정에서 정하는 요건을 충족하여야 한다(자본시장법 시행령 제176의5 제4항).

다. 주식매수청구권에 대한 준비

(1) 주식매수청구권의 행사가 가능한 경우

합병, 간이합병, 분할합병, 주식교환, 간이주식교환, 주식이전, 영업양수도·임대 등을 위한 주주총회 특별결의 시(「상법」 제360조의3·제360조의9·제360조의16·제374조·제522조·제527조의2 및 제530조의3)는 법률로 주식매수 청구가 가능하다(상법 제374조의2, 자본시장법 165조의5). 주식매수청구권은 주주총회결의일로부터 20일 이내에 하여야 한다.

(2) 주식매수기간

주식매수청구권을 받으면 해당 법인은 매수청구기간이 종료하는 날부터 1개월 이내에 해당 주식을 매수하여야 한다(상법 제374조의2, 자본시장법 제165조의5).

(3) 주식매수가격결정 방법

① 주권상장법인

주식의 매수가격은 주주와 해당 법인 간의 협의로 결정한다. 다만, 협의가 이루어지지 아니하는 경우 매수가격은 이사회결의일 이전에 증권시장에서 거래된 해당 주식의 거래가격으로 한다(자본시장법 제165조의5).

해당 주식의 거래가액이란 이사회 결의일 전일부터 ① 과거 2개월, ② 과거 1개월, ③ 과거 1주간 공표된 매일의 최종시세가격을 실물거래에 의한 거래량을 가중치로 한 각각의 가중산술평균가격을 산술평균한 가격{(①+②+③)÷3}이다.

만약 해당 법인이나 매수를 청구한 주주가 그 매수가격에 대하여도 반대하면 법원에 매수가격의 결정을 청구할 수 있다(자본시장법 제165조의5 제3항).

② 비상장법인

매수가액은 주주와 회사 간의 협의에 의하여 결정한다(상법 제374조의2 제3항). 협의가 이루어지지 아니한 경우에는 회사 또는 주주는 법원에 대하여 매수가액의 결정을 청구할 수 있다(상법 제374조의2 제4항).

상장주식과 합병시 주식매수청구권의 가액은 협의에 의하여 결정하나, 그렇지 않는 경우에는 비상장주식은 본질가치에 의한 평가방법에 따라 산술된 가격으로 한다(자본시장법 시행령 제176조의5 제1항 제2호 나목).

3 이사회의 결의 및 합병계약서 작성

합병을 위해서는 이사회 결의가 있은 후 당사 회사 간에 합병계약을 체결하여야 한다.

이때 법정사항이 기재된 합병계약서를 작성하여야 한다. 이사회 결의사항 및 합병계약서에 기재하여야 할 내용은 상법 제523조, 제524조에 규정되어 있으며, 실무에서는 정형화되어 있다.

 합병에 따른 주권상장법인의 공시 및 주요사항보고서 제출

가. 증권신고서

합병에 의해 신주(10억 원 이상)가 발행된다면 증권신고서를 제출할 의무가 발생한다(자본시장법 시행령 제120조 제1항 2호).

나. 투자설명서

합병에 따른 증권신고서를 제출하는 발행인은 투자설명서를 금융위원회에 제출하여야 하며, 이를 일반인이 열람할 수 있도록 하여야 한다(자본시장법 시행령 제131조).

다. 주요사항보고서의 제출

주권상장법인이 다른 법인과 합병계약을 체결하거나 이사회에서 합병을 결의할 때에는 지체없이 주요사항보고서를 금융위원회에 보고하여야 한다(자본시장법 제161조 제1항 제6호).

라. 주요사항보고서의 공시

금융위원회와 한국거래소는 주요사항보고서를 3년간 일정한 장소에 비치하고, 인터넷 홈페이지를 이용하여 공시하여야 한다(자본시장법 시행령 제129조).

마. 금융위원회의 조사 및 조치

금융위원회는 투자자 보호를 위하여 필요한 경우에는 주요사항보고서 제출대상법인, 그 밖의 관계인에 대하여 참고가 될 만한 보고 또는 자료 제출을 명하거나, 금융감독원장에게 그 장부 · 서류, 그 밖의 물건을 조사하게 할 수 있다(자본시장법 제161조 제3항~제5항, 시행령 제131조).

금융위원회는 주요사항보고서를 제출하지 아니한 경우나 중요사항에 관하여 거짓의 기재 또는 표시가 있거나 중요사항이 기재 또는 표시되지 아니한 경우에는 제출대상법인에게 그 사실을 공고하고 정정을 명할 수 있으며, 필요한 때에는 증권의 발행, 그 밖의 거래를 정지 또는 금지하거나 임원에 대한 해임권고 등을 할 수 있다(자본시장법 시행령 제132조).

5 합병대차대조표의 공시

합병승인결의를 위한 주주총회의 2주 전부터 합병계약서, 합병으로 인하여 소멸하는 회사의 주주에게 발행하는 주식의 배정에 관하여 그 이유를 기재한 서면, 각 회사의 최종 대차대조표와 손익계산서를 합병 후 6월이 경과한 날까지 본점에 비치하여야 한다(상법 제522조의2).

6 합병승인 주주총회

회사가 합병할 때에는 합병계약서를 작성하여 주주총회의 승인을 얻어야 한다. 주주총회 특별결의는 출석한 주주 수의 2/3 이상 찬성 및 총주식 수의 1/3 이상의 찬성을 얻어야 한다(상법 제522조).

간이합병에서는 소멸회사의 경우 이사회승인으로 대체할 수 있으며, 소규모합병에서는 존속하는 회사의 경우 이사회의 승인으로 대체할 수 있다(상법 제527조의2, 제527조의3).

7 주주 및 채권자보호 절차

가. 주식매수청구권

회사의 합병에 반대하는 주주는 주식매수청구권을 행사할 수 있으며, 이를 위해 합병승인 주주총회의 소집통지나 공고를 하는 때에는 반드시 주식매수청구권의 내용과 그 행사방법을 포함시켜야 한다(상법 제374조의2, 자본시장법 제165조의5).

나. 채권자보호절차

회사는 합병결의가 있은 후 2주 내에 회사채권자에 대하여 합병에 이의가 있으면 1월 이상의 기간 내에 이를 제출할 것을 공고하고, 알고 있는 채권자에 대하여는 개별로 이를 최고하여야 한다.

만일 채권자가 이의를 제출하지 않는 경우에는 합병을 승인한 것으로 보며, 채권자가 이의를 제출한 경우 회사는 그 채권자에 대하여 변제, 담보제공 또는 신탁회사에 재산을 신탁하는 등 필요한 조치를 하여야 한다. 또한 주식회사에서 사채권자가 이의를 제기할 때에는 사채권자집회의 결의가 있어야 한다(상법 제527조의5).

8 주식의 병합 및 구주권의 제출

구주권의 제출은 신주를 받기 위한 조치이므로, 합병기일 이전에 제출종료일을 정하고 합병등기일에 신주를 받는다.

9 재산이전 등 합병의 실행

합병계약서에 정해진 합병기일에 소멸회사의 재산 및 주주관계 서류가 존속회사에 인도(부동산의 경우 등기)되고, 소멸회사의 주주에게 신주가 배정되는 등 실질적으로 당사회사들이 합체되는데 이 기일을 '합병기일'이라 한다. 합병의 효력은 합병등기에 의해 발생한다(상법 제523조).

10 합병보고 주주총회

채권자보호절차 및 주식병합의 효력이 발생한 후 주주총회를 소집하여 합병에 관한 사항을 보고하여야 한다. 그러나 이사회의 결의에 의한 공고로서 주주총회에 대한 보고에 갈음할 수 있다(상법 제526조, 제527조).

11 합병등기

회사가 합병을 할 때에는 본점 소재지에서 보고주주총회 후 2주간 내, 지점 소재지에서는 3주간 내에 합병 후 존속하는 회사는 변경등기, 합병으로 인하여 소멸하는 회사는 해산등기, 합병으로 인하여 설립되는 회사는 설립등기를 하여야 한다(상법 제528조).

12 주권상장법인의 합병종료 보고

주권상장법인이 합병등기를 할 때에는 지체 없이 합병종료보고서를 금융위원회에 제출하여야 한다. 다만, 증권발행실적보고서를 제출하는 경우에는 그러하지 아니하다(자본시장법 제128조).

13 신주발행 및 합병교부금 지급

합병등기로 합병의 효력이 생기면 존속회사는 소멸회사의 주주에게 주식을 배정하고 교부하여야 한다. 또한 주권상장법인이 합병 후 존속하는 법인이라면 주식에 대한 상장절차도 필요하다.

합병당사회사의 재산상태 등으로 인해 일정한 비율에 의한 주식의 배정이 곤란한 경우에는 그 조정을 위하여 존속회사가 해산회사의 주주에게 주식 이외에 금전을 교부하는 경우가 있는데, 이를 '합병교부금'이라 한다. 존속회사가 합병으로 인하여 해산회사의 주주에게 지급할 금액을 정할 때에는 이를 합병계약서에 기재해야만 지급할 수 있다(상법 제523조 제4호).

이런 취지에서 단주의 경우는 예외이지만 주식을 배정하지 않고 금전만을 교부하는 것은 허용되지 않는다고 본다. 합병교부금의 지급시기는 합병의 효력이 발생할 때, 즉 합병등기가 종료한 때이다.

14 상장법인과 합병한 비상장법인의 최대주주 등에 대한 주식매각 제한

비상장법인이 상장법인과 합병하는 경우 비상장법인이 최대주주 및 특수관계인(코스닥시장의 경우는 주주)이 교부받는 주권상장법인의 주식에 대하여 합병등기일로부터 6개월 간 매각이 제한된다.

제3절

합병관련 세무

모든 거래에는 세금이 따르기 마련이다. 인수합병의 경우는 집합된 거래이므로 거래의 형태에 따라 M&A의 각 주체인 법인 또는 주주 등에게 과세가 될 수도 있다.

주체가 여럿이다 보면 자칫 놓치기 쉽다. 이러한 여러 가지 문제에 대비하기 위해 세무·회계전문가 등의 자문을 받아 꼼꼼하게 검토하여야 나중에 예상 밖의 과도한 과세로부터 자유로울 수 있을 것이다.

1 합병세무의 특징

우리나라 세법이 지향하는 합병세무의 특징은 다음과 같다.

첫째, 기업매수 관련 세무와는 달리 세수확보 차원보다는 불공정합병의 규제성격이 강한 바, 계열사 통합과정에서 임의적인 합병비율 산정으로 대주주나 합병당사회사의 일방이 불공정한 이익을 얻는 것을 막겠다는 의도가 포함되어 있다.

둘째, 구조조정을 촉진하겠다는 의도가 반영되어 있는 바, 조직의 합리화를 위한 계열사 통폐합을 조세측면에서 지원해 주겠다는 것이다.

이러한 세법의 취지에서 합병 시 먼저 불공정한 합병으로 간주되지 않도록 합리적인 합병비율을 산정하여 세무상 불이익을 입지 않도록 하는 것이 필요하며(규제 측면), 세법에서 규정되어 있는 각종 합병 관련 세무상의 혜택이 무엇이고, 그러한 혜택을 얻기 위해서는 어떠한 조건이 필요한지 면밀히 검토해 보아야 한다(지원 측면).

 합병의 경우 합병당사자별 과세체계

세법에서는 합병을 적격합병과 비적격합병으로 나누고 적격합병은 지원을, 비적격합병은 규제를 하고 있다. 따라서 적격과 비적격에 따라 합병법인, 피합병법인, 합병법인의 주주, 피합병법인의 주주의 과세가 나뉠 수 있다.

가 합병당사자별 과세체계

합병 시 합병당사자별 과세체계를 비교하면 다음과 같다.

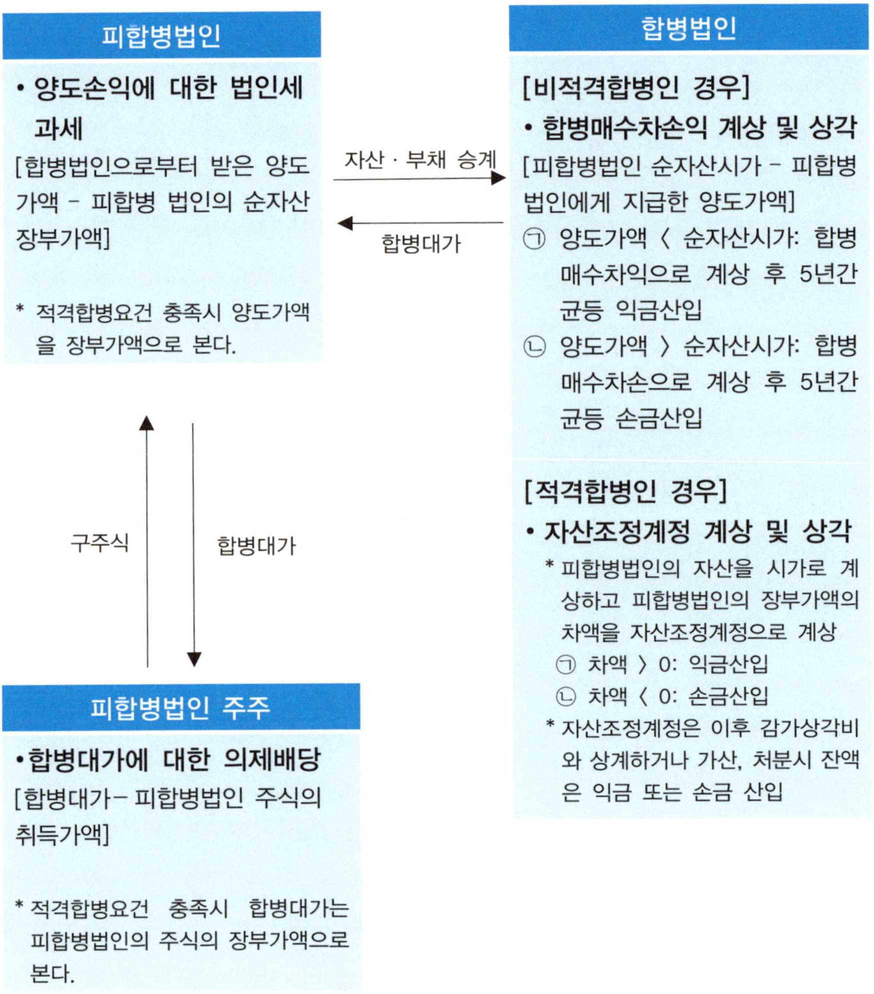

피합병법인

- **양도손익에 대한 법인세 과세**

[합병법인으로부터 받은 양도가액 – 피합병 법인의 순자산 장부가액]

* 적격합병요건 충족시 양도가액을 장부가액으로 본다.

(피합병법인 → 합병법인: 자산 · 부채 승계)
(합병법인 → 피합병법인: 합병대가)

합병법인

[비적격합병인 경우]

- **합병매수차손익 계상 및 상각**

[피합병법인 순자산시가 – 피합병법인에게 지급한 양도가액]

㉠ 양도가액 〈 순자산시가: 합병매수차익으로 계상 후 5년간 균등 익금산입

㉡ 양도가액 〉 순자산시가: 합병매수차손으로 계상 후 5년간 균등 손금산입

[적격합병인 경우]

- **자산조정계정 계상 및 상각**

* 피합병법인의 자산을 시가로 계상하고 피합병법인의 장부가액의 차액을 자산조정계정으로 계상

㉠ 차액 〉 0: 익금산입

㉡ 차액 〈 0: 손금산입

* 자산조정계정은 이후 감가상각비와 상계하거나 가산, 처분시 잔액은 익금 또는 손금 산입

(피합병법인 주주 → 피합병법인: 구주식)
(피합병법인 → 피합병법인 주주: 합병대가)

피합병법인 주주

- **합병대가에 대한 의제배당**

[합병대가– 피합병법인 주식의 취득가액]

* 적격합병요건 충족시 합병대가는 피합병법인의 주식의 장부가액으로 본다.

관련 세무관련 사항을 정리하면 다음과 같다.

구분	세법	내용	조문
피합병법인 (분할법인)	법인세법	1. 비적격합병 시 양도손익 과세	법법 §44 ①, 동령 §80
		2. 적격합병 시 양도손익 과세이연	법법 §44 ② · ③ 동령 §80의2
		3. 완전자회사의 양도손익 예외	법법 §44 ③
		4. 기부금한도 계산 시 양도손익 예외	법법 §24 ① 1호
		5. 토지 등 양도소득에 대한 법인세	법법 §55의2
피합병법인 (분할법인 등)의 주주	소득세법 (개인주주) 법인세법 (법인주주)	1. 의제배당 소득에 대한 과세	소법 §17 ② 4호, 동령 §27 ④, 법법 § 16 ① 5호, 동령 §12 ①
		2. 부당행위계산 부인 (분할합병 포함)	법령 §88 ① 8호 가목
	상속세 및 증여세법	불공정합병(분할합병 포함)에 대한 증여세 과세	상증법 §38, 동령 §28
		1. 비적격합병 시 합병매수손익 세무처리	법법 §44의2, 동령 §80의3
		2. 적격합병 시 세무처리 ① 자산조정계정 ② 이월결손금 등 승계 ③ 세무조정사항 승계 ④ 세액감면 · 공제 등	법법 §44의3 ① · ②, 동령 §80의4 ① · ②
		3. 적격합병의 사후관리 ① 세무조정사항 승계 배제 ② 자산조정계정의	법법 §44의3 ③ · ④, 동령 §80의4 ③ · ④

구분	세법	내용	조문
		익금산입 ③ 공제받은 이월결손금의 익금산입 ④ 세액감면 · 공제 등의 배제 ⑤ 합병매수차익 등의 세무조정	
합병법인 (분할신설 법인 등)	법인세법	4. 완전자회사의 사후관리 예외	법법 §44의3 ⑤
		5. 자산의 승계 ① 피합병법인의 자산 · 부채 ② 합병에 따라 취득한 주식	법법 §44의3 ① 동령 §72 ① 5호
		6. 중복자산 처분시 법인세 분할과세	조특법 §47의4, 동령 §44의4
		7. 이월결손금 승계 ① 합병법인 이월결손금 ② 피합병법인 이월결손금 ③ 승계받은 자산 처분손실 공제제한	법법 §45 ①, 법법 §45 ②, 동령 §81 ②, 법법 §45 ③
합병법인 (분할신설 법인 등)	법인세법	8. 세액감면, 세액공제 승계	법령 §96 ②
		9. 합병 시 환급세액 승계	법령 §110의2
		10. 납세의무의 승계	법령 §85의2
	국세 기본법	연대납세의무	해당 없음 (분할은 국기법 §25)
	조세특례 제한법	증권거래세	조특법 §117 ① 14호, 농특법 §119 ① 2호

구분	세법	내용	조문
	지방세법	1. 취득세	지특법 §57 ①
		2. 농어촌특별세	농특령 §4 ⑥ 1호
	인지세법	인지세	인지세법 §3 ①
합병법인의 주주	상속세 및 증여세법	불공정합병(분할합병 포함)에 대한 증여세 과세	상증법 §38, 동령 §28
	법인세법 (개인주주)	부당행위계산부인 (분할합병 포함)	법령 §88 ① 8호 가목, 동령 §89 ⑤ · ⑥

나. 적격합병의 요건

① 합병등기일 현재 1년 이상 휴업 등 사업중단 없이 법인등기부상 목적사업을 계속하던 내국법인 간의 합병일 것. 단, 기업인수목적회사는 제외한다(법인세법 제44조 제2항 제1호).

② 피합병법인의 주주 등이 합병으로 받은 합병대가의 총합계액 중 합병법인의 주식 등의 가액이 80% 이상이거나 합병법인의 모회사(합병등기일 현재 합병법인의 발행주식 총수 또는 출자총액을 소유하고 있는 내국법인)의 주식 등의 가액이 100분의 80 이상인 경우로서 그 주식 등이 피합병법인의 일정 지배주주 등에 일정가액 이상 배정되고,[37] 그 일정 지배주주 등이 합병등기일이 속하는 사업연도의 종

37) 합병교부주식 등의 총합계액 $\times$ $\dfrac{\text{일정지배주주의 지분}}{\text{피합병법인의 전체 지분}}$

적격합병이 되기 위한 합병신주 배정비율 판정시 합병법인이 피합병법인 주주등에 교부한 합병주식등의 총합계액에는 금전 · 기타 재산가액을 제외한 주식의 가액으로 한다.

료일까지 그 주식 등을 보유할 것(법인세법 제44조 제2항 제2호), 단, 제2호의 규정에도 불구하고 영 제80조의2 제1항 제1호에 해당하는 경우에는 요건을 갖춘 것으로 본다.

합병대가의 총합계액 중 주식 등의 가액이 80% 이상인지를 판정할 때 합병법인이 2년 내에 취득한 주식 등이 있는 경우에는 다음의 금액을 금전으로 교부한 것으로 본다(영 제80조의2 제3항).

1. 합병법인이 합병등기일 현재 피합병법인의 지배주주 등이 아닌 경우: 해당 합병포합주식등이 피합병법인 발행주식총수 또는 출자총액의 20%를 초과하는 경우 그 초과하는 합병포합주식등에 대하여 교부한 합병교부주식등(합병포합주식등에 대한 간주교부액 포함함)
2. 합병법인이 합병등기일 현재 피합병법인의 지배주주 등인 경우: 해당 합병포합주식등에 교부한 합병교부주식등(합병포합주식등에 대한 간주교부액 포함함)[38)]

③ 합병법인이 합병등기일이 속하는 사업연도의 종료일까지 피합병법인으로부터 승계받은 사업을 계속할 것(법인세법 제44조 제2항 제3호).

---

38) 사례 합병법인이 피합병법인의 주주에게 합병대가 150 지급(피합병법인 주주(합병법인 제외) 100, 합병법인(포합주식보유, 지배주주) 50)(합병등기일로부터 2년 이내 취득한 주식 30, 2년 전에 취득한 주식 20)

- 합병포합주식 등에 합병신주 교부시

$$\frac{\text{합병대가 중 주식가액} - \text{2년 이내 취득한 포합주식가액}}{\text{합병대가}}$$

$$= \frac{\text{주식}150 - \text{2년 이내의 포합주식}30}{\text{합병대가}150} = 80\%$$

- 합병포합주식 등에 합병신주 미교부시

$$\frac{\text{합병대가 중 주식가액} + \text{포합주식가액} - \text{2년 이내 취득한 포합주식가액}}{\text{합병대가} + \text{포합주식가액}}$$

$$= \frac{\text{주식}100 + \text{교부간주}50 - \text{2년 이내 포합주식}30}{\text{합병대가}100 + \text{교부간주}50} = 80\%\text{(적격)}$$

단, 제3호의 규정에도 불구하고 영 제80조의2 제1항 제2호에 해당하는 경우에는 요건을 갖춘 것으로 본다.

④ 합병등기일 1개월 전 당시 피합병법인에 종사하는 근로자 중 합병법인이 승계한 근로자의 비율이 100분의 80 이상이고, 합병등기일이 속하는 사업연도의 종료일까지 그 비율을 유지할 것(법인세법 제44조 제2항 제4호). 단, 제34호의 규정에도 불구하고 영 제80조의2 제1항 제3호에 해당하는 경우에는 요건을 갖춘 것으로 본다.

⑤ 내국법인이 발행주식총수 또는 출자총액을 소유하고 있는 다른 법인을 합병하거나 그 다른 법인에 합병되는 경우(법인세법 제44조 제3항 제1호)

⑥ 동일한 내국법인이 발행주식총수 또는 출자총액을 소유하고 있는 서로 다른 법인 간에 합병하는 경우(법인세법 제44조 제3항 제2호)

다. 피합병법인의 세무

피합병법인의 경우에는 폐업신고 시 통상적인 부가가치세 등 관련 세금과 특별히 청산소득법인세를 계산하여 납부하여야 한다. 만약 합병법인이 피합병법인의 법인세와 법인세에 부과하는 지방세를 납부하는 경우에는 합병법인으로부터 받은 양도가액의 범위에 포함된다. 피합병법인 주주의 경우에는 의제배당에 대한 소득세, 불공정 합병 시 증여의제가 문제된다. 또한 주식교환 시는 증권거래세가 과세된다.

(1) 적격합병의 경우

적격합병 요건을 갖춘 합병에 해당하는 경우, 피합병법인이 합병법인으로부터 받은 양도가액은 피합병법인의 합병등기일 현재의 순자산 장부가액으로 보아 양도손익이 없는 것으로 할 수 있다(법인세법 제44조 제2항 전단 및 법령 제80조 제1항 제1호)고 함으로써 양도손익의 과세특례를 인정하고 있다. 또한 완전자법인과 완전모법인 간의 합병 시에도 적격합병으로 인정한다(법 제44조 제3항).

(2) 비적격합병의 경우

내국법인이 비적격합병을 원인으로 해산하는 경우에는 합병으로 소멸하는 법인은 피합병법인의 자산을 합병법인에 양도한 것으로 보아, 그 양도에 따라 발생하는 양도손익은 피합병법인의 합병등기일이 속하는 사업연도의 소득금액을 계산할 때 익금 또는 손금에 산입한다(법 제44조 제1항).

> 양도손익 = 피합병법인으로부터 받은 양도가액 − 피합병법인의 합병등기일 현재 순자산 장부가액

라. 합병법인의 세무

합병법인의 경우에는 합병차손익에 대한 과세, 피합병법의 이월결손금 승계, 합병차익에 대한 과세이연, 취득자산에 대한 지방세 과세, 피합병법인의 세무조정사항 승계불허, 납세의무의 승계가 검토의 대상이다. 합병법인 주주에게는 자기주식소각이익의 자본전입 시의 재배당, 불공정 합병 시 증여의제로 과세될 수 있다.

(1) 적격합병의 경우

적격합병의 경우 합병법인은 양도받은 자산 및 부채의 가액을 합병등기일 현재의 장부가액으로 양도받은 것으로 한다(법인세법 제44조의3 제1

항). 이 경우 양도받은 자산 및 부채의 가액을 합병등기일 현재의 시가로 계상하되 시가와 장부가액의 차액을 자산조정계산서로 계상·조정하여 세금이 이연되는 효과가 있도록 처리한다(시행령 제80조의4) 또한 합병법인은 피합병법인의 등기일 현재의 결손금을 승계할 수 있고, 피합병법인의 모든 세무조정사항을 승계할 수 있다(법인세법 제44조의3 제2항). 다만, 세무조정사항의 조정과 이월결손금의 공제를 받기 위해서는 합병법인과 피합병법인의 사업을 구분경리하여야 한다.

합병법인의 이월결손금은 합병법인에서 발생한 소득금액 범위에서 피합병법인의 이월결손금은 합병법인에 승계하여 준 사업에서 발생한 소득금액의 범위에서 결손금을 공제한다(법 제45조 제2항).

이 경우에도 합병법인이 적격합병 요건을 합병등기일이 속하는 사업연도의 다음 사업연도 개시일로부터 2년간 유지하여야 과세특례가 인정되나, 그렇지 않는 경우에는 과세특례를 받지 못한다.

(2) 비적격합병의 경우

비적격합병에 해당하는 경우 합병법인이 합병으로 피합병법인의 자산을 승계하는 경우에는 그 자산을 피합병법인으로부터 합병등기일 현재의 시가(법 제52조)로 양도받은 것으로 보며, 이에 따라 발생하는 합병매수차익·차손은 5년간 균등분할익금 또는 균등분할손금에 산입한다.

또한 합병법인이 피합병법인의 자산·부채를 승계할 때 퇴직급여충당금 또는 대손충당금이 포함되어 있을 경우 그와 관련된 세무조정사항은 승계할 수 있으나, 그 밖의 세무조정사항은 모두 승계되지 않는다(영 제85조 제2호).

마. 피합병법인의 주주의 세무

(1) 의제배당소득에 대한 과세

피합병법인의 주주 등이 합병에 따라 설립되거나 합병 후 존속하는 법인으로부터 그 합병으로 인하여 취득하는 주식 등의 금액과 금전 기타 재산가액의 합계액이 그 피합병법인의 주식 등을 취득하기 위하여 소요된 금액을 초과하는 금액은 의제배당으로 간주한다(법 제16조 제1항 제5호). 의제배당의 수입시기는 합병등기일이며, 원천징수의무자는 동일자에 배당을 지급한 것으로 보아 배당소득세를 원천징수하여야 한다.

(2) 불공정합병에 대한 증여세 과세

특수관계에 있는 법인의 합병(분할합병 포함)으로 인하여 피합병법인의 대주주(발행주식 1% 이상 또는 액면가액 3억 원 이상)가 합병으로 인하여 이익을 받는 경우에는 합병일에 이익을 얻는 자의 증여재산가액으로 한다(상증법 제38조 제1항)고 하여 증여세 과세대상이 된다.

단, 자본시장법에 따른 합병의 경우는 제외한다. 증여세 과세대상이 되는 금액이란, 1주당 평가차액이 합병 후 평가액의 30% 이상 또는 총평가액차액이 3억 원 이상인 금액이다.

(3) 불공정합병에 대한 부당행위계산 부인

특수관계에 있는 법인 간의 합병 시 합병 전후 주식의 평가차액이 30% 이상 또는 3억 원 이상 차이가 발생하는 경우, 주주 등인 법인이 특수관계에 있는 주주에게 분여한 이익을 법인세 계산 법인의 익금에 산입한다.

바. 합병법인 주주의 세무

합병법인의 주주도 비적격합병 시 불공정한 합병의 법률요건에 해당되는 때에는 피합병법인의 주주와 마찬가지로 증여세와 부당행위계산부인이 적용된다.

사. 과점주주에 대한 취득세

지방세법상 법인의 주식 또는 지분을 취득함으로써 과점주주가 된 때 또는 과점주주의 소유주식비율이 증가한 때에 그 과점주주는 당해 법인의 부동산 등을 취득한 것으로 간주하여 취득세를 부과하고 있다. 이에 따라 부동산 등이 많은 비상장법인에 대해 M&A를 추진하는 경우, 과점주주 취득세에 대한 검토가 필요하다.

제4절

분할

어느 회사를 M&A할 경우에 인수 후 독자 경영할 것인지 아니면 합병하여 통합회사로 운영할 것인지 결정하면 되지만, 인수한 회사가 여러 사업을 영위하고 있다면 인수의도에 맞게 분할합병하거나 분할매각하는 경우도 있을 수 있다. 만약 분할매각하는 경우라면 인수자금의 일부라도 조기에 회수할 수 있고, 핵심적인 사업이 아닌 사업부문을 빠른 시일에 정리할 수 있어 경영효율을 높이는 효과도 있다.

여기에서 General Electric Company(GE)의 가전부문 분할매각을 살펴보자. GE는 2016년 가전부문을 54억 달러에 중국의 가전업체인 하이얼에 매각하였다. 하이얼은 TV와 냉장고 등 중저가 제품으로 중국내수시장에서 시장지배력을 확보하였으며, 이번에 세계시장을 공략하려는 목적으로 프리미엄 가전브랜드인 GE를 인수하면서 단번에 세계시장에서 우뚝 서게 되었다.

GE의 사업부문은 대기업을 고객으로 하는 발전기 및 전기, 기차엔진과 항공기엔진 생산부문과 더 많은 전기에 대한 소비수요를 창출해내는 가전부문으로 나누어졌다. GE가 가전부문에 뛰어든 것은 전기를 생산하는 GE로서 더 많은 전기를 판매하기 위해서 전기를 소비하는 각종 제품 생산에 뛰어든 것이었다. 그러나 시간이 지나면서 GE는 더 이상 전기를 사용하는 수요를 만들어 내도록 노력할 필요가 없어졌다. 다른 많은 회사가 전기를 많이 사용하는 사업에 특화해서 많은 전자제품을 만들어

내고 있기 때문이다.

한 지붕 아래 다양한 사업을 갖고 있는 것은 분명한 장점이 있다. 특정 시장에서 실적이 부진하다고 해서 기업 전체가 흔들리지 않을 수 있다. 또 사고파는 제품이나 서비스와 직접 관련 없이 기업경영 시에 발생하는 간접비를 공유할 수도 있다.

그러나 소비자를 상대로 하는 사업은 상대할 소비자가 엄청나게 많아져 소비자와 접촉할 종업원을 더 늘려야 하고, 제품의 판매 후에도 지속적으로 서비스를 제공하여야 하므로 결과적으로 제품의 마진이 낮아지는 결과를 가져온다. 만약 서비스를 중단하거나 서비스의 질이 나빠지면 기업 이미지도 나빠지는 등 생산자를 소비자로 하는 것에 비해 사업상 애로사항이 더 증가하게 된다.

이런 상황에서 하나의 브랜드를 두고서 서로 다른 두 그룹인 소비자와 생산자를 상대하는 것은 어려운 일이다. 두 가지 고객을 모두 관리할 수 있는 능력을 갖는 경영자를 찾는 것도 큰 과제이다. 이러한 관점에서 GE의 경영진은 생산자를 소비자로 하는 부문에 집중하기 위해 많은 개인 소비자를 상대하는 가전부문을 분할 매각한 것이다.

1 회사분할의 개념

'회사분할'이란 합병과 대칭되는 개념으로 어느 한 회사의 자산이 분리되어 적어도 하나 이상의 신설 또는 기존의 회사(분할되는 회사로부터 자산 등을 포괄승계하고 자신의 주권을 그 대가로 주는 회사)에 포괄승계되고, 그 대가로 신설회사 또는 기존회사의 주식이 원칙적으로 분할되는 회사(재산이 분리되는 당초 회사)의 주주에게 부여되는 제도이다. 예를 들어 A회사가 청산절차 없이 소멸하면서 그 자산 등이 신설 또는 기존의 B, C회사로 쪼개지거나 A회사는 존속하면서 그 한 영업부분이 포괄승계에 의해 B회사로 독립하는 것이 분할의 전형적인 형태이다.

한편, 자회사의 설립 후 자회사에 대한 영업양도나 현물출자 등에 의하더라도 경제적인 면에서도 분할과 동일한 효과를 얻을 수 있는 바, 이를 '사실상의 분할'이라 한다. 실무적으로는 복잡한 분할절차보다는 사실상의 분할 방식을 많이 이용한다.39)

 회사분할의 동기 및 효과

회사분할의 동기 및 효과를 여덟 가지로 정리하면 다음과 같다.40)

가. 위험의 분산

위험도가 높은 사업부문을 모기업으로부터 분리하여 독립된 기업으로 만들어 운영함으로써 위험부담을 제한하거나 분산시킬 수 있다. 또한 새로운 사업이 위험이 크다고 판단되는 경우 그 사업부문을 독립하여 운영한 후 위험이 제거된 후 다시 합병하는 방안을 강구할 수 있을 것이다. 그럼으로써 모회사의 신용은 그대로 유지하면서 사업의 위험을 축소할 수 있는 것이다.

---

39) 회사분할제도는 기업의 구조조정을 지원하기 위해 주식회사에 한하여 회사를 나눌 수 있도록 1998.12.28. 상법 개정 시 새로 도입된 제도이다. 합병과는 달리 분할은 주식회사에 한해서만 허용되는 제도이다.

40) 임대순, 『회사분할과 채무』, 한국세정신문사(2000.10.)

나. 특정사업 부문의 전문화

다수의 사업부문을 동시에 수행하고 있는 대기업이 복잡하게 얽혀 있는 여러 사업부문을 분리하여 분할회사를 설립함으로써 각 사업부문의 전문화와 효율성을 제고시키고 아울러 경영관리의 비효율성을 제거하는 것이 가능하다. 또한 장래성이 있는 특정부문을 독립시켜 집중 육성함으로써 성장을 가속화시키는 수단으로 삼을 수 있으며, 비교우위를 가지는 사업분야를 특화시킬 수 있는 수단으로 활용할 수 있다.

다. 경쟁력이 낮은 사업의 정리

여러 사업부문 중 경쟁이 심화되어 장기적으로 이윤확보가 어려운 사업부문이 있거나 기술이 보편화되어 대기업이 영위하기에는 경쟁력이 없는 사업부문이 있을 경우 그 사업부문을 다른 사업부문과 분리하여 정리하거나 매각하려는 목적으로 분할을 이용할 수 있다. 대기업이 경영하기에는 인건비나 간접비가 많이 소요되어 수익력이 낮아진 사업부문이나 사업을 종종 중소기업이나 전직 임원에게 매각하는 사례가 있다.

라. 지주회사로의 전환

독점규제 및 공정거래에 관한 법률에서 지주회사의 설립 허용(공정거래법 §8)으로 회사조직의 재편이 이루어질 것으로 예상된다. 회사분할은 이러한 조직재편을 효율적으로 가능하게 할 수 있다. 즉, 여러 가지 다양한 사업을 영위하고 있는 모회사를 분할하여 자회사로 만들고, 모회사는 지주회사로 전환하여 분할된 자회사를 지배·관리함으로써 경영의 전문화와 효율적인 사업경영을 도모할 수 있다.

마. 주주 간의 이해관계 조정

주주 간의 이해관계가 첨예하게 대립되어 원활한 기업 활동이 저해받거나 이러한 상태가 장기간 지속됨으로써 기업을 청산하여야 할 사태가 발생할 우려가 있을 경우 서로 대립하는 주주 집단 단위로 사업을 분할하여 각각 분할된 회사별로 주주를 귀속시킴으로써 어려운 국면을 탈출할 수 있으며, 기존의 기업을 분할하여 특정사업 부문을 2세에게 경영시킴으로써 기업주의 세대교체를 이루는 방안으로 활용할 수 있다.

바. 노무관리의 차별화

고용조건 등을 합리화하기 위하여 특정사업 부문을 분리하여 서로 다른 노무·임금체계를 채용하거나 고임금의 인력과 저임금의 인력을 서로 다른 회사로 구분하여 능력에 다른 임금의 차별화를 시행하여 인사관리를 원활하게 할 수 있다.

또한 회사를 분할하여 인력을 재배치함으로서 거대해진 노동조합을 세분하여 그 영향력을 축소시키는 수단으로 활용하기도 한다. 지상조업 및 헬리콥터를 운영하는 대한항공자회사 한국공항주식회사와 같은 일을 하는 아시아나 자회사 KA 등이 이런 목적으로 설립되었다고 할 수 있다.

사. 규제회피를 위한 분할

대기업집단에 속해 있으면 공정거래법상 총수지정, 보고업무, 상호출자제한, 신규사업 진출시 허가, 기업결합시 허가 등 여러 제약을 받는다. 금호석유화학이 금호아시아나그룹에서 분리·독립함으로써 공정거래법의 제약을 받지 않는 것처럼 대기업집단도 그룹 자회사를 매각하거나 또는 자산을 줄임으로써 기업집단의 지정으로부터 벗어날 수 있다.

중견기업은 중소기업에서 졸업함으로써 중소기업으로서 받게 되는 각종 세제, 금융 및 기타 제도적인 혜택을 받지 못하는 상황을 회피하기 위해 자산을 매각하거나 회사를 분할하는 것이 위와 같은 목적일 수 있다.

아. 주식가치를 높이기 위한 분할

분할 전보다 분할 후의 주식가치가 상승할 것을 기대하여 분할이 이루어지는 경우도 있다. 이러한 경우는 보통 기업사냥꾼이 기업을 인수한 후 인수자금을 빠른 시일에 회수하기 위한 목적으로 분할이 이용되는 경우가 많다.

3 분할의 종류

분할의 종류는 분할의 의도에 따라 다양하게 나눌 수 있으나, 대표적인 것으로 분류하면 다음과 같다.

가. 단순분할과 분할합병

(1) 단순분할

단순분할은 회사의 영업을 한 개 또는 수 개로 분할하여 분할된 영업을 각각의 회사로서 영위하는 것을 말한다.

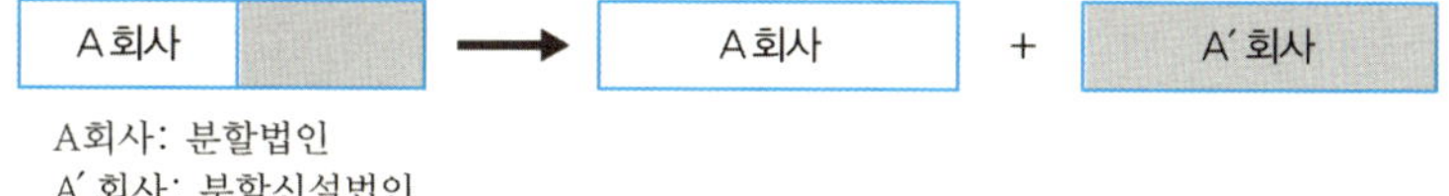

(2) 분할합병

분할회사의 영업을 분할하는 동시에 분할되는 일부 영업을 다른 회사에 합병시키는 방법이다.

분할합병에도 흡수분할합병과 신설분할합병이 있지만, 여기서는 흡수합병분할만 표시한다.

① 흡수분할합병

A회사 → A회사 + B회사

A회사: 분할법인
B회사: 분할합병의 상대방 법인

② 신설분할합병

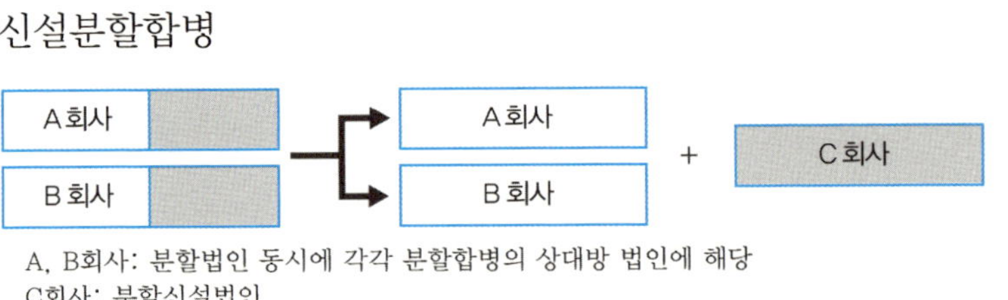

A, B회사: 분할법인 동시에 각각 분할합병의 상대방 법인에 해당
C회사: 분할신설법인

나. 물적분할과 인적분할

분할로 인해 설립되는 회사의 주식을 기존회사가 취득하는 경우를 물적분할이라 하고, 회사의 기존주주가 가지는 경우를 인적분할이라고 한다.

(1) 물적분할

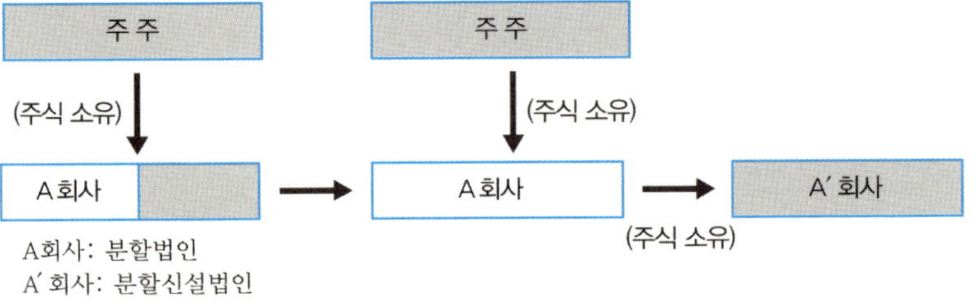

A회사: 분할법인
A′ 회사: 분할신설법인

(2) 인적분할

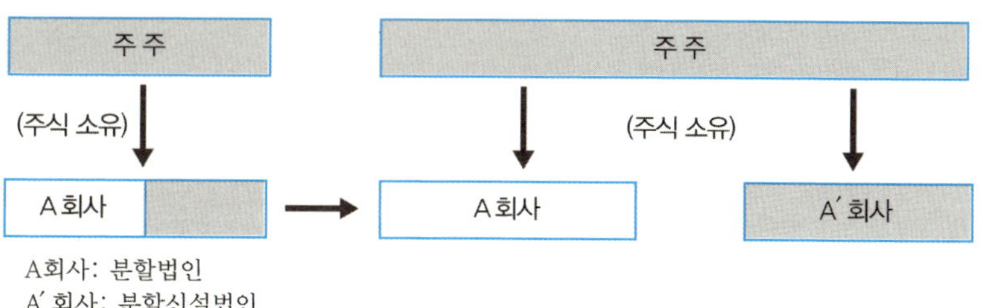

다. 존속분할과 소멸분할

존속분할은 분할회사의 영업 중 일부를 신설회사에 출자하고 분할회사는 나머지 영업을 가지고 존속하는 방법이다.

그리고 소멸분할은 분할회사의 영업을 분리하고 해산하는 방법으로, 분할된 각 영업을 출자하여 두 개 이상의 회사를 신설하고, 분할회사는 해산하는 방법이다.

(1) 존속분할

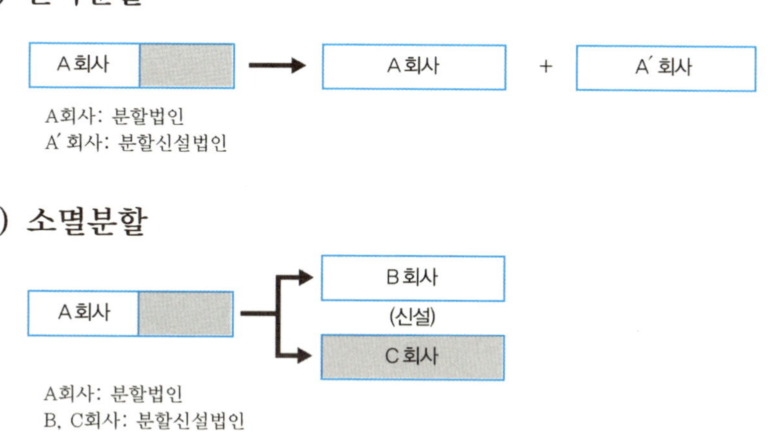

4 분할의 법적 규제

가. 상법상의 제한

(1) 분할의 주체

회사분할은 기업의 구조조정과 지주회사의 설립을 지원하기 위하여 도입된 제도로서, 분할의 주체와 분할로 인해 설립하는 회사는 주식회사만 가능하다(상법 제4장 제11절 회사의 분할).

(2) 채권자보호절차

원칙적으로 분할은 분할신설회사 또는 분할회사가 분할 전의 회사 채무에 대하여 연대하여 변제책임을 부담하므로 채권자보호절차가 불필요하다. 그러나 분할신설회사가 분할회사의 채무 중에서 출자한 재산에 관한 채무만을 부담할 것을 정한 경우에는 이러한 사실을 분할계획서에 명기하고 주주총회의 특별결의를 거쳐야만 한다. 이 경우에는 채권자 보호절차를 반드시 거쳐야 한다(상법 제530의9).

나. 독점규제 및 공정거래에 관한 법률상의 제한

독점규제 및 공정거래에 관한 법률상 분할의 제한 규정은 다음과 같다(공정거래법 제8조 · 제12조, 동령 제15조 · 제18조).[41)]

41) 공정거래법 제7조 제1항 제5호 나목에 의거 상법상 분할(분할합병 제외)에 의한 회사설립의 경우는 기업결합의 제한 규정을 적용받지 않으며, 제12조에 의한 공정위 신고의무도 없다.

지주회사의 설립 · 전환의 신고(법 제8조)	① 물적분할 후 분할회사의 사업연도 결산 결과 분할회사의 자산총액이 1천억 원 이상이고 분할신설회사를 포함한 자회사의 주식가액의 합계액이 분할회사 자산총액의 50% 이상인 경우에는 사업연도종료일로부터 4개월 이내에 지주회사의 설립 · 전환의 신고를 하여야 한다. ② 분할회사의 주주가 인적분할로 분할신설회사의 주식을 교부받은 사업연도의 결산 결과 분할신설회사의 주식을 교부받은 분할회사의 주주인 회사의 자산총액이 1천억 원 이상이고 분할신설회사를 포함한 자회사의 주식가액의 합계액이 당해 회사 자산총액의 50% 이상인 경우에는 사업연도종료일로부터 4개월 이내에 지주회사의 설립 · 전환의 신고를 하여야 한다.

다. 자본시장법상의 제한

(1) 유가증권시장 상장법인이 비상장법인과 합병 후 단기분할시 재상장 제한

유가증권시장 상장법인이 비상장법인과 합병 후 단시일 내 비상장법인의 사업부분을 분할, 재상장함으로써 비상장법인이 상장심사절차를 거치지 아니하고 자본시장에 우회상장되는 것을 방지하기 위하여 제한규정을 두고 있다.[42)]

42) **제한규정**
① 유가증권시장 상장법인이 비상장법인과 합병을 한 후 합병기일로부터 3년 이내 분할(분할기일 기준) 후 재상장하면서, ② 분할신설법인의 주된 영업부문에 합병 당시 비상장법인의 영업부문이 속하는 경우에는 일반 재상장 요건에 일정한 추가적인 요건을 갖추어야 분할신설법인의 재상장이 가능하다(유가증권시장 상장규정 제36조 제6항). 다만, 유가증권시장 상장법인이 비상장법인과 합병할 당시 합병신고서 제출일이 속하는 사업연도의 직전 연도의 재무제표를 기준으로 비상장법인의 자산총계, 자본금 및 매출액 중 두 가지 이상이 유가증권시장 상장법인보다 더 커서 비상장법인이 일정한 상장요건을 충족하여 합병이 이루어진 경우(자본시장법 시행령 제176조의6 제1항)는 제외된다.

(2) 코스닥 상장법인이 비상장법인과 합병 후 단기분할 시 재상장 제한

일반적으로 코스닥 상장법인이 인적분할 또는 인적분할합병을 실시한 후 분할 또는 분할합병으로 인하여 설립된 법인을 재상장할 경우 분할신설법인은 코스닥시장 상장규정 제17조 제5항의 요건을 충족할 경우 설립등기일로부터 1개월 이내에 재상장을 신청하여 상장할 수 있다.

코스닥시장 상장규정 제17조 제5항의 재상장 요건은 코스닥시장 상장규정 제6조에서 규정하고 있는 신규상장 요건보다 요건이 완화되기 때문에 신규상장 요건을 충족하지 못한 비상장법인의 경우, 코스닥 상장법인과 합병을 한 후 단기적으로 비상장법인의 영업을 분할 또는 분할합병을 실시하여 신설법인을 재상장함으로써 복잡한 심사를 거치지 않고 상장할 수 있다. 이러한 편법을 방지하기 위하여 비상장법인이 코스닥 상장법인과 합병한 후 합병기일로부터 3년 내에 인적분할 또는 인적분할합병으로 재상장을 신청할 경우, 재상장을 신청하는 법인은 일반적인 재상장 요건(기본 요건)에 일정한 추가적인 요건을 충족하여야 재상장이 가능하도록 규정하고 있다(코스닥시장 상장규정 제17조 제4항).

5 회사분할 절차

분할의 절차는 합병의 절차와 거의 비슷하게 진행되기 때문에 대부분이 합병절차를 준용하고 있다. 회사의 분할절차는 상법 제4장 제11절(제530조의2~제530조의12)에 규정되어 있다.

가. 이사회결의 및 분할계획서 또는 분할합병계약서 작성

회사가 분할 또는 분할합병을 하고자 하는 경우에는 이사회결의가 선행되어야 한다.

분할을 함에 있어서는 먼저 분할하고자 하는 사업부문의 자산과 부채의 범위와 그 가액을 확정하여야 하고, 필요한 경우에는 실사를 하여야 한다.

합병의 경우와 달리 분할의 경우에는 분할대가의 적정성에 대하여 외부평가기관의 평가를 받아야 한다는 규정은 없으나 불공정한 분할대가로 분할함으로써 불필요한 분쟁의 소지를 차단하기 위해서는, 필요한 경우에 회계법인의 실사보고서 등에 의하여 자산가액을 확정하고 분할계획일로부터 분할기일까지의 자산부채의 변동내용에 대한 처리방안까지도 미리 감안하여 분할계획서 또는 분할합병계약서를 작성하는 것이 바람직하다.

분할 또는 분할합병으로 인하여 설립되는 회사 또는 존속하는 회사는 분할하는 회사의 권리와 의무를 분할계획서 또는 분할합병계약서가 정하는 바에 따라서 승계하므로(상법 제530조의10) 이사회결의 후 분할계획서 또는 분할합병계약서를 작성하여야 한다(상법 제530조의3 제1항 ~제3항). 분할의 경우 분할계획서의 기재사항은 상법 제530조의5에 명시되어 있고, 분할합병의 경우 분할합병계약서의 기재사항은 상법 제530조의6에서 정하고 있다.

나. 분할 또는 분할합병에 따른 증권신고서[43)]

(1) 기재사항

일반적인 증권신고서의 기재사항과 첨부서류는 「자본시장과 금융투자업에 관한 법률」 시행령 제125조 및 증권의 발행 및 공시 등에 관한 규정 제2조~제6조에 규정되어 있다. 그러나 분할로 인하여 증권을 모집 또는 매출하는 경우에는 자본시장법 시행령 제129조에 따라 증권신고서에 증권의 발행 및 공시 등에 관한 규정 제2조~제10조 제7항에서 규정하고 있는 사항을 기재하여야 한다.

(2) 첨부서류

증권신고서의 첨부서류는 증권의 발행 및 공시 등에 관한 규정 제2조~제9조 제2항(합병)(제5호는 분할계획서이며 제11호는 제외, 즉 외부평가기관의 평가의견서)을 준용한다(증권의 발행 및 공시 등에 관한 규정 제2조~제10조 제8항).

다. 주요사항보고서 제출 등

(1) 주요사항보고서 제출

주권상장법인의 경우에는 주요사항보고서를 작성하여 금융위원회에 제출하여야 한다(자본시장법 제161조 제1항 6호).

43) 분할에 따른 발행시장 공시규제(증권신고서, 투자설명서)나 후술하는 유통시장 공시규제인 주요사항보고서 제출은 합병, 분할·분할합병, 영업양수·도, 주식의 포괄적 교환·이전에 공통적으로 적용되며(자본시장법 제161조 제1항 제6호 및 제7호), 자세한 사항은 본장 '합병의 절차'를 참조하기 바란다.

(2) 분할합병의 경우 합병규정의 준용

① 분할합병가액 산정

주권상장법인이 포함된 분할합병의 경우 분할합병가액의 산정은 주권상장법인이 포함된 합병 시의 합병가액 산정기준을 준용한다(자본시장법 시행령 제176조의6 제2항 · 제176조의5 제1항).

② 외부평가기관의 평가

주권상장법인이 분할합병(분할합병의 대상이 되는 법인이 비상장법인인 경우에 한함)을 하려는 경우, 분할합병비율의 적정성에 대하여 외부평가기관의 평가를 받아야 한다(자본시장법 시행령 제176조의6 제3항).

(3) 분할 및 분할합병의 경우 분할합병가액산정 등에 대한 예외

분할 및 분할합병의 경우 상기 분할합병가액산정 및 외부평가기관의 평가요건 등은 법률의 규정 또는 정부의 문서에 의한 승인 · 지도 · 권고 등에 따른 분할 및 분할합병에 관하여는 이를 적용하지 아니한다. 다만, 분할 또는 분할합병의 상대방이 되는 법인이 계열회사의 관계에 있고, 분할합병가액을 제1항 제1호(기준주가 산정방법)에 따라 산정하지 아니한 경우에는 분할합병가액의 적정성에 대하여 외부평가기관에 의한 평가를 받아야 한다(자본시장법 시행령 제176조의6 제4항 · 제176조의5 제10항).

(4) 분할의 요건과 절차 위반에 대한 조치

금융위원회는 자본시장법 제165조의4를 위반하여 분할합병가액을 산정하는 등 분할과 관련된 요건과 절차를 위반하는 경우에는 주권상장법인에 대하여 이유를 제시한 후 그 사실을 공고하고 정정을 명할 수 있으며, 필요하면 그 법인의 주주총회에 대한 임원의 해임권고, 일정 기간 증권의 발행제한, 그 밖에 대통령령으로 정하는 조치를 할 수 있다. 이 경우 그 조치에 필요한 절차 및 조치기준은 총리령으로 정한다(자본시장법 제165조의18 제7호).

라. 분할 대차대조표 등의 공시

(1) 분할회사

분할되는 회사의 이사는 주주총회일의 2주간 전부터 분할등기를 한 날 또는 분할합병을 한 날 이후 6월간 분할계획서 또는 분할합병계약서, 분할하는 부분의 대차대조표, 분할합병의 경우 분할합병의 상대방회사의 대차대조표, 분할되는 회사의 주주에게 행할 주식의 배정에 관하여 그 이유를 기재한 서면 등을 본점에 비치하여야 한다(상법 제530조의7 제1항).

(2) 분할합병의 상대방회사

분할합병의 상대방회사의 이사는 분할합병을 승인하는 주주총회의 2주 전부터 분할합병의 등기를 한 후 6월간 분할합병계약서, 분할되는 회사의 분할되는 부분의 대차대조표, 분할되는 회사의 주주에게 발행할 주식의 배정에 관하여 그 이유를 기재한 서면 등을 본점에 비치하여야 한다(상법 제530조의7 제2항).

마. 분할승인 주주총회

분할에 대한 승인은 주주총회의 특별결의를 얻어야 하며, 이때는 무의결권 우선주를 가진 주주도 의결권이 인정된다(상법 제530조의3 제1항~제3항). 또한 회사의 분할 또는 분할합병으로 인하여 분할 또는 분할합병에 관련되는 각 회사의 주주의 부담이 가중되는 경우에는 주주총회의 특별결의 외에 그 주주 전원의 동의가 있어야 한다(상법 제530조의3 제6항).

특히 분할합병의 경우에는 분할합병 당사 회사 모두의 주주총회의 승인결의가 있어야 한다. 또한 간이합병과 소규모합병에 관한 규정은 분할합병의 경우에도 준용하고 있다(상법 제530조의11).

바. 분할합병 시 반대주주의 주식매수청구권 행사 및 매수

자본시장법이 적용되는 경우에는 합병의 경우와 마찬가지로 분할합병에 관하여 이사회의 결의가 있는 때에 주주총회의 승인결의 전일까지 회사에 대하여 그 분할합병에 반대하는 의사를 통지한 주주는 그 총회의 결의일부터 20일 이내에 주식의 종류와 수를 기재한 서면으로 회사에 대하여 자기가 소유한 주식의 매수를 청구할 수 있다.

그러나 단순분할의 경우에는 주식매수청구권을 인정하지 않는다(자본시장법 제165조의5). 상법에 의한 분할합병에는 주식매수청구권이 인정되지 않는다.

사. 채권자보호절차

단순분할의 경우에는 원칙적으로 채권자보호절차가 적용되지 않지만, 분할 후의 회사가 연대책임을 지지 않는 경우에는 회사채권자가 회사의 담보재산의 감소로 인한 불이익을 입게 될 수 있기 때문에 분할되는 회사의 채권자는 이의를 제출할 수 있다(상법 제530조의9 제4항).

채권자보호절차는 분할합병의 경우에 준용된다(상법 제527조의5 · 제530조의11).

아. 주식병합절차

합병의 경우를 준용한다(상법 §440~§444 · §530의11).

자. 보고총회(창립총회)

합병의 경우를 준용한다(상법 §526 · §527 · §530의11).

차. 분할등기

상법 제234조(합병의 효력발생) 및 제528조(합병의 등기) 규정은 분할에도 준용된다(상법 §530의11).

카. 주권상장법인의 분할 또는 분할합병종료보고서 제출

주권상장법인이 분할 또는 분할합병등기를 할 때에는 지체 없이 분할 또는 분할합병종료보고서를 금융위원회에 제출하여야 한다. 다만, 증권발행실적보고서를 제출하는 경우에는 그러하지 아니하다(증권의 발행 및 공시 등에 관한 규정 §5-15).

타. 분할법인의 재상장

분할의 경우에도 합병의 경우를 준용하여 신주발행을 해야 하고, 제반 신고가 이루어져야 한다.

그러나 주권상장법인 및 코스닥 상장법인의 경우에는 분할에 의해 신설되는 회사가 재상장을 하기 위해서는 유가증권시장 상장규정 제36조 제2항, 코스닥시장 상장규정 제17조 제2항에서 정한 요건을 충족하여야 한다.

6 분할비율의 산정[44)]

가. 분할비율의 의의

분할비율이란 회사가 분할하는 경우 회사 전체의 자산·부채 및 자본 중 분할대상 사업부문에 귀속될 자산·부채 및 자본금액이 차지하는 비율을 의미한다.

이러한 분할비율 산출을 통하여 분할대상 사업부문에 귀속되는 자본금과 주식 수를 확정함으로써 분할로 신설되는 회사가 분할회사 또는 분할회사의 주주에게 교부할 주식 수를 확정할 수 있게 된다.

나. 분할비율의 계산

현재 관련 규정에서 분할비율을 산출하는 방법에 대한 내용은 없다. 즉, 분할당사회사가 주권상장법인 등인 경우에도 분할비율을 정하기 위한 주식가격의 산정에 관하여 자본시장법에 별도로 정하지 아니하고 기업회계에 맡기고 있다(자본시장법 시행령 제176조의6 제2항). 이는 분할되는

44) 박정우 · 정래용, 『M&A와 자본거래의 세무』, 영화조세통람(2019), p.98~100

재산이 분할회사 재산의 일부에 불과하여 주식의 시장가격을 분할비율 산정의 기준으로 삼을 수 없기 때문이다.

실무상으로는 분할회사의 전체 사업부문 개별자산 합계액(또는 자산총계)에서 분할대상 사업부문에 귀속되는 개별자산 가액이 차지하는 비율로 계산하고 있는 것으로 보인다(분할계획서 또는 분할합병계약서 작성시점 기준).

$$\text{분할비율} = \frac{\text{분할대상 사업부문에 귀속되는 개별자산 합계액}}{\text{회사전체 사업부문 개별자산 합계액(공통자산 제외)}} \times 100$$

다. 분할대상 사업부문의 자본금 결정

분할신설회사로 이전되는 분할대상 사업부문의 자본금(자산 및 부채가액)의 결정은 먼저 분할계획서 또는 분할합병계약서 작성시점에서 사전적으로 이루어지고, 최종가액은 분할기일 또는 분할합병기일에 확정된다.

즉, 분할계획서 또는 분할합병계약서 작성시점에서 이관되는 자산·부채의 가액이 결정되며, 이에 따라 분할비율산정 기준시점일에 산출된 분할비율은 분할비율 산정기준시점일 이후부터 분할기일 또는 분할합병기일 사이의 거래에 따른 영업성과로 인해 자산 및 부채의 가액이 변동함에 따라 변하게 된다.

따라서 분할로 사실상 이전되는 분할기일 또는 분할합병기일 시점에서 확정되는 자산 및 부채가액은 시점 차이로 인해 분할계획서 또는 분할합병계약서상의 이관대상 자산 및 부채가액과 차이가 발생하게 되어 조정이 필요하다.

분할신설회사에 귀속되는 자본금(자산 및 부채)은 다음과 같이 산출된다(분할기일 또는 분할합병기일 기준).

- 자산 = 분할대상 사업부문에 귀속되는 개별자산 합계액(A) + 분할대상 사업부문의 공통자산가액(B)
- 부채 = 분할대상 사업부문에 귀속되는 개별부채 합계액(C) + 분할대상 사업부문의 공통부채가액(D)
- 자본금 = 자산 = 부채

구체적으로 살펴보면 다음과 같다.

(1) A금액(분할대상 사업부문에 귀속되는 개별자산 합계액)

분할비율 산정기준시점의 분할대상 사업부문에 귀속되는 개별 자산가액 + 최종분할기일(분할합병기일)까지의 자산변동분

(2) B금액(분할대상 사업부문의 공통 자산가액)

최종분할기일(분할합병기일)의 회사 전체 자산의 합계액 × 분할비율 − A금액

(3) C금액(분할대상 사업부문에 귀속되는 개별부채 합계액)

최종분할기일(분할합병기일) 시점에 양사가 협의하여 결정(한도: 회사 전체 부채가액 × 분할비율)한다.

이때 개별부채란 분할대상 사업부문에 귀속되는 것으로 식별 가능한 매입채무와 이관대상 유형자산에 담보 설정된 장·단기차입금을 포함하되 금융기관 등과 사전에 협의한다.

(4) D금액(분할대상 사업부문의 공통부채가액)

최종분할기일(분할합병기일) 시점의 회사 전체의 총 부채액 × 분할비율 − C금액

제 9 장

바람직한 M&A 방향

제1절 국내 M&A 시장의 특징

제2절 바람직한 M&A 원칙

제3절 한국에서의 구조조정과 M&A의 성공과 실패 사례

제1절

국내 M&A 시장의 방향성

바람직한 M&A의 방향이란 무엇일까? 그 방향이란 M&A의 궁극의 목적인 기업가치의 향상으로 귀결된 수많은 기업의 M&A의 결과를 보고 귀납적으로 결론을 내려야 할 과제이다.

이러한 관점에서 그 방향을 찾아보면 독점적 지위를 누릴 수 있는 수평적 결합과 수직적 결합으로 결론을 내릴 수 있다. 즉, 수평적 결합이란 시장에 영향력을 증대시킬 수 있는 시장점유율을 확대하기 위한 것이고, 수직적 결합이란 생산단계가 서로 다른 기업 간의 M&A를 통해 기술적 경제성, 거래를 내부화함에 따른 비용감소 효과, 관련 제품라인에 대한 통제력 증대를 위한 것이다.

결국은 어떻게 하든 궁극적인 제품의 시장점유율 확대를 통해 독점적인 지위에서 이익을 얻기 위한 것이다.

세계 최대의 전자결제 시스템 회사인 페이팔의 창업자 피터 틸(Peter Thiel) 팰런티어테크놀로지 회장이 "이 세상에 숫자 2는 의미가 없습니다. 경쟁하지 말고 독점하세요."라고 말했듯이 비즈니스의 세계에서는 독점이 주는 이익은 실로 막대한 것이다.

이러한 관점을 수용한다면 2015년 이후 한국에서 진행된 M&A는 몇몇의 사례를 제외하면 대체로 시장점유율 확대와 시장에서의 통제력 강화라는 목적에 맞게 거래가 성사된 것 같다.

카카오가 2016년 1월 싱가포르 사모펀드 어피니티로부터[45] 1조 8,743억 원에 로엔엔터테인먼트를 인수한 것도 시장 독점력 강화차원으로 이해되고, CJ헬스케어를 한국콜마에 매각하고, CJ헬로비전은 LG U+에 매각하고,[46] 냉동식품 전문업체 미국 카히키(Kihaki)와 독일 마인프로스트(Mainfrost), 미국의 또 다른 냉동식품 전문업체 쉬완스컴퍼니(Schwan's Company)를 18.4억 달러에 인수한 것도 미래 성장을 이끌어 갈 K-Food의 전진기지 구축을 위한 것으로 생각된다.

또한 현재도 자동차 전장부품 사업을 가전사업 다음의 주력으로 삼고 있는 LG그룹은 전장사업의 강화를 위해 2018년 세계 최대 자동차용 헤드라이트 및 조명업체인 ZWK[47]를 11억 유로(약 1.45조 원)에 인수하였다. LG그룹의 ZKW의 인수는 비주력사업인 LG실트론을 매각하고 전략사업인 전장산업을 강화하기 위한 시도에서 비롯된 것으로 매우 바람직해 보인다.

SK그룹은 예전의 SK하이닉스의 인수 후 주로 반도체 관련 사업체를 인수하는 것으로 나타났다. 먼저 OCI그룹으로부터 SK머티리얼즈를 인수하였고, LG그룹으로부터 실리콘웨이퍼 제조사인 에스케이실트론을 인수하였다. 또한 SK브로드밴드는 티브로드를 태광산업으로부터, SK네트웍스는 매물로 나온 웅진코웨이를 인수하려 하고 있다. 이러한 인수사업은 각 계열사의 사업목적에 맞거나 인접산업으로 각 사업의 수직계열화 또는 시장점유율을 올리는 목적으로 적당한 기업으로 판단된다.

---

45) 지분 61.4%는 어피니티로부터, SK플래닛으로부터 15% 총 76.4%를 인수하였다.
46) 현재 매각을 위한 공정거래위원회의 승인을 기다리고 있다.
47) ZKW는 오스트리아 차량용 조명업체로 1938년에 설립되어 폭스바겐, 메르세데스벤츠, 아우디, GM, 포드 등 글로벌 완성차 업체들과 직거래하는 업체이다.

이런 맥락에서 벗어난 것으로 삼성그룹의 자동차 전장분야 세계 1위 업체 하만을 9조 3,000억 원에 사들인 것이다. 삼성은 전장사업에 뛰어들지도 않았고 그다지 시너지효과도 없을 것처럼 생각되는데 언론은 고성장을 보이는 커넥티드카용 전장사업에서 단순에 기반을 구축한 것으로 보고 '신의 한수'라고 평가하고 있다. 삼성그룹이 인수한 뉴넷캐나다, 비브랩스, 스마트싱스, 루프페이 등은 궁극적인 목표인 인공지능 · IoT, 스마트카 등 생활플랫폼 선점에 기여할 것으로 보인다.

주력사업에서 벗어나 새로운 사업을 인수한 사건으로 건설건자재 업체 KCC의 실리콘 생산량 2위 업체인 미국의 실리콘 제조업체 모멘티브 퍼포먼스를 30억 달러에 인수한 것이다. KCC는 사업다각화의 전략으로 전자사업의 경험과 노하우가 쌓여 있지 않은 사업에 대해 도전한 것이지만, 우리나라가 반도체 강국으로 시장점유율 세계 1위 삼성전자와 2위 하이닉스가 자리하고 있어 실리콘의 안전적인 공급은 가능할 것이라 생각된다.

이러한 의미에서 서로 관련이 없는 업종 간의 다각적 M&A는 바람직하지 않는 방향이라고 할 수 있다. 전설적인 펀드 운영자 피터린치는 '다각적 M&A'를 '다악화 M&A'라고 할 정도로 이종 업종 간의 M&A에 대해 비판적이었다.

이 장에서는 JP모건 가문과 록펠러 가문의 공포스런 독점과정을 설명하고 현재 미국을 이끌고 있는 IT 기업인 구글, 애플, 시스코와 일본 기업인 후지필름 등도 알아본다. 또한 우리나라에서 일어난 M&A의 성공과 실패를 통해 그 방향을 모색해 본다.

제2절

바람직한 M&A 원칙

여기에서 제시하고 있는 바람직한 인수합병의 원칙이란, 필자가 여러 M&A의 성공과 실패 사례에서 공통적인 원칙을 찾아 정리한 것이다. 따라서 어떤 개별적인 M&A에서는 각각의 상황과 특징에 맞게 적용하는 것이 더 현실적일 것이다. 인수합병을 하고자 할 때 검토하여야 할 원칙으로 다음 7가지를 제시한다. 각 원칙에는 여러 회사의 M&A 성공 사례가 제시될 것이다.

(1) **시장점유율을 확대할 수 있는가 확인하라**

(2) **인수가 기업전략에 부합한가 숙고하라**

M&A가 실패할 확률은 무려 70%에 달하며, 시스코의 경우에도 3건 중 1건은 실패했다. 예컨대 인수를 통해서 해당 분야의 시장점유율을 최소 40%는 확보할 수 있는지, 다른 경쟁자가 쉽게 따라 할 수 없는 기술력이 있어서 앞으로 지속적인 차별화가 가능한지 등을 전략적으로 평가해야 한다(존 체임버스 전 시스코 회장의 말).

(3) **기업인수를 통해 무엇을 얻을 수 있는지 명확하게 이해하라**

회사를 인수하면 우수한 인력과 함께 새로운 먹거리인 신제품을 확보할 수 있다. 그 과정에서 어떤 인재 또는 신기술 등 얻고자 하는 것을 미리 파악하고 있어야 한다.

(4) **비전의 공통분모를 찾아라**

인수하려는 회사의 비전이 모회사와 다르다면 인수할 때 경제적으로 잠시 합쳐질 수 있지만, 곧 문제가 발생한다. 비전이 다르면 다른 비전을 어떻게 융합시킬 것인가에 대한 해답을 가지고 있어야 한다.

(5) 기업문화가 비슷한지 확인하라

기업문화가 다르면 두 회사의 융합을 기대하기 어렵다. 인수하려는 회사의 직원들이 '고객'을 언급하는지, 경영진이 회사의 성공을 직원들과 공유하는지, 일부 고위층 임원이 회사의 의사결정을 독점하는지, 또는 오너 임원이 수익 대부분을 가져가는지 등 회사의 문화를 파악해야 한다(존 체임버스 전 시스코 회장의 말).

(6) 보유기술을 이용할 수 있는 관련산업으로 진출하라

(7) 시기적으로 불황시기에 하여야 한다

불황일 때는 유동성 위기 등이 겹치기 때문에 좋은 기업도 불황을 이기지 못하고 매물로 나오는 경우가 있다. 이때가 기업을 싼 가격에 인수할 수 있는 좋은 기회이다. 불황이 아니면 나오지 않을 매물도 나올 수 있으므로 유동성만 확보된다면 사업기획을 늘릴 수 있는 매우 좋은 기회일 것이다.

 시장점유율을 확대할 수 있는지 확인하라

시장점유율의 확대는 대부분 기업의 목표일 것이다. 그러한 목표를 성취하기 위해 오랜 기간 동안 부단한 노력을 기울이기도 하지만 목표를 단기간에 달성하기 위해 M&A를 시도한다. 시장점유율이 확대되면 영향력이 증대되고 그 영향력에 따라 독점이익이 따라오기 때문이다. 이러한 예로는 지금도 보이지 않는 곳에서 미국을 움직이는 JP모건과 록펠러 가문의 미국산업 지배과정을 지켜보면 보다 명확해질 것이다.

가. JP모건 가문

JP모건의 아버지는 조부가 부동산과 보험으로 번 돈을 자본으로 대금업을 하는 상사를 설립하였다. 아버지의 사업을 이어받은 JP모건은 대금업을 하는 상사를 바탕으로 은행업에 진출하였다. 이재와 투기에 남다른 재능을 보인 모건은 남북전쟁이라는 절호의 찬스를 만나 그 재능을 발휘하는데 이것이 그 유명한 총기납품 사기와 금투기이다. 모건은 단 두 건으로 약 2,000억 원이 넘는 엄청난 금액의 투기이익을 남겼다. 남북전쟁이 끝나고 서부개척이 시작되면서 철도사업이 가장 유망한 업종으로 부각되자, JP모건은 당시 뉴욕센트럴 철도회사의 사장이었던 철도왕 밴더빌트에게 의도적으로 접근하여 좋은 관계를 유지하면서 철도의 연관 사업이면서 철도와 뗄 수 없는 전신회사 웨스턴 유니언사를 인수하여 전신사업에 발을 들여 놓는다. 이후 알렉산더 그레이엄 벨이 전화를 발명하자 전신전화사업과 전화 관련 제품이 유망산업으로 떠올랐다. 이에 JP모건은 벨이 세운 회사와 웨스턴 유니언사를 합병하여 전신전화 회사 AT&T를 세운다. 이 회사는 넓은 미국 전역에 전화를 공급하면서 미국 방방곡곡의 돈을 긁어모으다시피 했다. 또한 전신전화 기계를 개량하고 새로운 기계발명에 매달리는 기술진으로 구성된 웨스턴일렉트릭사를 세워 미국의 전신전화 사업을 독점하였다. 그 지배 구조는 모건상사 – 벨(전화기 발명가) – AT&T – 웨스턴일렉트릭으로 되어 있다. 즉, 금융자본을 통해 산업의 수직계열화를 완성한 것이다.

다음으로는 에디슨이 백열등을 발명하고 상용화하자 전기사업이 유망사업으로 각광받기 시작했다. “천재는 1%의 영감과 99%의 땀으로 이루어진다.”라고 말했던 에디슨이 에디슨 전등사를 기반으로 에디슨제너럴일렉트릭사를 설립하였는데, 이때 자금을 대준 것이 JP모건상사였으므로 결국 모건상사가 지배한 것이다. 이후 다른 회사와 합병하여 우리가 잘 알고 있는 제너럴일렉트릭사(GE)가 되었다. 2년 뒤 조지 웨스팅하우스가 이끄는 웨스팅하우스 전기회사가 설립되고, 전기생산은 GE와 웨스팅하우스사로 이원화되었다. 이후 웨스팅하우스사가 나이아가라 발전소를 세우고 전기 사업에 주도권을 장악할 상황이 되자 모건상사는 웨스팅하우스사에 자금을 쏟아 부어 웨스팅하우스사도 지배하게 된다. 이에 따라 모건상사는 GE와 웨스팅하우스사를 모두 자신의 지배 아래 놓고, 전기 생산에서 전기를 사용하는 제품의 생산까지 모두 독점적 지위를 누리게 된다.

철도사업은 어떻게 되었을까? 뉴욕 센트럴 철도회사를 이끌었던 철도왕 밴더빌트가 재정적으로 어려움에 처하자 JP모건은 이 회사 주식의 대부분을 영국의 부호 로스차일드 가문에 팔아치우고, 그는 로스차일드 가문의 대리인으로 대표이사에 올라 이 회사를 지배하게 된다. 한편 JP모건은 철도사업을 하면서 철도레일을 만드는 철강회사에도 눈을 돌리게 된다. 철도사업의 과점상태에서 수직계열화를 이루어 규모의 경제를 이루고 싶었기 때문이다. JP모건은 여러 지역에서 권세를 누리던 철강회사를 하나로 묶어 연방제강(Federal Steel)이라는 거대한 회사를 세우는 데 성공한다. 그런데 그것으로는 철강사업에서 독점이 아닌 과점상태에 머물렀기 때문에 독점을 위해 당시 가장 큰 철강회사였던 카네기 제강을 합병하여 US스틸을 만들고자 계획하였으나, 가장 큰 걸림돌이 있었으니 그것은 철강왕이라 불리는 앤드류 카네기였다. 모건은 최대의 경쟁자인 카네기제강을 인수하기 위해 1900년 당시로는 상상할 수 없는 금액인 약 20조 원을 주고 카네기 제강을 합병하여 최대의 철강회사 US스틸을 세우는 데 성공한다. 이로써 철로 만드는 철근, 철도, 조선 등 미국의 철강산업을 지배하는 독점회사로 군림하게 된다. 결과적으로 전신전화와 관련산업은 AT&T, 전기생산과 관련산업은 GE와 웨스팅하우스, 철강산업은 US스틸, 철도는 퍼시픽 철도를 중심으로 지배구조를 완성한다.

이 모든 것이 가능했던 것은 은행과 증권시장을 장악하고 있었던 JP 모건계의 은행들과 증권사가 증권발행과 시세조작으로 거대한 자금을 조달할 수 있었기 때문이다.

나. 록펠러 가문

서부 네바다 주에서 하나의 금광이 발견되면서 골드러시로 들끓었던 이듬해인 1859년 동부 펜실베니아 주의 타이타스빌에서 우물파는 기술자인 스미스와 그의 아들 샘이 우물을 파는 중에 석유를 발견하였다. 이로써 이곳에 오일러시의 서곡이 고고하게 울려 퍼지기 시작했다. 존 D. 록펠러는 남북전쟁이 시작되었을 때 전쟁을 이용하여 군수물자의 운반과 판매로 막대한 돈을 벌었다. 살고 있던 클리블랜드에서 얼마 떨어지지 않는 타이타스빌에서 석유가 발견되었기에 1862년 석유정제업을 시작하였다. 남북전쟁이 한창이었기에 석유에 대한 수요는 어마어마 했으므로 석유정제업이 막대한 이익을 보장해 줄 것을 알아차린 것이다.

그 이후의 록펠러는 석유업계의 전설이 되었다. 오일러시의 초기에 투자하여 얼마 지나지 않아 동업자를 몰아내고 독자적으로 새 회사를 출범시켰고, 4년 후 동생 윌리엄을 파트너로 끌어들여 회사의 관리와 재무를 맡겼다. 오일러시가 시작되자 많은 사람이 도처에서 석유를 찾고 있었고, 실제로 석유를 발견하여 벼락부자가 한 달에 한 다스씩 배출되는 시기에 록펠러는 여느 다른 벼락부자들과는 다르게 움직였다. 록펠러가 정작 노린 것은 석유 자체가 아니라 남의 석유를 어떻게 독점할 것인가에 돈과 정력을 쏟아 부었다. 남의 기름을 자기 정유소로 가져가 정제해서 미국 전역에 공급하려는 '신성한' 사업을 생각해 낸 것이다. 이후 1870년 록펠러는 그의 기념비적인 회사인 스탠더드 오일(Standard Oil)주식회사를 설립하여 본격적인 독점화 작업에 매진한다. 이때 시장점유율이 약 25%이었는데, 이후 7년 만에 미국 전체 석유의 95%를 독점하게 된다. 여기에 결정적인 역할을 하게 된 것이 록펠러가 철도업자에게 제안한 '리베이트 시스템'이다.[48] 그 당시에는 자동차산업이 일어나기 전이었으므로 철도망을 장악하자 다른 경쟁사를 제압하는 것은 매우 쉬운 일이었다. 이후 석유업계에서는 더 이상 대적할 회사가 없게 되었다. 하지만 석유는 철도로 수송하기보다는 파이프로 수송하는 것이 비용면에서 훨씬 유리하였기 때문에 스탠더드 오일은 좋은 파트너 관계를 유지한 철도회사를 버리고 석유수송용 파이프라인 건설을 시작하였다.[49] 이

48) 1871년에는 석유와 철도가 과잉이 되어 양 업계 모두 가격할인 경쟁이라는 곤경에 빠져 있었다. 이때 록펠러는 철도회사 간부들에게 은밀한 '리베이트' 제안을 한다. "철도 운임할인 경쟁을 그만두고, 오히려 협정운임을 지금보다 조금 높은 가격으로 통일하시오. 단 스탠더드 오일의 석유 수송비는 할인해 달라는 것이오. 이 운임방식을 비밀리에 지켜준다면, 스탠더드 오일의 경쟁사들은 높은 운임 탓에 잇달아 도산하게 될 것이오. 다른 회사가 망하게 되면 그 회사는 내가 인수할테니 석유 물동량이 줄어들 염려는 전혀 없소. 그리고 우리 회사는 석유업계 내의 무리한 경쟁을 피할 수 있어 유가를 인하할 필요가 없어지니 보다 높은 이윤을 얻을 것이오. 그런 다음 회사가 월등하게 커지면 안정된 석유 수송비를 보장하겠소. 이 제안에 찬성하는 철도회사에게는 스탠더드 오일이 우선적으로 석유수송을 의뢰할 것이고, 여러분에게도 다양한 특혜가 주어질 것이오." 이러한 리베이트 제안이 수락되면서 다른 석유회사는 망하고 스탠더드 오일은 그 회사를 인수하면서 몸집을 불려갔다. 그중에는 록펠러의 동생인 석유업자 프랭크린 록펠러도 포함되어 있었다.

49) 다음으로 시도한 것이 원유수송에 필요한 파이프라인의 파괴이다. 록펠러가 철도수송망을 리베이트 방식으로 장악해버리자 타이트워터사는 철도가 아닌 파이프라인으로 수송하기 위해 파이프라인 건설에 매달렸다. 이에 록펠러는 파이프라인을 건설하기보다는 불한당을 고용하여 파이프라인을 파괴함으로써 경쟁자를 도산으로 몰고 갔고, 도산된 회사를 인수합병함으로써 95%의 독점에 도달할 수 있었다. 히로세 다카시, 이규원 옮김, 제1권력(66–69쪽), 프로메테우스(2010), p.66~69

렇게 수송용 파이프라인이 완성되자 미국 전역의 석유시장은 스탠더드 오일의 지배하에 들어가게 되었다.

이후 록펠러는 쌓여가는 금화를 내셔널시티은행에 집중하여 예치함으로써 내셔널시티은행을 뉴욕 최고의 은행으로 성장시킨 후 이를 바탕으로 발전회사인 에디슨과 합병한 '콘솔리데이티드 에드슨 사'를 인수하여 발전사업에 뛰어 들었다. 이때 발전사업에 들어가는 거의 모든 케이블이 구리라는 사실을 알고, 이번에는 그 기본원료인 구리사업을 장악하였다. 이어 미네소타 주의 메사비 광산을 사들여 철광석 원료를 카네기제철에 대여하는 등 사업의 영역을 확장하면서 JP모건과의 경쟁을 시작하였다. JP모건이 US스틸을 세워 카네기제철을 흡수합병하면서 모건과 록펠러는 철광산을 매개로 운명적으로 만나게 된다. 록펠러는 3천만 달러 상당의 메사비철광산을 그 3배에 달하는 가격으로 매각하고, 그 대가로 US스틸의 대주주의 지위를 가지게 된다. 그 후 록펠러는 JP모건에 대항해서 철도사업에 뛰어드는데, JP모건 모르게 최초로 미국 대륙 횡단을 이룩한 미국 최대의 철도회사 유니언 퍼시픽철도 주식을 약 50만 주, 대략 1억 달러에 과반수 이상의 주식을 매집해버린 것이다. 이러한 사실을 안 JP모건 가문의 반격으로 100달러도 비싸다고 한 주식이 1천 달러를 호가하게 되는 등 양 가문은 철도사업을 두고 치열한 경쟁을 벌였으나, 결국 록펠러 가문이 철도사업의 지배권을 양보하였고 이로써 양 가문이 화해하고 손을 잡게 된다.

1901년 이후 양 가문은 때로는 경쟁하고 때로는 협력하면서 산업과 정치 등 모든 영역에서 보이지 않는 영향력을 지금도 행사하고 있으며, 그 힘의 균형은 모건 가문과 록펠러 가문이 6 : 4의 비율로 이뤄진다고 한다.

다. 구글의 유튜브 인수

유튜브는 누구나 영상을 올리고 자유롭게 볼 수 있는 글로벌서비스이다. 2005년 스티브 첸, 채드헐리, 조드 카림이 창업한 유튜브는 2006년 구글이 16억 5,000만 달러(약 1조 800억 원)에 인수하였다. 유튜브 서비스는 회원이 자신의 채널을 편집하고 설정할 수 있도록 하며, 게시된 동영상을 평가하고 재생기록 등을 기반으로 추천 동영상을 표시한다. 이러한 방식으로 회원이 게시한 비디오 클립, 뮤직 비디오, 학습 비디오 등과 같은 게시물은 동영상 형태로 파일의 업로드가 가능하여 누구나 회원가입 없이 볼 수 있도록 서비스하고 있다. 구글은 유튜브의 가능성을 인지하고 그 당시로는 상상할 수 없는 거금을 주고 인수한 것이다. 2015년 현재 유튜브는 최대 동영상 서비스로 성장하였으며 시범서비스가 시작된 이래 분당 방문자 수가 10억 명을 넘어섰고, 지금도 분당 300시간 이상 분량의 동영상이 올라오는 등 성장을 지속하고 있다. 2010년만 해도 분당 24시간 분량의 영상이 등록되었지만, 5년 만에 10배 이상 커진 것이다. 현재 국가가 접속을 차단한 중국과 북한을 제외한 전 세계에서 서비스되고 있으며, 지원 언어는 76개나 된다. 현재 유튜브는 사회관계망 서비스에서 뿐만 아니라 신문, 지상파, 케이블 방송 등 미디어에서도 단연 유튜브가 대세가 되어 가고 있다. 주 수익모델은 광고이다. 이용자가 올린 동영상에 광고를 붙인 뒤 45%는 수수료를 떼고 55%는 제작자에게 준다. 구글은 유튜브에 동영상을 올린 뒤 광고를 통해 연간 10만 달러 이상의 수입을 올린 이용자들이 수천 명에 달한다고 한다. 이렇게 회원들이 수입을 올리면서 경쟁적으로 게시물을 올리고 댓글을 달고 소통함으로써 미디어와 SNS의 총아로 등장하게 되었다.

검색을 주로 하는 구글이 천문학적인 거금을 주고 동영상서비스를 하는 유튜브를 인수한 이유는 뭘까 궁금해 하는 사람이 많다. 그 이유는 명백하다. 구글이 올리는 수입의 대부분이 광고이기 때문이다. 유튜브를 이용하는 이용자가 동영상을 올리고, 그 동영상에 광고를 붙이면 구글이 광고시장에서 차지하는 시장 지배력이 그만큼 커지기 때문이다. 결국 구글은 검색과 다른 서비스를 인수하면서도 본업의 주수입원인 광고시장에서 독점력을 확보하기 위한 전략으로 인수한 것이다.

라. 중국공상은행

세계최대은행인 중국공상은행(Industrial and Commercial Bank of China, ICBC)은 2014년 자산 3,217조 원, 순이익 44조 7,310억 원을 기록한 포브스 지 선정 글로벌 1위의 기업이다. 공상은행은 e-ICBC로 가기 위해 전자상거래, 다이렉트 뱅킹, 메신저 플랫폼 등 3대 플랫폼을 일체화해 대출, 재테크 투자상품의 라인을 갖출 계획이다. 영세기업을 대상으로 만든 인터넷 대출 상품은 벌써 누적대출액이 1조 4,000억 위안에 달해 전자상거래 업체 알리바바가 만든 인터넷 결제전문회사 알리페이보다 많다.

공상은행의 성공비결 중 하나는 과감한 인수합병 전략이다. 지난 20년간 유럽, 아시아, 아프리카 등에서 14개 은행을 인수했다. 현재 영국 스탠다드차타드은행의 외환트레이딩 부문을 포함해 대만, 터키 등 3곳에서 인수합병을 진행하였으며, 2017년에는 미국 웰파고 은행을 인수하여 총자산규모에서 세계최대은행으로 부상하였다. 인수합병 실패원인의 70%는 통합능력의 부족 때문이라고 말하는 공상은행 장젱칭 회장은 "통합의 첫 번째 단계는 임직원을 안심시키는 것이고, 두 번째 단계는 자신감을 심어주는 것이다. 해외금융회사를 인수할 때 반드시 현지 인력을 그대로 활용하고, 개방적인 사고로 다양한 문화를 받아들여야 한다."고 말했다.

마. 인텔

인텔은 컴퓨터의 중앙장치인 CPU를 생산하는 세계 최고의 칩 생산업체이다. PC의 구동을 위해서는 중앙연산장치인 CPU가 꼭 필요하기 때문에 PC시대에는 반도체업계의 총아로 자리 잡았다. 이제는 IT 패러다임이 PC에서 모바일로 이동하면서 PC 구동에 쓰이는 칩이 아니라 스마트폰을 구동하는 칩이 널리 사용되고, 이러한 통신용 칩은 퀄컴과 삼성전자 등이 생산하고 있어 상대적으로 인텔의 위상이 예전만 못하게 되었고, 메모리 칩과 비메모리 칩을 생산하는 삼성전자에게 세계 1위의 반도체 회사의 자리를 위협받게 되자 인텔은 차량·군사·항공용 반도체를 주로 만드는 알테라를 167억 달러(약 18조 원)에 인수했다. 이를 통해 인텔은 삼성전자와 퀄컴 등 기존 경쟁업체를 따돌리고 독보적인 세계 1위의 자리를 보전하게 되었다.

2 인수가 기업전략에 부합한가 숙고하라

가. 시스코의 사례50)

시스코는 미국 실리콘밸리의 새너제이에 있다. 세계 최대의 네트워크 장비회사로 2013년 매출 471억 달러, 시가총액 1,300억 달러에 달하는

50) 인터뷰 내용과 일부 내용은 조선일보 Weekly Biz(2014.12.20.~21.) C3 면에서 인용한 것이다.

거대한 회사이다. 시스코는 '인터넷의 핏줄'로 불린다. 핏줄이 없으면 몸 구석구석에 혈액을 공급할 수 없는 것처럼, 시스코의 네트워크 장비가 없으면 PC나 회사 전산망을 인터넷에 연결할 수 없다. 전 세계 인터넷 사용자의 70%가 시스코가 만든 라우터나 스위치 같은 네트워크 장비를 사용하고 있다.

이 회사에서 19년째 CEO를 맡아 재임기간 중 매출액을 12억 달러에서 471억 달러로, 약 40배 증가시킨 존 체임버스(2015년 사임함)의 성공비결은 세 가지이다.

"첫째, 시스코는 언제나 고객 중심 회사였습니다. '기술과 결혼할 수 없고, 제품과 결혼할 수 없고, 조직과 결혼할 수 없지만 고객과는 결혼할 수 있습니다' 고객이 원하는 것을 찾고, 그 수요에 맞추는 것이 시스코의 창립 이래 30년간 내려온 전통입니다. 라우터와 스위치를 시작으로 비디오 화상통화, 보안, 사물인터넷 모두 마찬가지입니다. 시장 1등이 된 것은 고객들이 요구하는 것을 만들었기 때문입니다. 그러면 어떻게 고객 수요를 찾느냐? 간단합니다. 고객과 많은 이야기를 나누면 됩니다. 1주일에 평균 30시간 정도 고객 응대에 투자합니다. IT는 지난 30년간 기하급수적으로 발전했습니다. 그러나 신기술이 아무리 쏟아져 나온다고 해도 고객의 수요에 맞추기는 어렵습니다. 고객은 항상 기술 이상의 무언가를 요구하기 때문입니다. 그러나 고객들과 끊임없이 이야기를 나누다 보면, 어느 순간 고객이 먼저 자신이 원하는 것이 무엇인지를 이야기해 옵니다. 이를테면, '존, 우리는 빅 데이터를 즉각 분석해 볼 수 있는 솔루션이 필요해요'라는 식으로요. 여기서 회사가 나아가야 할 길에 대해 영감을 얻습니다.

둘째는 시장의 변화를 예측하기 위해 끊임없이 촉각을 기울인 덕분입니다. 그 덕분에 앞으로 어떤 미래가 펼쳐질지 짐작할 수 있었죠. 예를 들면, 1998년 시스코는 '전화서비스가 언젠가는 공짜가 될 것'이라고 생각했습니다. 기술이 발전하면 목소리만 전달하는 데이터 전송은 무료로 제공해도 괜찮을 것이라고 생각했거든요. 실제로 무료 인터넷 전화(VOIP) 서비스가 나왔죠.

셋째는 토털 솔루션을 제공한다는 것입니다."

체임버스 회장은 공식 석상에서 "큰 물고기가 작은 고기를 잡아먹는 것이 아니고, 빠른 물고기가 느린 물고기를 잡아먹는다."는 말을 자주 써왔다. 경쟁의 우위는 크기에 달려 있는 것이 아니라 속도에 달려 있다는 말이다. 시스코는 빠른 물고기처럼 시장 변화를 앞서 예측했고, 선제적으로 대응해 왔다. 즉, '규모의 경제'가 아닌 '속도의 경제'를 내세워 사물인터넷과 보안, 빅데이터 분석에 집중했다.

시스코는 속도의 경제를 위해 상명하달식 수직 문화를 철저히 배격하고, 팀 관리자에게 자율권을 부여함으로써 팀 단위로 빠르게 의사결정을 하도록 했다. 즉, 작은 조직을 여럿 만들고 권한을 분리하는 방법으로 의사결정 속도를 빠르게 유지한다.

"하나의 기술에 올인(all in)하는 것은 매우 위험합니다. 유선 인터넷이나 ATM을 보세요. 많은 업체가 이 기술에 투자하고 대안은 고민하지 않았습니다. 그러나 각각 무선 인터넷과 모바일 뱅킹으로 대체되고 있습니다. 그러므로 거의 모든 신기술을 지원할 필요가 있습니다. 그런 차원에서 스핀인(spin in: 신기술 확보를 위해 스타트업에 먼저 투자한 다음 성공하면 해당 기업을 사들이거나 한 번 분사시켰던 회사를 다시 사들이는 방식)은 반드시 필요합니다. 시스코의 성장에는 스핀인의 힘이 있었습니다. 다양한 회사, 다양한 관점을 받아들이는 것은 시스코의 기업문화이자 DNA입니다. 사실 CEO들은 자신을 개발하려고 하지 않아요. 이미 어디서든 인정받을 만큼 완성된 능력을 갖추고 있거든요. 그러나 세상은 끊임없이 변하죠. 아무리 능력이 출중하다고 해도 새로운 것을 개발하지 않으면 4~5년 이상 좋은 성과를 유지할 수 없습니다. 그 능력이 낡아 버리기 때문입니다. 그 때문에 많은 회사에서 4~5년을 주기로 CEO를 교체합니다. 저는 항상 윈윈(win－win)이 성립할 수 있다고 믿습니다. 저는 고객이나 동료, 경쟁자들과 협상할 때 조금이라도 제게 더 유리한 결과를 끌어내려 하지 않습니다. 저 혼자의 이익을 위한 협상은 제로섬입니다. 그러나 협상에서 양측 모두가 타당한 결과를 얻었다면 윈윈입니다. 그 바탕엔 신뢰가 있습니다. 둘째 원칙은 내면의 자신감(inner confidence)입니다. 어떤 일을 하든 잘 준비되어 있을 때 나오는 그 자신감 말입니다. 이런 자신감이 없이는 절대 승리할 수 없습니다. 종종 제품을 기술력으로만 정의하는 사람이 있습니다. 이를테면 '이 제품은 100배 빠른 기술을 적용했습니다' 그러나 제품은 고객에게 어떤 혜택을 제공하느냐로 정의해야 합니다. 우리는 이 '제품은 지금 당신이 일하는 시간을 50% 줄여 줍니다.'라는 식으로 말합니다."

스핀인은 기업이 리스크를 직접 짊어지지 않으면서도 시장 밖에서 일어나는 혁신의 조짐을 먼저 알아차리고 경쟁력을 확보하는 중요한 전략이다.

시스코는 창립 이래 지금까지 30년 동안 175개 기업을 인수하였다. 자체적인 연구개발도 하지만 주로 외부의 다른 회사를 사들이는 데 더 집중했다. 새로운 시장에 진입하거나 성장에 필요한 것이 있다면 그 기술을 가진 기업을 사들이는 것이 더 효율적이라고 판단한 것이다. 특히 제품의 수명이 길어야 2년에 불과한 IT업계에서는 기업을 인수함으로써 빠른 시간에 시장을 선도하게 된다.

개방형 혁신(open innovation) 전략의 일종인데, 시스코는 이 개념이 태어나기 훨씬 전부터 이를 직접 실천해왔다. 이러한 시스코의 전략을 R&D와 대비해서 A&D(aquisition & development: 인수후 개발)라고 부른다. 시스코는 IT업계의 고질병이었던 '자기가 개발하지 않는 기술에 대한 배타적인 태도'를 버리고 설립 초기부터 A&D를 통해 혁신을 해왔다.

나. 카카오

카카오[51]는 국내에서 900만 명이 사용하는 무료 내비게이션 서비스 '국민내비 김기사'를 개발한 록앤올 지분 100%를 626억 원에 인수하였다. 모바일 메신저 '카카오톡'과 인터넷 포털 '다음'을 운영하는 다음카카오는 온·오프라인을 결합한 O2O(Online to Offline) 서비스를 강화하기 위해 록앤올을 인수한 것이다.

O2O 서비스란 온·오프라인을 결합해 소비자에게 편익을 제공하는 서비스로, 주로 스마트폰을 활용한다. 즉 스마트폰 화면 안에서만 콘텐츠를 이용하는 것이 아니라 온라인과 오프라인을 결합해 실생활과 직결되는 서비스를 말한다. 스마트폰 앱으로 택시를 호출하는 '카카오 택시'가 대표적인 사례이다.

51) 2015년 상호를 다음카카오에서 카카오로 변경하였다.

카카오 택시는 사용자의 위치나 대중교통 상황, 지도정보를 바탕으로 서비스를 제공하기 때문에 위치정보를 수집·분석하는 것이 필수적이다. 다음 카카오는 O2O 사업을 확장하는 데 내비게이션을 비롯한 교통 관련 서비스가 중요하다고 판단하였기 때문에 록앤올이 보유한 교통정보와 실시간 데이터 분석 시스템 등의 미래 가능성을 보고 전략적으로 투자한 것이다.

이러한 정보가 축적되면 퀵서비스나 대리운전 등 카카오 택시와 비슷한 영역으로 사업영역을 확장할 수 있는 가능성도 커져 이 인수는 기업전략과 부합한다.

이후 카카오는 록앤올 데이터를 기반으로 독자적인 공유서비스와 택시사업을 위해 카카오의 모빌리티 사업을 분할하여 '카카오모빌리티'로 독립하였으며, 정부시책에 맞추어 택시면허가 있는 택시회사를 인수하는 등 사업에 박차를 가하고 있다.

또한 사회관계망 서비스 카카오의 방문자 수 증가에 의한 점유율 확대와 점유율의 독점적 지위를 이용하기 위해 음악 서비스 영역 확대 목적으로 카카오는 2016년 1월 해외사모펀드 어피니트로부터 1조 8,743억 원에 음악 플랫폼 '멜론'으로 유명한 로엔엔터테인먼트를 인수하였다.

이러한 전략적 인수로 인해 로엔은 카카오에 인수된 후 가입자 수가 증가하면서 매출이 올라가고 영업이익도 2017년에 1,000억 원에 이르는 등 괄목할 만한 기업성과를 보여주었으나, 카카오와 멜론의 서비스 간 직간접적인 시너지효과가 부족하다는 지적이 있음에 따라 2018년 9월에 카카오에 합병되었다.

 기업인수를 통해 무엇을 얻을 수 있는지 명확하게 이해하라[52)]

회사를 인수하면 우수한 인력과 함께 다음 시대를 이끌 제품이나 기술 또는 사업모델을 확보할 수 있다. 실리콘밸리에서 일어나는 기업인수를 보면 우수한 인력을 확보하기 위해 거액을 투자하는 경우가 종종 있다.

어도비(Adobe)는 포토샵(Photoshop)과 일러스트레이터(Illustrator) 제품으로 시각예술 소프트웨어 시장을 90% 이상 점유하고 있는 소프트웨어 업체이다. 이 회사의 성장동력이 되었던 것은 많은 회사를 인수한 전략이었다.

이 회사는 기술위주의 회사이므로 기업인수를 통해 얻고자 하는 것 중 가장 중요하게 생각하는 것은 역시 '기술'이다.

이 회사의 CEO 샨타누 나라옌은 다른 회사의 인수전략에 대하여 이렇게 말하고 있다. "기술이 가장 중요합니다. 기술 회사는 기술로 먹고 살아야 하죠. 그 기술로 어떤 '마술을 부리느냐'가 관건입니다. 그리고 앞으로 고객들에게 필요한 기술인지, 그래서 상용화가 될 수 있는지를 중요하게 생각하죠."

이처럼 M&A를 통하여 얻고자 하는 것을 명확히 하면, 결과적으로 성공할 확률이 높아진다는 것을 알 수 있다.

52) 인터뷰 내용과 일부 내용은 조선일보 Weekly Biz(2014.5.2.~3.) C3 면에서 인용한 것이다.

4 비전의 공통분모를 찾아라[53)]

비전의 공통분모를 찾는 것은 인수전략에서 핵심적인 고려사항은 아닐 수 있으나, 이를 고려하지 않으면 인수 전 목표했던 목적을 달성하지 못할 수 있다.

인수한 회사의 비전과 조직문화가 모회사와 전혀 다르다면 인수 후에도 물과 기름과 같이 화학적인 융합이 일어나기 어려워 궁극적으로 M&A가 실패할 수 있다. 이러한 점에서 어도비의 인수전략을 참고할 필요가 있다.

어도비(Adobe)의 CEO 나라옌은 다른 회사의 인수를 통해서 얻고자 하는 것 중 가장 중요한 것은 '기술'이라고 말하면서도 "기술 다음으로 눈여겨보는 것은 유기적인 조직문화입니다. 매끄럽게 인수가 이루어져야지요. 우리 회사가 생각하는 비전과 그 회사의 비전이 맞아야 합니다. 기술이 가장 중요하지만, 인수하고 나서는 함께 일할 동료가 생기는 것이기 때문에, 그 사람의 일하는 방식도 고려 대상입니다."라고 하여 조직의 비전과 조직문화를 기업인수 시 고려의 대상으로 삼고 있다는 것을 알 수 있다.

5 기업문화가 비슷한지 확인하라

기업문화가 다르면 두 회사의 융합을 기대하기 어렵다. 그런 경우에는 사후관리(PMI)[54)]를 어떻게 하느냐에 성공여부가 결정된다. 여기에 적절

53) 인터뷰 내용과 일부 내용은 조선일보 Weekly Biz(2014.5.2.~3.) C3 면에서 인용한 것이다.
54) 제7장 4절 사후관리 참조

한 예가 페이스북의 인스타그램의 인수이다.

인스타그램은 페이스북과 기업문화가 비슷하지는 않지만 매우 성공적인 M&A로 기록되고 있다. 그것은 서로 다른 기업문화를 인정하고 독립적으로 운영하였기 때문이다.

가. 페이스북의 인스타그램 인수

한때 세계 SNS 시장은 페이스북과 트위터의 양강구도였다. SNS 초기에는 호기심으로 두 서비스를 모두 사용했던 사람들이 급격하게 페이스북으로 몰리면서 페이스북은 월평균 이용자가 14억 4,000만 명에 달했으나 트위터는 3억 200만 명에 그치며 이용자 수가 5배 가량 차이 날 정도로 페이스북의 독주로 바뀌었다. 트위터는 140자라는 단문메시지의 한계로 인해 풍부한 콘텐츠를 올리기 어려운 반면, 페이스북은 지인들끼리만 안부를 주고받는 폐쇄형 SNS 구조여서 끈끈한 관계를 유지하고 오랫동안 사용하는 SNS로 자리잡았다.

페이스북은 트위터와 다르게 풍부한 콘텐츠를 올릴 수 있는 사진 기반 SNS인 인스타그램을 2012년 4월에 10억 달러에 인수하였다. 인스타그램은 스마트폰으로 촬영한 사진과 동영상을 지인들과 공유하는 SNS이다. 미 스탠퍼드 대학 선후배인 케빈 시스트롬과 마이크 크리거가 '세상의 순간들을 포착하고 공유한다'는 슬로건을 내걸고 2010년 10월 '아이폰4'용 앱으로 처음 출시했다. 스마트폰으로 촬영한 영상을 운치있게 편집해 간단한 설명을 달아 전 세계와 공유할 수 있다는 것이 핵심기능이었다.

페이스북의 창업자이자 CEO인 마크 저커버그는 인스타그램의 사진과 동영상 기반 플랫폼이 광고수익을 올릴 수 있는 가장 적절한 수단이라는 것을 간파하고 거액을 주고 초기기업을 인수하였다.

페이스북이 인스타그램을 인수한 것은 광고기반의 페이스북의 시장점유율 향상을 위한 전략이었지만, 인수 후 관리를 실패했다면 그 목적을 달성할 수 없었을 것이다.

페이스북이 인스타그램을 인수한 지 6년이 훌쩍 넘었지만, 인스타그램은 여전히 독립적으로 운영 중이다. 상품기획이나 마케팅, 홍보 인력 역시 별도로 두고 있다. 인스타그램 창업자인 케빈 시스트롬은 마크 저커버그 페이스북 최고경영자와 수시로 의견을 주고받는다. 하지만 저커버그가 서비스 개발에 직접 관여하는 일은 없다고 한다. 올 들어서야 인스타그램의 최고운영책임자로 페이스북 책임자가 임명되었을 정도이다.

두 회사가 독립적으로 운영되는 이유에 대해 인스타그램 측은 "페이스북과 인스타그램의 위상이 다르기 때문이다."라고 설명했다. 페이스북은 월 1회 이상 접속하는 실사용자가 13억 5,000만 명에 달하는 세계 최대 규모의 SNS이다. 인스타그램 사용자는 2억 명에 불과하다. 하지만 페이스북 성장세는 둔화된 반면, 인스타그램은 아직도 빠르게 성장하고 있다.[55] 공유하는 콘텐츠도 다르다. 페이스북은 글이 중심에 있고 사진과 동영상이 곁들여지는 서비스라면, 인스타그램는 사진과 동영상에 글이 붙는 서비스이다. 서비스 성격과 발전 단계가 다르기 때문에 독립성을 보장한다는 것이다.

'따로 또 같이'가 시너지를 창출하는 것이다. 경영은 독립성을 유지하

55) 인스타그램의 공식 블로그에 의하면(2015년 9월 23일 발표) 사용자는 4억 명이 넘었다고 한다.

지만 두 회사의 조직문화를 합치기 위한 노력은 계속되고 있다. 피인수 회사인 인스타그램이 페이스북을 무조건 따라가는 것은 아니다. 인스타그램이 페이스북에 인수된 지 3달 쯤 지났을 때 페이스북 직원들은 단체로 인스타그램 로고가 그려진 티셔츠를 입고 출근했다. 인스타그램 직원들이 큰 회사에 인수되었다고 주눅이 들지 않도록 배려한 것이다. 또, 페이스북 개발자들을 인스타그램에 파견해 서로가 개발 방식을 배우도록 하기도 했다.

페이스북의 인스타그램 인수과정은 흔히 구글의 유튜브 인수 과정에 비유된다. 두 회사 모두 돈을 벌지 못하는 스타트업 상태에서 거액에 인수되었다. 페이스북이 인수할 당시 인스타그램의 직원 수는 30여 명에 불과했다.

유튜브 역시 100명이 안 되는 작은 조직이었다. 구글 역시 수년간 유튜브를 독립적으로 운영했다. 유튜브의 인수를 주도한 살라 카만가 구글 수석부사장은 "같은 IT회사라도 유튜브는 동영상 서비스 회사이기 때문에 완전히 기술기반회사인 구글과 달랐다."며, "이 차이를 이해해 유튜브에 자율성을 보장한 것이 성공으로 이어졌다."고 말했다.

6 보유기술을 이용할 수 있는 관련산업으로 진출하라

회사가 보유한 기술을 이용할 수 있는 관련산업이나 인접산업으로 사업영역을 넓히는 것은 매우 바람직하다. 이미 보유한 기술을 이용하기 때문에 기술확보에 자금이 들지 않을 뿐만 아니라 숙련된 기술자를 확보하고 있기 때문에 인접산업을 인수한다 하더라도 시행착오를 줄일 수 있다.

후지필름은 이러한 방향으로 성공한 좋은 예이다.

가. 후지필름[56)]

M&A의 성공은 결국 최고의사결정의 성공이라고 할 수 있다. 고모리 시게타가(古森重隆)가 2000년에 후지필름 사장에 취임했을 때 주력사업이었던 사진필름 매출은 역대 최대를 기록하고 경쟁자인 코닥마저 제쳤다. 그러나 절정의 순간에 위기가 다가왔다. 디지털카메라 보급으로 필름이 필요 없게 되었다. 코닥은 도산했다. 그러나 후지필름은 필름 제조로 축적한 기술을 화장품과 의약품 등 다른 사업에 응용하면서 새 시장을 개척해 '본업소멸' 위기를 극복했다.

---

56) 인터뷰 내용과 일부 내용은 조선일보 Weekly Biz(2014.6.28.) C4 면에서 인용한 것이다.

필름생산의 주재료인 '콜라겐'과 사진 변색방지에 사용되었던 항산화 성분인 '아스타크산틴'을 활용하여 피부재생 및 노화방지 전문 화장품을 개발한 것이다. 그 결과 2013년 매출액이 2000년에 비해 오히려 70%가 늘었다.

고모리 회장의 위기극복 방법과 사업확장을 위한 M&A 방법에 대해 알아보자.

"진짜 승부는 막다른 골목에 몰린 상태에서 시작됩니다. '이건 풀릴 것 같지 않다', '이건 가능할 것 같지 않다' 그렇게 생각한 때에 역으로 무엇인가 극복해내려고 생각하는 것, 저는 그것이 인생에 있어서 노력의 진짜 의미라고 생각합니다. 그냥 열심히 최선을 다했다고 하는 것으로는 노력했다고 할 수 없습니다."

고모리 회장은 2000년대 초반의 후지필름처럼 기업이 위기에 부딪힐 때 경영자가 반드시 해야 할 일 네 가지가 있다고 했다.

"첫째는 읽어야 합니다. 리더는 한정된 시간과 정보만으로 기업이 처한 상황을 파악해내야 합니다. 앞으로 어떻게 될지도 읽어야 합니다. 둘째는 구상입니다. 읽었다면 어디로 갈 것인지, 무엇을 할 것인지 작전을 짜야 합니다. 셋째는 전해야 합니다. 위기를 헤쳐나가는 기점은 경영자의 강한 의지이지만 혼자서는 안 됩니다. 의지를 조직 구석구석에 전파시켜 위기감을 공유하고, 사원 각자가 자각하도록 해야 합니다. 마지막으로는 실행이지요. 경영자는 평론가나 학자가 아닙니다. '현상은 이렇다. 장래는 이렇게 된다. 그러니까 이렇게 하자'를 입으로만 떠들면 안 됩니다. 결단했어도 실행하지 않으면 의미가 없습니다."

후지필름이 위기에 처해 있을 때 고모리 회장이 구상한 전략은 4분 면 분석법이다. 이 전략은 M&A를 하는 데도 매우 유용할 것이다. 그의 설명을 들어보자.

"사진 필름 시장을 대신할 성장 시장을 찾기 위해 우선 사내에 어떤 기술이 있는지를 전부 꺼내 놓고 분석해 보았습니다. X축은 시장을 기존시장과 신규시장으로 나누고, Y축은 기술을 기존기술과 신규기술로 나누면 4분 면이 나옵니다. 그 4개 영역에 어떤 기술을 적용해 어떤 제품을 낼 수 있을지 철저히 연구했습니다."

후지필름은 4분 면 분석을 통해 다음 4가지 질문을 스스로 던졌다.

① 기존 기술 가운데 기존시장에서 우리가 적용하지 않는 것은 없는가?

② 새로운 기술로 기존시장에 적용할 것은 없는가?

③ 기존기술로 새로운 시장에 적용할 것은 없는가?

④ 새로운 기술로 새로운 시장에 적용할 것은 없는가?

| 후지필름이 사업 재편 이전에 생존을 위해 취한 3가지 전략 |

	기존시장	신규시장
신규기술	**새 기술로 기존시장에 적용할 것은 없는가?** 레이저 내시경, 의료용 화상정보 시스템, 다기능 복사기, 고급 디지털카메라, 컴퓨터용 초고정밀 백업 테이프	**새 기술로 새 시장에 적용할 것은 없는가?** 초음파 진단장치(사진) 의약품, 반도체용 재료, 화장품, 의료용 재료
기존기술	**기존기술 중 기존시장에서 적용하지 않은 것은 없는가?** 콤팩트 디지털카메라, 복사기, 복합기, X선 디지털 화상진단 시스템, 광학렌즈, 사진필름, 뢴트겐필름	**기존기술로 새 시장에 적용할 것은 없는가?** 전도성 필름, 열차단 필름, 태양전지용 기판, LCD용 필름, 휴대전화용 플라스틱 렌즈

이러한 분석을 통해 후지필름은 충분히 활용되지 않는 숨겨진 자산을 찾아내는 한편, 어떻게 시장에 대응할 것이며, 부족한 것은 무엇인지 명확히 알 수 있었다. 그리고 최종적으로 각 4분 면에서 주력할 제품군을 선정하였다.

부족한 기술은 그 흐름에 가장 적합한 기술력을 가진 회사를 인수합병하는 방식을 택했다. 물론 M&A를 해서 부족한 기술을 메우되, 후지필름이 갖고 있는 노하우와 시너지를 낼 수 있는지도 면밀히 검토했다.

"본업이 계속 잘됐더라면 다른 것을 할 필요가 없을지도 모릅니다. 자동차 회사가 자동차가 잘 팔리고 판매가 늘어날 때는 자동차에만 집중하면 되는 것 아닙니까. 하지만 자동차가 안 팔리는 상황이 오면 어떡하나요. '자, 그럼 이제 무엇을 할까'의 문제인 겁니다. '안 해본 것이지만 지금 우리 능력과 연결되는 부분에 온 힘을 기울여 해봅니다'인 거지요."

고모리 회장은 2000년에 사장 겸 COO(최고운영책임자)가 됐지만 CEO가 된 건 2003년이다. 그러나 그는 CEO가 되기 전부터 4분 면을 분석하기 시작했다. 기술본부장과 함께 1년 반에 걸쳐 네 가지 질문에 치열하게 스스로 묻고 답했다. 자신이 꼽은 위기 리더의 덕목 네 가지 중 첫 단계인 '읽기'가 아주 빨랐던 셈이다. 2003년까지는 후지필름의 필름 부분 매출이 2000년의 사상 최대치 대비 10%밖에 줄지 않았던 때였다.

고모리 회장은 의사결정을 할 때에는 다음과 같은 방법을 이용하였다. 시간적 여유가 있을 때에는 시간을 두고 보았다. 잠재의식이 해결해 주는 때도 있다. 갑자기 잠에서 깨었을 때 '아, 그건가'라고 번뜩 생각이 들 때도 있다. 다른 문제를 생각하다 불쑥 해결책이 생각날 때도 있다. 물론 잠재의식이 가동하려면 자나깨나 그 생각을 하고 있어야 한다. 하지만 시간이 남아 있지 않을 경우에는 가장 해서는 안 되는 일을 피하는 것이다. 그것은 결단을 미루는 것이다.

'이 정도로 고민하는 것이라면 어떤 것을 택해도 큰 차이가 없는 것 아닐까? 어느 쪽이나 다 옳은 것 아닐까'라고 생각해도 좋다. 고민되더라도 어쨌든 결단을 내리고 선택한 길에서 최선을 다해 성공시키면 된다.

(1) 디지털카메라 시장에 올라타기

화상 찍을 소자, 디지털카메라용 렌즈, 디지털 화상 소프트웨어, 디지털 인쇄시스템 등 자체 개발

(2) 필름 사업 수명 연장

기존 사진 필름의 품질을 극대화해 기존 시장 점유율을 높임(사업 구조 개편을 위한 시간 벌기)

(3) 신사업 개발

디지털카메라도 필름도 아닌 전혀 새로운 사업에 진출

 시기적으로 불황시기에 하여야 한다

신동빈 롯데그룹 회장은 M&A할 때 "불황이 바로 기회이다. 좋은 기업인수는 불황 때 하는 것"이라 말하고 이러한 소신을 실천했다. 롯데그룹이 인수한 기업 중 1조 원이 넘는 자금을 투입한 기업은 하이마트, GS리테일의 백화점과 대형마트, 말레이시아의 석유화학 기업 타이탄, KT렌탈 등이다. 또한 롯데카드(주), 대한화재(현 롯데손해보험), 두산주류BG(현 롯데주류)와 같은 사업은 롯데그룹의 기존 주력인 유통·관광사업과 연계되면서 시너지효과가 큰 것으로 나타나고 있다.

롯데그룹은 불황시기 인수전략에 따라 2016년 삼성그룹으로부터 삼성정밀화학과 삼성SDI가 보유한 화학부문을 인수해 설립한 롯데첨담소재를 인수하였고, 인수 후 화학산업의 부활로 롯데는 인수자금을 모두 벌충할 수 있는 기회를 가짐으로써 롯데케미칼은 화학회사로서 세계적인 회사로 도약할 수 있었다.

이후 롯데그룹은 2017년 10월 계열사를 흡수합병 등을 통하여 롯데지주사를 설립하였는데, 이런 가운데 지주사 전환을 위해 필요한 금융계열사를 매각하기로 하였다. 공정거래법상 금산분리의 원칙에 따라 지주사는 보유하고 있는 금융계열사를 2년 이내에 매각하여야 하기 때문이다. 이에 따라 금융계열사로 분류되는 롯데카드를 우리금융그룹과 MBK파트너스의 컨소시엄에, 롯데손해보험은 사모펀드 운영사인 JKL파트너스에 각각 매각하였다. 이에 따라 주력사업인 화학과 유통에 더 투자할 기회를 가지게 되었다.

M&A는 시기적으로 적당해야 한다. 즉, 경기순환사이클 중 침체기(저점)에서 하는 것이 가장 바람직하다. 그러나 세계유수 경기예측기관이 1년 단위의 예측도 각각인데, 침체기라고 해서 더 아래로 떨어질지 아니면 회복할지 예측한다는 것은 매우 어렵다. 하다못해 공자도 가장 어려운 판단이 '시중(時中)'이라고 했다. 곧 타이밍을 맞추는 일이다.

경기순환사이클을 예측하는 일이란 어렵기는 하지만 많은 정보와 데이터가 있으면 예측에서 크게 벗어나지 않을 것이다. 이러한 관점에서 미국은 많은 정보와 데이터의 가공 능력으로 예측력은 정확도가 높아 세계적이다.

미국기업의 M&A는 그런 면에서 천시를 가장 잘 이용하고 있는 것 같다. 론스타(Lonestar)는 2011년 경기가 점차 회복되자 외환은행의 매각에 착수하였다. 처음은 5조 2,000억 원에 계약하려 하였으나 국회에서 론스타의 은행인수 적격성과 먹튀 논란이 벌어지는 과정에서 1차 계약 연장과 그 후 다시 협상에서 주식 51.02%를 3조 9,156억 원에 하나은행에 매각하기로 하였다.[57] 만약 국회의 논란과 여론의 질타가 없었다면 론스타

57) 2003년 외환은행을 인수한 론스타는 8년 만에 되팔면서 4조 6,635억 원을 벌어들여 투자금액의 2배가 넘는 차익을 챙기게 되었다. 론스타가 앞서 외환은행 배당금 1조 1,928억 원과 보유 지분 일부매각 대금 1조 1,928억 원에 더해 하나금융으로부

의 시의 적절한 매각전략에 말려 1조 2843억 원을 더 지불할 뻔하였다.

이러한 점은 국내 기업이 매수한 미국 소유 기업의 인수시점을 보면 알 수 있다. 두산인프라코어의 밥캣인수(49억 달러) 후 미국의 건설경기 하락으로 두산이 인수대금 마련에 캐시카우 역할을 하였던 계열사를 여럿 매각하는 어려움을 겪었고, KCC는 실리콘 생산량 2위 업체인 미국의 실리콘 제조업체 모멘티브 퍼포먼스를 30억 달러에 인수하였으나, 이후 반도체 경기가 꺾이기 시작하였다. 또한 삼성전자가 야심차게 80억 달러에 자동차 전장분야 세계 1위 업체 하만을 인수하였으나, 자동차 경기가 하향곡선을 그리고 있다.

미국 기업은 아니지만 영국의 테스코가 한국의 사모펀드 운영회사 MBK파트너스에 홈플러스를 매각한 것도 그렇다. 온라인 전자상거래 업체 쿠팡, 위메프 등이 시장을 주도하면서 오프라인 대형마트가 어려움에 처할 것을 정확히 예측하여 매각을 시도한 것인데, 이를 덜컥 받아먹은 것이다. 이후 대형마트인 E-마트 등이 적자를 시현한 것을 보아도 이러한 예측은 정확히 증명된다.

단순한 생각이겠지만 이러한 미국 기업의 경기예측 능력을 평가한다면, 미국기업을 팔겠다고 하면 가격을 후려치는 염가전략이나 아니면 시간을 질질 끄는 지역전략을 쓰는 것도 좋을 것 같다.

터 받은 인수대금 3조 9,157억 원까지 합하면 6조 8,184억 원에 이른다. 반면 론스타가 외환은행에 투자한 금액은 인수대금 1조 3,834억 원, 코메르츠 방크와 수출입은행에 대한 콜옵션 행사 7,715억 원 등 2조 1,549억 원이다. 이후 론스타는 하나금융이 외환은행 협상과정에서 금융당국을 빙자하면서 매각가격을 낮추었다며 국제상공회의소 산하 국제중재재판소에 1조 6천억 원 규모의 손해배상청구를 하였으나 2019년 승소하였다.

제3절

한국에서의 구조조정과 M&A의 성공과 실패 사례

성공 사례

불황시기에 과감한 M&A로 불황의 시기를 뚫고 우뚝 선 기업들을 보면 그 결정에 감탄이 나온다. 저런 안목과 혜안은 어디서 오는가! 어떻든 이번 성공 사례에서는 재벌그룹의 M&A 사례, 유동성 위기가 본격화되기 전 선제적으로 알짜 사업을 과감하게 정리해 위기를 극복하고, 신성장 동력 발굴 등을 통해 구조조정에 성공한 중견 기업그룹 그리고 회생기업의 M&A로 중견 그룹으로 성장한 기업의 성공 사례를 살펴본다.

가. 한화그룹[58)]

"M&A에 관한 한 과감한 선택과 현명한 집중이 빛나고 있는 곳 한화그룹이다."라는 찬사가 있을 정도로, 한화는 오너의 과감한 선택과 결단이 인수합병의 성공의 열쇠가 된 그룹이다.

한화그룹의 모태는 1952년 10월 설립된 한국화약주식회사이다. 한화그룹은 창업기(1952~1963)에 사회 기반시설 건립에 필수적인 화약(다이너마이트)을 국산화했으며, 이어 니트로글리세린 생산에 성공하며 '화약' 분야에서 독점적 지위를 누리며 성장하기 시작했다. 1981년 29세 나이의 김승연 회장이 2대 회장으로 취임, 1992년 10월 한국화약그룹이 그룹 명칭을 한화그룹으로 변경했다.

58) [네이버 지식백과] 한화그룹(네이버 기관단체사전: 기업) 참조하였음.

한화그룹의 사업부문은 화학 · 소재 부문, 기계 · 항공 · 방산 부문, 태양광 · 에너지 부문, 금융 부문, 레저 · 서비스 부문, 건설 부문으로 이루어져 있다. 모회사인 (주)한화는 한화그룹의 실질적 지주회사 역할을 하며, 주력 계열사인 (주)한화건설, 한화케미칼(주), 한화테크윈(주), 한화큐셀(주) 등을 지배하고 있다. 금융 분야 핵심기업인 (주)한화생명은 한화의 손자기업이다.

한화그룹은 1969년 경인에너지 설립에 이어 1972년 경인에너지 정유공장 및 발전소를 준공했으나 그 위상은 미미하였다. 이에 1982년 한양화학(현 한화케미칼)과 한국다우케미칼을 인수, 2차 오일쇼크 이후 회복세로 돌아선 세계 화학시장의 강자로 성장했다. 2014년 한화케미칼을 통해서 삼성토탈(현 한화토탈)과 삼성종합화학(현 한화종합화학)을 인수한 이후 정유 및 기초화학에서 합성원료, 첨단소재에 이르는 원료와 제품의 수직계열화를 완성했고, 석유화학물질 제조업에서 1위로 뛰어올랐다.

(주)한화/방산 부문은 1974년 유도무기 체계와 탄약으로 방위산업에 진출한 이래 2015년 삼성그룹과의 대규모 인수합병(삼성테크윈, 삼성탈레스)을 통해 기존의 사업 영역에서 벗어나 자주포 및 항공기 · 함정용 엔진과 레이더, 전투체계 등의 방산 전자 분야로 확대하였다. 방산 사업부문은 한국형 미사일 방어체계(KAMD, Korea Air and Missile Defense)의 핵심인 장거리 지대공 유도무기(L-SAM) 개발 파트너로 선정되었으며, 항공우주 사업에도 진출하였다. 이러한 M&A 통해서 인수한 기업의 실적이 수직상승함으로써 방산부문 계열사들은 2017년 말 매출 4조 3,000억원 규모로 국내 1위 기업으로 도약하였다.

IMF 외환위기 때 한화그룹은 한화바스프우레탄 등 비주력 기업 또는 사업부문을 매각하거나 구조조정을 단행하였다. 또한 빙그레와 경향신문을 계열 분리하였다. 위기 때 새로운 기회를 모색한 한화그룹은 2002년 대한생명(현 한화생명)을 인수해 3년 만에 경영을 정상화시켰고, 2018년 자산 132조 원의 국내 2위 생명보험사로 성장시켰다.

한화그룹은 장래의 먹거리 산업의 발굴에 고심하던 중 태양광 산업이 미래의 성장동력이라는 것을 알아보고, 2010년 중국의 솔라펀파워홀딩스를 인수하고 이어 독일의 큐셀을 인수하여 한화솔라원과 한화큐셀을 세우고 태양광 사업에 뛰어들었다. 지금은 태양광・에너지 부문 계열사인 한화케미칼(주)(폴리실리콘 생산), (주)한화/기계(태양광 셀 및 모듈 제조장비), 한화에너지(주)(해외개발사업)와 함께 태양광 제품을 생산하며 한화큐셀의 셀 생산 규모는 세계 1위이다.

한화그룹의 M&A는 거의 모두 그 산업이 위기에 처해 있을 때 이루어졌다. 화학부문의 강자로 군림할 수 있게 해 준 한화케미칼의 인수, 이후 한화종합화학, 한화토탈도 모두 화학산업이 침체기에 있을 때 이루어진 것이다. 또한 한화테크윈과 한화탈레스도 삼성계열사로 있을 때 제품의 하자와 매출 정체로 삼성의 이미지를 까먹고 있었을 때 인수를 제안함으로써 서로의 이해를 충족시킬 수 있어 성사된 것이다. 또한 미래의 성장동력으로 인수한 한화큐셀도 그 당시 폴리실리콘 공장의 증설로 폴리실리콘 가격이 하락하여 생산업체가 부도나거나 어려움에 처해 있을 때 과감하게 인수한 것이며, 한화생명도 저금리와 무상교육의 확대로 교육보험이 퇴조로 위기에 처해있을 때 인수한 것이다. 또한 2012년 대우조선해양을 인수하기 위해 입찰에 참여하였으나 조건이 맞지 않고 시황이 어렵다는 것을 간파하고 입찰보증금 3,000억 원을 날리면서까지 인수를

포기한 결정은 대단히 용기있는 결정이었다. 이러한 선택과 집중, 전진과 후퇴라는 M&A 전략으로 2019년 재계 순위 7위로 올라섰다.

나. 아모레퍼시픽그룹

아모레퍼시픽그룹은 선제적 사업매각의 선구자로 평가받는다. 아모레퍼시픽은 1990년 사업다각화를 포기하고, 25개에 달하던 계열사를 화장품・의약품 사업만 남기고 대부분 정리했다. 특히 당시 그룹에서 가장 알짜 기업으로 꼽히던 태평양증권을 1991년 SK그룹에 전격 매각했다. 이어 1995년에는 프로야구단인 태평양돌핀스를 현대그룹에 넘겼고, 1997년엔 태평양패션을 매각했다. 아모레퍼시픽은 선제적 구조조정 덕분에 IMF 외환위기를 무사히 넘길 수 있었다.

이후 아모레퍼시픽은 제품의 고급화에 매진하고 가장 인구가 많은 중국에 진출하여 괄목할 만한 성장을 해가고 있으며, 이에 따른 매출액 증가율은 2012년에 11.54%, 2013년에 8.81%, 2014년에 24.95%를 달성했으며, 2015년에는 더 가파르게 성장하였다. 이렇게 성장가도를 달리고 있는 와중에 2016. 9. 정부는 사드배치를 기정사실로 하고 성주에 사드기지를 설치하기로 하자 중국의 보복이 시작되었고, 중국의 보복으로 중국으로의 수출과 중국 관광객의 감소로 매출은 급격한 신장은 하지 못하였으나 꾸준히 증가하였다. 2016년 가까스로 5조 원을 넘어선 이래 2017년 매출액은 5조 1,238억 원으로, 2018년에는 5조 2,778억 원으로 답보 상태에 있으며, 매출신장을 위해서는 중국시장을 벗어나 동남아 등 새로운 시장을 개척하여야 할 시점에 다다랐다.

주가는 한때 455,500원(액면 500원 기준)에 이를 정도로 좋은 영업결과를 보이고 있다. 가장 모범적인 구조조정으로 생각된다.

다. 삼라마이다스그룹

삼라그룹은 현재 자산규모 4조 원 대의 중견기업이다. 우오현 회장이 1988년 광주광역시에 (주)삼라건설을 창업한 것이 시초이다. 1997년 외환위기로 법정관리에 들어간 회사들을 눈여겨보다가 남다른 안목으로 회생절차에 있던 진덕산업을 인수하면서 기초를 다지기 시작한다. 이후 우방, 서통, 경남모직, 남선알미늄 등 다양한 사업을 인수하면서 M&A 업계에서 두각을 나타나게 된다. 그 백미가 워크아웃 상태에 있던 TK케미칼(구 동국무역)의 인수이다. 그 당시 '새우가 고래를 삼켰다'는 말이 회자될 정도로 큰 화제를 불러일으켰다. 또한 단순한 인수에 그치지 않고 경영개선과 노사화합을 통해 다음 해에 319억 원의 당기순이익을 올리는 등 탁월한 경영수완을 발휘한다. 이 회사는 폴리에스테르 시장점유율 국내 1위, 스판덱스 2위를 유지하는 굴지의 섬유회사로 우뚝 섰다. 2013년 TK케미칼을 앞세워 성사시킨 대한해운 인수는 삼라마이다스 그룹을 한 단계 끌어올리는 역할을 한다. 영업성과도 이제까지의 누적적자를 플러스로 돌려 다시 한번 마이다스 손을 입증하였다.

이후 2014년 동양그룹의 부도로 동양네트웍스의 자회사인 동양생명과학을 계열사인 신창건설과 경남모직을 앞세워 인수하였다. 동양생명과학은 호텔, 콘도, 힐링 빌리지 등 복합 휴양단지 조성사업을 추진한다. 삼라마이다스 그룹은 위와 같은 사업과 병행하여 화장품과 생활용품, 의약품과 메디칼 스파 등 다양한 헬스케어 사업을 개발하고 있으며, TK케미칼은 철보다 10배 강한 슈퍼섬유 고강력 PE사와 함께 다기능성 고부가 신소재를 개발하는 등 새로운 제품을 선보이고 있어 그룹의 발전을 이끌고 있다. 이후 POSCO의 고로에 사용되는 석탄운반 독점권을 가지고 있는 대한해운을 인수하였고, 한진해운이 파산하면서 미주노선을 인수하여 SM상선을 설립하여 해운사업에도 뛰어들었다.

우오현 회장의 M&A 방식은 두 가지로 요약될 수 있다. 첫째는 모두 회생절차(법정관리) 중인 회사를 인수합병 대상으로 삼았다는 점이다. 이는 회생절차 중인 회사는 부외부채의 걱정이 없고, 이미 채무가 탕감되어 있으므로 적은 자금으로도 회사를 인수할 수 있기 때문이다. 둘째는 인수한 회사의 부동산 보유 유무이다. 만약 인수한 회사의 영업이 본 궤도에 오르지 않을 경우 바로 보유한 부동산을 개발하여 매각함으로써 인수에 들어간 자금을 바로 회수할 수 있도록 하기 위한 것이다. 이러한 전략은 매우 성공적이었고, 이를 바탕으로 새로운 인수에 계속해서 도전할 수 있는 발판을 마련한 것이다.

2 실패 사례

중국의 전자상거래 업체 알리바바의 마윈 회장은 성공담보다는 실패담을 많이 연구한다고 한다. 그는 “성공한 기업인은 저마다 다른 모습이어서 이를 따라하기는 어렵지만, 실패한 기업에는 공통점이 보이기 때문이다.”라고 하면서 그 이유에 대해 “경영이란 전쟁터에 나가는 것과 비슷하다. 성공이란 ‘살아서 돌아올 수 있을까’라는 문제이다.

자신을 스스로 보호하고 총알을 안 맞아야 한다. 인간은 모두 비슷하기 때문에 다른 사람이 과거에 했던 실수를 공부하면 실수를 피할 수 있

다. 이기심, 지나친 갈구, 욕심, 준비되지 않은 팀… 이런 실수 말이다." 라고 말했다.[59)]

경영이란 궁극적으로 생존하여야 한다. 설령 일시적으로 사업이 축소되고, 확장된다 하더라도 망하면 끝이기 때문이다. 위기에서는 현상을 유지하려고 하지 말아야 한다. 마윈 회장의 말처럼 살아서 돌아와야 한다.

유동성 위기에 몰린 기업이 다시 살아나려면 알짜 사업부터 매각하여야 한다. 동양그룹이나 STX그룹도 알짜사업을 조기에 매각하였다면 최소한 그룹의 해체위기로 몰리지 않았을 것이라는 분석이 나온다. 김상훈 서울대 경영학과 교수는 '내가 어떻게 일군 회사인데 팔수 있느냐'하는 오너의 집착이 구조조정을 어렵게 하는 것"이라고 말했다.

가. 동양그룹

동양그룹은 창업주인 고 이양구 회장이 해방 후 설탕도매업으로 성공한 후 세운 동양제과공업(주)과 동양시멘트공업(주)을 모태로 사세를 확장하여 1984년 일국증권(동양증권으로 개명) 인수, 1989년 동양베네피트생명(주) 설립, 1990년 대우투자금융(동양투자금융으로 개명) 인수, 1993년 동양매직(주) 설립 등 다양한 계열사를 설립하거나 인수하여 그룹의 면모를 갖추어 나아갔다. 2002년 동양그룹은 오리온제과(동양제과에서 개명)를 모태로 하는 16개 계열사를 분리하였고, 동양그룹은 전 현재현 회장 체제로 운영되었다.

동양그룹 몰락의 원인은 첫째, 수익 및 재무구조의 구조적 취약성이

59) 2015.5.21. 조선일보 A3, 김신영 기자 인터뷰

다. 부족한 자금력으로 그룹을 지배하기 위해서 차입금을 출자하여 순환출자 고리를 만들었고, 차입으로 출자금을 마련한 연결고리 회사는 계속 이자 부담이 누적되어 재무구조가 취약하게 되었다. 순환출자는 외견상 재무구조를 실제보다 좋게 보이게 하는 효과가 있을 뿐, 수익성이 없으면 오히려 재무구조가 악화된다.

동양그룹의 모태는 동양시멘트였다. 그런데 그룹의 캐시카우(cash-cow) 역할을 하던 동양시멘트는 2006년 이후 전반적으로 대규모 사회간접자본의 투자 감소로 인하여 건설경기가 위축되자 시멘트업계의 치열한 점유율 경쟁으로 인해 수익성이 악화되었다.

그런데 이를 보완할 차기 비즈니스 모델이 뚜렷이 없는 상황에서 수익성이 떨어지는 골프장 사업을 확장하는 등 차입금으로 자산의 규모를 늘려가는 악수를 두었다. 이 결과 차입금이 지속적으로 누적되어 영업활동으로 이자의 상환도 점점 어려워지게 되었고 사채나 CP 등으로 연명하게 되었다. 이러한 결과를 초래하게 된 것은 수익성 악화와 재무구조의 근본적인 취약성이다.

둘째, 돈이 될 만한 자산이나 계열사를 과감하게 매각해 돌파구를 찾지 못한 일이다. 즉, 과감한 구조조정을 하지 못한 결과이다.

동양그룹은 2000년대 후반부터 자금사정이 악화되자 계열사 매각에 나섰지만 번번이 타이밍을 놓쳤다. 2011년 말에는 동양증권을 KB금융지주에 매각하려고 했으나 가격이 맞지 않아 매각협상이 결렬되었다. 2013년 12월에는 동양매직을 교원그룹에 매각하려다 비슷한 이유로 실패했다. 동양시멘트가 지분 55%를 보유한 화력발전사업체 동양파워 역시 2014년에 매각을 했다면 자금난에 숨통이 트였을 텐데, 경영진은 경영권에 집착하여 매각을 시도하지 않았다.

최고경영자는 법정관리 신청 직전에야 "동양파워 경영권에 연연하지 않겠다."고 입장을 바꾸었지만 때는 이미 늦었다. 결국 잇따른 계열사 매각실패로 자금난에 몰린 동양그룹은 기업어음을 마구 발행해 '돌려막기'를 하다가 무너졌다.

2014년 9월 29일 기업어음(CP) 1,100억 원의 만기도래를 막지 못하고 동양증권을 통해 약 4만 명 개인투자자에게 기업어음(CP)을 매각하여 경제적 손실을 끼친 채 57년 역사의 동양그룹은 (주)동양, 동양레저, 동양시멘트 등 5개 계열사가 회생절차를 신청하였다.

동양그룹의 예는 M&A의 실패라기보다는 그룹의 구조조정 실패 사례라고 볼 수 있다.

나. STX그룹

STX그룹은 구 쌍용중공업의 최고 재무책임자가 1997년 외환위기로 인한 쌍용그룹의 구조조정과정에서 쌍용중공업을 2000년 자기자본과 사모펀드 모집을 통한 MBO방식으로 인수한 후 (주)STX를 설립하면서 탄생하였다. 2001년 대동조선(현 STX조선해양)을 인수하여 조선사업에 들어갔으며, 2002년에는 산단에너지(현 STX에너지)를 인수하여 에너지 사업에 진출하였다. 2004년에는 국내 벌크선 업계 1위인 범양상선(현 팬오션)을 인수하였고 같은 해에 STX 중공업을 설립하였다. 이후에도 2007년에는 세계 최대 크루즈선 제조업체인 아카야즈(현 STX 유럽)를 인수하는 등 활발한 M&A로 한때 재벌업계 12위까지 오르는 등 엄청난 신장을 시현하였다. 그러나 2008년 중국 대련에 엄청난 규모의 조선소를 건설한 것이 불행의 씨앗이었다. 대련 조선소는 세계 최대의 조선소를 목표로 조선, 엔진, 해양플랜트까지 생산할 수 있는 최신설비를 갖춘 조선소로 설계되었다. 때마침 2008년 세계금융위기로 해운업과 조선업계가 치명적인 타격을 받으면서 그룹이 위기에 직면하였음에도 불구하고 조선소 건설공사를 계속하였다. 그 바람에 계열사의 자금이 모두 조선소 건설에 들어가면서 우량한 계열사들도 자금조달에 어려움을 겪게 되었다. 결국 STX그룹은 2013년 7월 주거래은행과 자율협약을 맺고 채권단의 관리를 받으면서 2012년 12월 국내 벌크선 업계 1위 업체인 STX팬오션의 공개매각을 추진했다. 그러나 해운업이 불황인 상황에서 1조 원대에 이르는 해운업체를 사려고 나서는 기업은 없었다. 2012년 7월 일본 오릭스에 매각된 STX에너지의 매각 예상가격도 1조 원대에 달했다. 시간에 쫓기던 STX그룹은 가격협상에 밀리면서 6,300억 원이라는 헐값에 기업을 넘겨야 했다. 그러나 자금조달이 늦어지면서 모회사인 STX,

주력기업인 STX팬오션, 엔진, 중공업 등이 회생절차를 밟거나 은행관리를 받는 등 그룹은 만신창이가 되었고, 강덕수 회장은 경영권을 잃게 되었다.

강덕수 전 회장의 M&A 전략에는 공통적인 특징이 있다. 그는 공격적인 M&A로 유명하였는데 전략의 과정은 '인수 → 조기정상화 → 상장 → 투자금의 회수 → 추가 M&A'이다. 인수한 회사들은 자금의 유동성 문제가 있었을 뿐 내실은 튼튼한 회사였다. 그 당시에는 외환위기로 단기유동성 위기를 맞이한 회사였지만 펀더멘탈은 괜찮은 회사였기 때문이다. 헐값에 인수해서 자금을 수혈하고 정상화를 시킨 후 상장, 주가는 수직상승하고 이로 인해 투자금을 회수하고도 많은 이익을 낼 수 있었으며, 이로 인한 잉여자본을 다시 M&A에 투자하였다. 물론 이러한 것은 강덕수 전 회장만의 독특한 전략이 아니라 M&A의 가장 기본적인 전략이다. 그런데 왜 그룹이 해체되는 위기를 맞이했을까? 위에서도 언급했지만 조선소 건설은 시간이 오래 걸리고 자금이 예상보다 훨씬 많이 소요되는 작업이다. 그래서 조선업체의 속설이 있다. '도크를 건설한 자는 망하고 도크를 인수한 자는 흥한다'는 것이다. M&A 전략에 따라 인수에서 자금회수까지 짧은 기간에 끝나는 M&A와는 달리 조선소 건설은 자금투입에서 회수까지의 회임기간이 너무 오래 걸린다는 사실을 간과했을 가능성이 높다.

다. 웅진그룹

웅진그룹은 책 판매사원으로 시작해서 전설적인 샐러리맨의 신화를 일으킨 윤석금 회장이 일으킨 기업집단이다. 1980년 헤임인터내셔널(후에 웅진출판사로 개명한 후 다시 웅진씽크빅으로 바뀜)을 설립한 후 출판업계에서 화려하게 두각을 나타내게 된다. 1987년 웅진식품, 1988년 코리아나화장품, 1990년 한성물산(현재의 웅진코웨이 전신)을 설립하는 등 출판 외의 사업으로 사업을 확장한다. 그런데 이러한 회사들이 모두 창업자의 전매특허와도 같은 방문판매에 적합한 제품들로 구성되어 있었다. 이는 한 번의 방문으로 여러 제품을 판매할 수 있어서 매우 효과적이고 안정적인 성장이 가능한 제품군이었다.

2006년에는 웅진에너지를 설립하여 에너지 사업에도 참여하게 되었으며, 2008년에는 웅진폴리실리콘을 설립하여 7,200억 원을 들여 잉곳 및 웨이퍼의 원료 공장을 상주에 건설하게 된다. 그해 65년 역사를 가진, 한때는 도급순위 7위까지 올랐던 극동건설을 6,600억 원에 인수하게 되면서 인수합병 시장에 뛰어든다. 2008년에는 웅진케미칼(새한)을 인수하였다. 이러한 회사들은 그 전의 방문판매와 그 성격이 매우 다른 사업군으로서 창업자로서는 새로운 판매방식이 요구되는 도전적인 사업이었다. 그 전 해인 2007년에는 웅진그룹의 모회사인 웅진출판사를 웅진씽크빅으로 이름을 바꾼 후, 이를 지주회사 격인 투자와 금융을 담당하는 웅진홀딩스와 기존의 출판업을 하는 웅진씽크빅으로 인적분할하게 된다. 이로써 웅진은 웅진홀딩스를 지주회사로 하는 그룹의 형태를 갖추게 된다. 그런데 불행하게도 이때부터 자금난에 봉착한다. 여유자금으로 극동건설을 인수한 것도 아니고 거의 5,000억 원을 차입하여 인수하였고, 여기에 웅진실리콘 공장을 건설하는 데 7,000억 원이 소요되면서 자금난이 가중되었다. 엎친 데 덮친 격으로 인수하자마자 2008년 서브프라임 사태로 금융위기가 세계로 번져가자 부동산 경기가 살아나지 않았고,

게다가 신규투자한 태양광사업까지 중국의 덤핑수출로 타격을 받게 된다. 결국 법정관리를 택할 수밖에 없게 되었다.

2013년 자금난을 타개하기 위하여 웅진코웨이를 사모펀드인 MBK파트너스에 매각하였고, 극동건설도 매각하려 하였으나 여의치 않아 지주회사인 웅진홀딩스(현재는 웅진)와 웅진식품 등 여러 계열사 등이 회생신청을 하는 지경에 이르렀다. 2013년 웅진식품은 사모펀드인 한앤컴퍼니에 매각되었고, 2014년에는 웅진케미칼도 매각하는 등 그룹이 위기를 겪게 되었다. 웅진실리콘은 매각을 추진하였으나 여의치 않아 폐업을 결정하였고, 2013년 이후 2017년까지 방치되어 있다가 2017년 말 청주에 소재하는 (주)신라산업에 투입액의 7,300억 원의 4.4%에 해당되는 321억 원에 매각되었다. 지금은 알짜회사인 웅진코웨이와 웅진식품 등을 매각한 자금으로 회생채무를 변제하고 회생절차를 종료하였다. 지주회사격인 웅진을 중심으로 모회사인 웅진씽크빅으로 재기하여 웅진코웨이를 다시 사들였으나 1년도 지나지 않아 유동성확보를 위해 시장에 매물로 내놓았다.

웅진의 비극은 극동건설의 인수로부터 시작되었다. 당초 업계에서 통용되는 적정가격은 2,000억 원 선이 정설이었으나, 웅진은 2위 업체보다 1,000억 원을 더 준 6,600억 원에 인수하였다. 론스타는 극동건설을 팔면서[60] 이른바 '프로그레시브 딜(progressive deal)' 입찰 방식을 활용했다.

60) 론스타가 극동건설을 인수 후 매각하여 이익을 챙기는 절차는, 약탈적 투기자본이 회사를 인수하여 벗겨 먹고 버리는 가장 전형적인 방법이다. 이런 의미에서 론스타가 어떻게 하였는지 설명한다.
론스타는 텍사스에 본부를 두고 있는 사모펀드 회사이다. 사모펀드는 돈 많은 개인이나 연기금으로부터 자금을 받아 그 자금으로 회사를 인수하거나 합병하여 돈을 벌어 투자자에게 배분해주는 역할을 한다.

이 방식은 사실상 복수의 우선협상대상자를 선정, 개별협상을 통해 가격을 더 올려 부르도록 유도하는 것이다. 가격이 계속 올라가자, 당초 가장 높은 입찰가격을 썼던 것으로 알려진 STX와 유진은 중도 포기했다. 웅진이 아무리 돈을 많이 줘도 극동건설을 반드시 인수하겠다는 것을 알고 론스타가 작전을 쓴 것이다. 이러한 입찰방식은 주로 영미업체가 많이 이용하는데, 지고는 못사는 우리나라 업체에 덤터기를 씌우는 가장 적당한 방법이다.

영업이익을 감안한 인수가격 역시 국내 M&A 사례 중 가장 비싸게 거래되었다. 그 전에 이루어진 하이트는 세전이익의 13배에 거래됐으나 극동건설은 무려 22배에 달했기 때문이다. 그렇다 하더라도 인수자금을 차

2003년에 론스타는 극동건설 주식 1,476억 원을 인수하여 제1대 주주의 지위에 오르고, 동시에 회사채 1,230억 원도 인수하여 제1의 채권자 지위까지 확보한다. 후에 224억 원에 소액주주 지분까지 모두 인수하여 98.1%의 지분을 확보하여 법적 장애가 없어지자 자진 상장 폐지한다.

회사를 완전히 장악하자 바로 회사 내 보유 현금으로 자신들이 매수하였던 회사채 1,230억 원을 바로 상환받았다. 이처럼 매수하였던 회사채를 바로 상환받은 것은 회사채에 따른 이자가 아니고 상법상의 채권자보호절차를 피하기 위한 것이기 때문이다.

론스타는 극동건설을 인수한 후 즉시 자금회수에 들어가 2003 회계연도에 162억 원의 영업이익보다 많은 240억 원의 배당을 받아 갔는데 이는 충무로 극동빌딩을 매각한 이익에서 나온 것이다. 같은 해 유상감자를 통해 650억 원을 회수하였고, 2004년 회사는 론스타 보유주식을 자기주식으로 매수하고 이어 감자를 실시해 875억 원을 회수한다. 2004년에는 순이익의 51%에 달하는 195억 원, 2005년에는 순이익의 95%인 260억 원을 배당으로 챙겼다.

이렇게 할 수 있었던 것은 지분을 98.1%까지 소유하고 있고, 채권자가 거의 없어 법적 제한이 거의 없기 때문이다. 약탈적 투자자가 이처럼 인수회사를 벗겨 먹기 위해서는 법적으로 제한을 거의 받지 않을 정도로 주주지배권과 채권자의 지위를 확보하는 것이 필요한 데 론스타도 이런 절차를 밟은 것이다.

이러한 자금 회수과정을 거쳐 론스타는 극동건설 매각 전까지 인수자금 1,700억 원보다 많은 2,200억 원을 배당금 등으로 회수했다. 이후 매각대금 6,600억 원까지 합하면 극동건설의 인수와 매각으로 약 7,100억 원의 이익을 챙겨간 것이다.

곽수근 · 이준일 · 최아름, 론스타펀드의 극동건설 인수 및 매각사례(논문), 한국회계학회, 회계저널 제21권 제2호

입금이 아닌 자기자본으로 인수하였거나, 이어서 설립한 폴리실리콘 공장 건설을 늦추었다면 비극은 일어나지 않았을 것이다.

라. 금호아시아나그룹

우리나라 M&A 시장에도 가끔 대어가 나오기도 한다. 몇 년 전 시장에 나온 대우건설, 대한통운, 대우조선해양, 현대건설 등이 대표적이라 할 수 있다. 그런데 대우건설과 대한통운은 금호그룹에 인수되었고, 현대건설은 현대자동차가 인수하였다.

흔히 M&A 시장에서 인수자가 매우 어려운 환경에 빠져 인수한 회사를 다시 M&A 시장에 내놓거나 아니면 인수로 인한 후유증으로 재무적 유동성 위기에 처하게 되어 인수한 모기업마저 위험에 빠지게 되는 예는 종종 있다.

금호아시아나그룹은 대우건설을 인수하게 되면 자산규모 면에서 재벌 8위로 도약하게 되고 시공능력 1위에 오를 수 있으며, 건설업을 추가해 운송업에 치우친 그룹의 주력을 운용과 건설 양대 축으로 가지고 갈 수 있는 이점이 있었을 것이다. 정확히는 알 수 없지만 언론이나 인터넷 등 세간에 알려진 바에 의하면 금호그룹은 2006년 자체자금 약 2조 원, 계열사 차입금 1조 원, 재무적 투자자(미래에셋, 메릴린치, 칸사스, KTB 등) 3.5조 원, 총 약 6조 5천억 원으로 대우건설을 1주당 약 27,000원에 인수하게 된다.

인수 당시 대우건설 주가가 약 12,600원임을 생각하면 주가의 약 2.14배로, 경영권 프리미엄을 감안하더라도 상당히 높은 가격이었음을 알 수 있다. 그런데 재무적 투자자와 매년 8%의 확정현금배당(약 2,800억 원)과

3년 후 주가가 31,500원을 밑돌 경우 금호그룹이 31,500원(약 4조 1천억 원 수준)으로 되사준다는 Put Back Option을 약정하였다. 대우건설 주식은 2001년 이후 꾸준히 상승하고 있었고 2006년 당시 12,000원에서 24,000원으로 상승하고 있었으므로 계속해서 주가가 상승하면 문제될 일은 없었다. 그리고 예측한 대로 주가는 2007년 7월 33,160원에 달하여 Put Back Option을 걱정할 필요가 없어 보였다.

그러나 대우건설의 영업이익은 투자자의 기대와 달리 2006년 2,945억 원을 정점으로 2007년 2,218억 원의 손실을 보게 되었고, 주가는 급전직하로 떨어지게 된다. 2009년에도 영업손실이 925억 원이 되어 주가는 회복될 기미가 보이지 않았다. 여기에 더하여 2007년부터 그 서막이 시작된 서브프라임 사태는 2008년 리먼브라더스 사태로 번져 세계 금융위기로까지 활활 타오른 것이다. 이후 재무적 투자자가 Put Back Option을 행사할 수 있는 2009년 이후에는 주가가 최고 16,000원 이상 오르지 않았고 오를 가능성도 없어 보였다.

이미 세계금융위기가 시작되었고, 건설경기는 바닥을 기고 있었기 때문이다. 금호는 Put Back Option 행사금액이 4조 1천억 원에 달하고, 만약 주식을 옵션가격에 사서 다시 매각한다고 하였을 경우의 차액인 약 2조 원 정도(31,500원－그 당시의 주가 12,000～14,000원)의 자금부족을 겪을 수밖에 없어 결국 손을 들고 말았다. 결국 재무적 투자자와 금호그룹이 보유한 주식의 50% +1주를 18,000원으로 산업은행에 재매각하는 것으로 마무리를 지었다.

이러한 충격으로 그룹 전체가 흔들리게 되었다. 인수에 대한 책임문제로 대주주인 오너 형제 사이에 분쟁이 일어나 동생은 관련 계열사 지분을 몽땅 매각하여 금호석유화학의 최대주주가 되었고, 이에 계열분리를 요구함에 따라 형제 사이는 돌이킬 수 없는 상태가 되었다.[61] 힘이 분산된 금호그룹은 워크아웃 상태에 들어가게 된다. 이에 따라 대우건설은 산업은행에 재매각되었고, 대한통운은 CJ그룹에 인수되고, 금호타이어는 워크아웃 후 졸업하였으나 2018년 중국기업인 더블스타에 매각되었고, 아시아나항공을 보유한 지주회사격인 금호산업은 워크아웃을 통해 채권의 출자전환과 이자감면 등으로 힘겨운 재건의 길을 걸었으나 아시아나항공의 과다부채로 금호아시아나그룹은 주력사인 아시아나항공을 매각하기 위해 시장에 내놓지 않을 수 없었다. 주력채권은행인 산업은행은 아시아나항공의 매각공고를 내고 매각을 서두르고 있다.

이에 대한 시장의 반응은 어떨까? 한마디로 금호그룹은 대우건설을 인수하면서 약 2조 원의 금액을 과다하게 지불하였다고 평가받는다. 즉, 시장에서는 아무리 좋게 보아도 대우건설의 인수가액은 약 4조 원이면 족할 것으로 생각하였는데, 금호그룹은 6조 4천억 원 정도의 금액으로 인수하였으니 약 2조 4천억 원의 금액을 속된 말로 해서 바가지를 쓴 것이다. 시장에서는 모두 4조 원이면 족하다고 하였는데 어떻게 하면 약 2.4조 원의 바가지를 쓴단 말일까! 물론 금호그룹만 잘못 생각한 것은 아닐 것이다. 그때 입찰에 참여한 두산, 프라임, 유진 등이 모두 6조 원 이상을 입찰가격으로 제시하였으니 모두가 집단 최면에 걸리지 않았나 생각된다. 어쨌든 그 후 평가기관이 예상한 대로 영업이익이 시현되었다면 2007년 주가가 33,000원 이상이 되어 아무런 문제가 없이 성공한

61) 최근의 대법원 판결로 그룹이 계열 분리되었다.

M&A로 기록되었을 것이다. 그런데 인수 다음 해인 2007년에 충격적으로 2,218억 원의 영업적자를 시현하게 되면서 주가는 회복 불가능하게 되었다.

이렇게 된 것은 인수 후 잘못 경영한 원인보다는 매각주간사와 매도자가 제시한 장밋빛 예측을 신뢰한 결과가 아니었겠나 생각된다. 매도자는 가격을 높게 받기 위해 과거 자료를 확장했을 가능성이 있고, 매각주간사는 흥행을 위해 장래에 대한 예측을 낙관적으로 했을 것이다. 즉, 매각주간사 또는 평가자는 과거의 매출액증가율, 영업이익증가율, 순이익증가율과 같은 개별기업의 지표를 관성적으로 대입하여 미래를 예측하였고, 또한 경제성장률과 같은 것도 예전의 낙관적인 지수를 그대로 사용하다보니 장래는 매우 낙관적으로 예측되고, 주가는 PER를 대입하였을 때 최소 옵션가격 이상이 산출되었을 것이다. 이러한 수치가 나왔을 때 그 수치가 과대평가되었다고 이의를 제기할 수 있는 근거가 어디에 있겠는가? 숫자의 마력이란 이런 것이다.

금호아시아나그룹의 M&A 실패 이유 중 하나는 이러한 숫자를 내세운 프로파간다에 속아 넘어간 결과이다. 또 하나의 실패 원인은 최고경영자의 과욕이라고 할 수 있다. 오너의 말이 곧 법과 같이 받아들이는 한국적인 경영풍토에서 오너의 의지에 반해 인수해서는 안 된다고 말할 임직원이 없을 것이다.

최고경영자의 인수 의지가 강하면 강할수록 가격은 문제될 것이 없고, 어떻게 인수하느냐에만 골몰하게 될 것이고 모든 역량은 인수 쪽으로 몰리게 된다. 이런 상황에서는 관련 임원에게 객관적인 분석자료를 제시하거나 시장의 반응을 알려주어도 최고경영자에게 전달되지 않을 것이고, 전달되더라도 핀잔을 당하지 않으면 다행일 것이다. 이런 현상은 가끔 M&A 시장에서 일어나는 일이다. 거래되는 가격이 시장에서 생각하는 것과 확연히 차이가 나는 경우가 있다.

이럴 때 시장의 생각과 인수하고자 하는 경영자의 생각이 이렇게 다를 수 있을까 하고 의심이 들기도 하지만, 인수하고자 하는 경영자가 무엇인가에 필이 꽂히는 경우에는 어떠한 말도 들리지 않는 것 같다.

제 10 장

M&A 최후의 승자는 누구인가

이 책을 쓰게 된 동기는 머리말에 밝힌 바와 같이 아무런 준비 없이 M&A 시장에 뛰어드는 사업가 또는 기업에 대한 염려 때문이다. 많은 이들이 인고의 세월 동안 이뤄낸 사업을 단 한번의 M&A 실패로 한순간에 망가뜨리고 마는 것을 가끔 볼 수 있다. 이렇게 된 이유는 사업가들은 주로 M&A 성공 사례만 듣기 마련이기에 솔깃한 나머지 충분한 준비와 검토, 전문가의 조언 없이 M&A 시장에 뛰어들고 있기 때문이다. 그러나 실제로 M&A는 많은 위험을 내포하고 있으며, 아무런 준비 없이 M&A 시장에 뛰어드는 것은 단지 몇몇 투자자가 주식투자로 큰 수익을 거뒀다는 뉴스나 소문만 듣고 주식시장에 뛰어드는 것과 다를 바 없다. 그러나 현실은 어떠한가? 대부분의 주식투자자들은 물론, 알려진 전문가들도 손실을 입고 있지 않은가?

그렇다고 하여 비약의 꿈을 꾸지 않을 수는 없다. 성공적인 M&A는 사업의 비약적인 발전을 이룰 수 있는 방법임은 분명하기 때문이다. 그렇다면 그 꿈을 달성하기 위해서는 어떻게 하여야 할까? 여름밤의 불나방처럼 불빛만 보고 달려들면 될까? 그렇게 하면 안 될 것이다. 결국 자기사업을 반석 위에 올려놓고 나서 절차에 따라 철저하게 준비하는 것이 꿈을 달성하기 위한 바른 길이고 빠른 길이며, 또한 비용이 가장 적게 드는 경제적인 길이다.

자기 사업을 성장가도에 올려놓는 일이 가장 중요하다. 사업을 인수할 주체가 인수한 기업을 감당하고 발전시킬 여력이 있어야 인수거래가 성사된 후에도 자기 기업과 피인수된 기업이 시너지효과를 내면서 함께 성장할 수 있기 때문이다.

그러기 위해서 가장 중요한 것이 바로 인재확보이다. 사람을 귀하게 여기고 그에 합당한 대우를 해주면 좋은 인재들이 모여들게 되고, 뛰어난 인재는 더 뛰어난 인재를 끌어들여 회사를 발전시킨다. 다음으로는 재무구조의 개선에 힘써야 한다. 현금성 자산을 많이 확보하여 재무구조 개선에 힘쓰다보면 자연스럽게 매출이 늘어나게 되므로 장기적인 성장 동력을 확보할 수 있을 뿐만 아니라, 관련 산업 또는 다른 산업으로 진출할 수 있는 자금여력이 생긴다. 인수과정에서도 경쟁 기업과의 가격경쟁에서 매우 유리한 위치를 점할 수 있다.

재무구조가 안정되어 알짜 기업을 인수할 자금여력이 있고, 뛰어난 인재들을 확보하여 인재와 자금을 바탕으로 한 조직이 완성되면, 여기에서는 자연히 획기적인 기획이 이루어지게 마련이다. M&A 필요성이 절실한 경우 기존 사업과의 적합성이 있어 시너지효과를 기대할 수 있는 대상회사를 찾을 수 있고, 인수에 소요될 자금의 규모가 어느 정도인지 계량할 수 있고, 현재의 시점이 경기주기 면에서 적당한지 알 수 있을 것이다.

자기 사업이 인재나 자금 면에서 M&A를 해도 좋을 정도의 체력이 갖추어진 이후에 비로소 M&A를 탐색해야 한다. 이때도 성공적인 M&A 원칙을 지키는 것이 좋다. 이 원칙을 지킨다는 것이 꼭 성공을 보장해주지는 않아도 M&A에서 성공으로 이끌 수 있는 필요조건은 된다.

성공적인 M&A를 위한 원칙은 첫째, M&A를 통해 시장점유율을 확대하는 데 도움이 될 수 있는가, 둘째 인수가 당 회사의 기업전략에 부합하는가, 셋째 기업인수를 통해 무엇을 얻을 수 있는지 명확하게 이해하고 있는가, 넷째 비전의 공통분모가 있는가, 기업문화가 비슷한가, 보유기술을 이용할 수 있는 산업인가, 시기적으로 적당한가이다.

위에서 설명한 준비와 원칙에도 불구하고 M&A에 있어 최후의 승자가 되기 위해서는 최고경영자의 안목과 직관 또한 중요하다. 성공한 M&A는 최고경영자의 직관과 안목에 기댄 예지력이 크게 작용하였으며, 이는 주로 스타트업 회사나 기술 중심적 기업을 인수하는데 크게 작용한다. 그러나 대규모의 전통적인 기업을 인수하는 데는 최고경영자의 경험과 직관도 중요하지만 꼭 거기에만 의존하기 어렵다. 이때는 인수합병을 원하는 회사의 시장분석능력, 치밀한 자료의 수집과 분석, 외부의 자문결과 등이 더 유용하게 작용한다. 다시 말하면 조직이 얼마나 많은 인재를 확보하여 전체적인 조직능력을 향상시켰는지에 따라 M&A의 성공과 실패가 갈리는 것이라 해도 과언이 아니다.

이 책의 제목처럼 M&A 최후의 승자를 판가름하는 기준은 최고경영자가 M&A를 계획하였을 때 의도했던 효과를 달성하였는지 여부이다. 그 의도가 시장점유율의 확대에 따른 시장지배력의 확보든, 새로운 시장 또는 새로운 비즈니스 모델의 확보든 M&A를 통해서 의도된 결과를 얻어야지 최후의 승자라고 할 수 있다.

M&A를 통한 시장지배력을 확보하고자 하는 목적을 성공적으로 달성한 예는 본문에서 설명하였듯이 구글의 유튜브 인수이다. 구글이 궁극적으로 의도하였던 목적은 트래픽의 증가에 따른 광고수입의 증대이다. 구글은 이용자가 유튜브에 동영상을 올리도록 하고, 그 동영상에 광고를 붙이면서 광고시장에서 시장지배력을 확대하여 나갔다. 인수 당시 인수가격이 매우 높았기 때문에 부담스럽게 생각하였을지 모르지만, 결국 M&A 목적을 달성함으로써 성공적인 승자가 되었다.

사업다각화를 통한 새로운 사업진출을 M&A의 목적으로 하여 성공한 사례로는 SK그룹의 하이닉스 인수를 들 수 있다. SK그룹은 2012년에 2011년 3~4분기 영업적자에도 불구하고 세계반도체 시장에서 8위에 랭크되어 있는 하이닉스를 2012년 3월 인수하였다. SK그룹은 메모리반도체 시장의 치킨게임은 곧 끝날 것이며 스마트폰을 중심으로 한 메모리 수요가 증가될 것으로 예측하였고, 이 시장에 진출하기 위하여 하이닉스를 인수하였다. 이러한 예측은 정확히 맞아 떨어졌다. 2009년 독일 키몬다가 파산한데 이어, 2012년 일본 엘피다도 파산해 마이크론에 인수되면서 치킨게임이 끝난 것이다. SK그룹이 하이닉스를 인수한 후 그룹차원의 꾸준한 투자를 바탕으로 한 관련 기술업체 인수(미국의 컨트롤러 업체인 LAMD), 노후화된 공장을 대체하기 위한 M14공장 건설에 따른 생산능력의 획기적인 확장과 2015~2018년 세계적인 반도체 호황에 힘입어 SK하이닉스 2018년 연결기준 40조 4,451억 원의 매출과 20조 8,438억 원의 영업이익을 달성하였다. SK그룹은 M&A를 통해 성장하였고, 많은 M&A 경험을 통해 보이지 않게 형성된 자산은 하이닉스 인수 성공이라는 성과를 이루어낸 것이다.

이처럼 M&A를 통해 얻고자 하는 궁극적인 목적이 시장지배력의 확보이든 아니면 사업다각화든 간에 M&A에서 다른 경쟁자와 경쟁에서 당장 거래를 성사시키는 것이 중요한 것이 아니라, 인수 후 의도한 효과가 발생할 수 있도록 조직원을 이끌 비전을 제시하고 의도한 대로 이끄는 것이 중요하다. 만약 기업인수 후 자금여력이 되지 않아 인수목적을 달성하는데 필요한 투자를 하지 못하거나, 그러한 방향으로 조직을 이끌 수 없는데도 불구하고 M&A를 진행하고 있다면 이는 실패가 예정된 M&A라고 할 수 있을 것이다.

다음으로 성공적인 M&A 효과를 보려면 M&A에 있어서도 절제가 필요하다. M&A를 한 번 성공하면 그 성공방식으로 M&A를 계속하려는 경향이 있다. 그러나 한 번 성공하였다고 하여 그 성공방식으로 다음에도 꼭 성공하는 것은 아니다. M&A 후 어느 정도 절제의 기간이 필요하다. 즉, 피인수된 기업이 안정화되고 기업문화에 어느 정도 적응한 후 또 다른 M&A를 시도하여야 한다. 계속해서 다른 기업을 인수하는 것은 기존 조직과 조직원에게 불안감을 심어줄 수 있어 자칫 기존 조직에 문제가 발생될 수 있다.

지속적인 성장을 하는 인텔 · 암젠 · 사우스웨스트항공 등과 같은 기업은 분명한 목표를 세우고 '일정한 전진의 규칙'을 가지고 있다고 한다. 이러한 기업은 호황기에도 불황기를 대비해 성장을 절제하는 원칙을 견지한다고 한다.

기업의 궁극적인 목적은 현재의 조직과 사업이 계속해서 성장하며 존속하는 것이다. 그러므로 사업이 지속적으로 번영할 수 있으면 굳이 위험을 무릅쓰고 M&A를 할 필요가 없을 것이다.

여러 준비과정과 원칙을 지켜가면서 M&A하는 이유는, 기업의 궁극적인 목적인 사업의 지속과 번영에 일조하기 위한 것이다. 그러므로 M&A의 최후의 승자는 사업체 또는 조직이 오랫동안 지속적으로 번영하면서 존속하는 데 이바지하는 자인 것이다. M&A도 기업이 영속하기 위한 하나의 수단에 불과할 뿐이다.

미주

1) 코스닥 상장 예비심사 파일 주석에 첨부되어야 한다.

2) 유가증권시장 상장요건

상장요건		일반회사	지주회사
규모요건 (모두)	기업규모	• 자기자본 300억 원 이상	좌동
	상장주식수	• 100만주 이상	좌동
분산요건 (모두)	주식수	• 다음 중 하나만 충족하면 됨. ① 일반주주소유비율 25% 이상 또는 500만주 이상 (다만, 상장예정주식수 5천만주 이상 기업은 상장예정주식수의 10% 해당 수량) ② 공모주식수 25% 이상 또는 500만주 이상 (다만, 상장예정주식수 5천만주 이상 기업은 상장예정주식수의 10% 해당 수량) ③ 자기자본 500억 원 이상 법인은 10% 이상 공모하고 자기자본에 따라 일정규모 이상 주식 발행 - 자기자본 500~1,000억 원 또는 기준시가총액 1,000~2,000억 원: 100만주 이상 - 자기자본 1,000~2,500억 원 또는 기준시가총액 2,000~5,000억 원: 200만주 이상 - 자기자본 2,500억 원 이상 또는 기준시가총액 5,000억 원 이상: 500만주 이상 ④ 국내외 동시공모법인은 공모주식수 10% 이상 & 국내공모주식수 100만주 이상	좌동
	주주수	• 일반주주 700명 이상	좌동
	양도제한	• 발행주권에 대한 양도제한이 없을 것	좌동
경영성과 요건(택1)	매출액 및 수익성	• 매출액: 최근 1,000억 원 이상 및 3년 평균 700억 원 이상 • 최근 사업연도에 영업이익, 법인세차감전 계속 사업이익 및 당기순이익 각각 실현 • 다음 중 하나 충족 ① ROE: 최근 5% & 3년 합계 10% 이상 ② 이익액: 최근 30억 원 & 3년 합계 60억 원 이상 ③ 자기자본 1천억 원 이상 법인: 최근 ROE 3% 또는 이익액 50억 원 이상이고 영업현금흐름이 양(+)일 것	좌동
	매출액 및 기준시가총액	• 최근 매출액 1,000억 원 이상 • 기준시가총액 2,000억 원 이상 - 기준시가총액=공모가격×상장예정주식수 (시장이전기업 또는 2차상장 외국기업의 경우 증권시장 시세)	좌동
	기준시가총액	• 기준시가총액 2,000억 원 이상 • 최근 이익액 50억 원 이상	좌동
	기준시가총액 및 자기자본	• 기준시가총액 6,000억 원 이상 • 자기자본 2,000억 원 이상	좌동

상장요건		일반회사	지주회사
안정성 및 건전성 요건	영업활동기간	설립 후 3년 이상 경과 & 계속적인 영업활동 (합병 등이 있는 경우 실질적인 영업활동기간 고려)	좌동 (주요자회사의 실질적인 영업활동기간 고려)
	감사 의견	최근 적정, 직전 2년 적정 또는 한정 (감사범위 제한에 따른 한정의견 제외)	좌동 (개별 및 연결재무제표)
	매각제한 (보호예수)	- 최대주주등 소유주식 & 상장예비심사 신청 전 1년 이내 최대주주등으로부터 양수한 주식: 상장 후 6월간 - 상장예비심사 신청 전 1년 이내 제3자배정 신주: 발행일로부터 1년간 단, 그날이 상장일로부터 6월 이내인 경우에는 상장 후 6월간	좌동 (금융지주회사의 경우 최대주주 등 소유주식 매각제한 제외)

코스닥시장 상장요건

구분	일반기업(벤처 포함)		기술성장기업	
	수익성·매출액 기준	시장평가·성장성 기준	기술평가 특례	성장성 추천
주식분산 (택일)	소액주주 500명 & 25% 이상, 청구 후 공모 5% 이상(소액주주 25% 미만시 공모 10% 이상) 자기자본 500억 이상, 소액주주 500명 이상, 청구 후 공모 10% 이상 & 규모별 일정 주식수 이상 공모 25% 이상 & 소액주주 500명			
경영성과 및 시장평가 등 (택일)	법인세차감전계속사업이익 20억 원[벤처: 10억 원] & 시총 90억 원 법인세차감전계속사업이익 20억 원[벤처: 10억 원] &자기자본 30억 원[벤처: 15억 원] 법인세차감전계속사업이익 있을 것 & 시총 200억 원 & 매출액 100억 원[벤처: 50억 원] 법인세차감전계속사업이익 50억 원	시총 500억 원 & 매출 30억 원 & 최근 2사업연도 평균 매출증가율 20% 이상 시총 300억 원 & 매출액 100억 원 이상[벤처 50억 원] 시총 500억 원 & PBR 200% 시총 1,000억 원 자기자본 250억 원	자기자본 10억 원 시가총액 90억 원 • 전문평가기관의 기술 등에 대한 평가를 받고 평가결과가 A등급 이상일 것	• 상장주선인이 성장성을 평가하여 추천한 중소기업일 것
감사의견	최근사업연도 적정			
경영투명성 (지배구조)	사외이사, 상근감사 충족			
기타 요건	주식양도 제한이 없을 것 등			
질적 요건	기업의 성장성, 계속성, 경영의 투명성 및 안정성, 기타 투자자 보호, 코스닥시장의 건전한 발전, 업종별 특성, 고용창출효과 및 국민경제적 기여도 등을 종합 고려			

기술성장기업: 전문기관 기술평가(복수) 결과 A&BBB 등급 이상인 기업

3) 기업가치평가 모델

주주지분가치 = 미래배당의 현재가치 = $\sum_{t=1}^{\infty} \frac{DIV_t}{(1+R_e)^t}$

DIV_t: 미래 t기간의 순배당(현금배당+자기주식취득액 - 유상증자금액)
R_e: 자기자본비용

투자자가 주식보유에서 받게되는 미래현금흐름은 기업으로부터 수령하는 배당이므로, 결국 주주지분가치는 미래배당의 현재가치이다.

주주지분가치 + 미래배당의 현재가치(할인율: 자기자본비용)

① 장점
후속모델의 이론적인 기초가 된다.
② 한계점
DDM은 가치의 창출보다는 가치의 배분 측면에 초점을 두고 있다는 한계가 있으며, 배당을 하지 않는 기업에 대해서는 사용하기가 어렵다.

4) 현금할인모형(DCF)

기업가치=미래 FCF의 현재가치 $= \sum_{t=1}^{\infty} \frac{FCF_t(C_t - I_t)}{(1+WACC)^t}$

주주지분가치 $= \sum_{t=1}^{\infty} \frac{(C_t - I_t)}{(1+WACC)^t}$ − 순재무부채의 시장가치

FCF(Free Cash Flow): 잉여현금흐름으로서 영업활동에서 창출된 최종적인 현금흐름을 의미한다(재무활동의 영향을 제거하여 산출함).

C_t: 미래 t기간의 영업활동 현금흐름
I_t: 미래 t기간의 영업활동 투자액
WACC: 가중평균자본비용

기업 전체의 가치 = 미래 FCF의 현재가치(할인율: 가중평균자본비용)
주주지분가치 = 기업가치 − 순재무부채의 시장가치

① 장점
가치창출 요인에 관한 정보를 제공하며 배당을 실시하지 않는 기업에도 적용 가능하다.

② 한계점
FCF 자체는 가치창출의 원천일 뿐 기업이 창출한 가치, 그 자체를 나타내지 않는다.

5) 초과이익모형(RIM)

주주지분가치 = 자기자본 장부가치 + 미래초과이익의 현재가치

$$= BV_o + \sum_{t=1}^{\infty} \frac{X_t - R_e . BV_{t-1}}{(1+R_e)^t}$$

$$= BV_o + \sum_{t=1}^{\infty} \frac{(ROE_t - R_e).BV_{t-1}}{(1+R_e)^t}$$

BV_o: 현재의 자기자본 장부가치
BV_t: t시점의 자기자본 장부가치
X_t: 미래 t기간의 회계이익
R_e: 자기자본비용
$X - R_e \times BV_{t-1}$: 미래 t기간의 초과이익
ROE_t(Return of Equity) = X_t / BV_{t-1}: 미래 t기간의 자기자본 이익률

주주지분가치 = 자기자본장부가치 + 미래초과이익의 현재가치
(할인율: 자기자본비용)

① 장점
㉠ 회계방법이 영향을 미치지 않는다.
㉡ 당해기간에 기업이 창출한 가치를 나타내는 성과측정치이다.
㉢ 미래초과이익만 예측하여 평가하므로 상대적으로 간편하며, 주주지분가치 중 자기자본 장부가치 비중이 커서 신뢰성이 크다.

② 한계점
EVA에 비해 이론적으로 뒤떨어진다(재무구조 차이가 기업가치에 영향을 준다).

6) EVA모형

기업가치 = 영업투하자본 장부가치 + 미래 EVA 현재가치

$$= IC_o + \sum_{t=1}^{\infty} \frac{NOPAT_t - WACC \cdot IC_{t-1}}{(1+WACC)^t}$$

$$= IC_o + \sum_{t=1}^{\infty} \frac{ROIC_t - WACC \cdot IC_{t-1}}{(1+WACC)^t}$$

IC_o: 현재의 영업투하자본 장부가치(Invested Capital)
(영업자산 - 영업부채, 재무활동의 영향을 배제한 순수한 영업활동의 이익성과 분석에 사용)

IC_t: t시점의 영업투하자본 장부가치

$NOPAT_t$: 미래 t기간의 세후순영업이익(Net Operating Profit After Tax)

$WACC$: 가중평균 자본비용(Weighted Average Capital Cost)

$NOPAT_t - WACC \times IC_{t-1}$: 미래 t기간의 EVA(초과이익 개념을 영업투하자분에 적용한 값)

$ROIC_t$(Return of IC) = $NOPAT_t / IC_{t-1}$: 미래 t기간의 영업투하자본 이익률

주주지분가치 = (영업투하자본 장부가치 + 미래 EVA 현재가치) - 순재무부채의 시장가치

기업가치 = 영업투하자본 장부가치 + 미래 EVA 현재가치
(할인율: 가중평균 자기자본비용)

① 장점
이론적으로 우수하다.

② 한계점
실무적인 적용이 쉽지 않다.

7) RIM과 EVA 모형의 비교

RIM과 EVA 모형을 비교하면 다음과 같다.

가. RIM과 EVA 모형의 유사점

구분	RIM	EVA
초과이익개념	자기자본에 대한 초과이익 = 포괄이익 - r_e × 기초자기자본 ※ r_e = 자기자본비용	영업투하자본에 대한 초과이익 = 세후순영업이익 - r_w × 기초영업투하자본 ※ r_w = 가중평균자본비용

구분	RIM	EVA
모형의 구조	• 주주지분가치 = 자기자본 장부가치 + 미래초과이익의 현재가치 • 회계변수를 이용하여 가치평가	• 기업가치 = 영업투하자본 장부가치+미래EVA의 현재가치 • 주주지분가치 = 기업가치 − 순재무부채의 시장가치 • 회계변수를 이용하여 가치평가
모형의 특징	가치창출의 요인을 직접 나타냄. 1) 투자의 수익성: ROE 2) 투자규모: 자기자본 3) 가치창출요건: $ROE > r_e$	가치창출의 요인을 직접 나타냄. 1) 투자의 수익성: ROIC 2) 투자규모: 영업투하자본 3) 가치창출요건: $ROIC > r_w$
모형 도출의 근거	• 배당할인모형(DDM) • $DIV_t = X_t - \Delta BV_t$ ※ DIV_t: t기간의 순배당 X_t : t기간의 포괄이익 ΔBV_t: t기간의 자기자본 증가액	• 현금할인모형(DCF) • $FCF_t = NOPAT_t - \Delta IC_t$ ※ FCF_t: t기간의 잉여현금흐름 $NOPAT_t$: t기간의 세후순 영업이익 ΔIC_t: t기간의 영업투하자본 증가액

나. 모형 실행상의 장단점

구분	RIM	EVA
모형 실행의 상대적 장단점	① 장점 • r_w를 추정할 필요 없음. • 영업활동 대 재무활동의 항목구분이 필요 없음. • 순재무부채의 시장가치를 추정할 필요 없음. ② 단점 • 미래이익의 예측을 위해 순재무비용을 예측해야 됨.	① 장점 • 미래순재무비용을 예측할 필요 없음. ② 단점 • r_w를 추정해야 함. • 영업활동 대 재무활동의 항목구분이 어려울 수 있음. • 순재무부채의 시장가치를 추정해야 함.

다. 순재무부채의 장부가치가 시장가치와 같은 경우

주주지분가치 = 〔영업투하자본 장부가치 + 미래 EVA의 현재가치〕−순재무부채의 시장가치
= 〔영업투하자본 장부가치−순재무부채의 시장가치〕 + 미래 EVA의 현재가치
= 자기자본 장부가치 + 미래 EVA의 현재가치
∵ 영업투하자본 장부가치 = 자기자본 장부가치 + 순재무부채 장부가치

미래 EVA의 현재가치가 내재적 주가장부가치 프리미엄이다. 그러므로 순재무부채의 장부가치가 시장가치와 같은 때에는 미래 EVA의 현재가치가 미래 초과이익의 현재가치와 같다.

참고문헌

남영호 · 안병선 · 진현식, 『전략적 M&A 실무』, 세명서관(2010)

박정우 · 정래용, 『M&A와 자본거래의 세무』, 조세통람사(2019)

김택수, 『기업회생 이론과 실무』(개정증보판), 삼일인포마인(2019)

히로세 다카시, 이규원 옮김, 『제1권력』, 프로메테우스(2010)

가와니시 사토시, 김규태 옮김, 『게임이론의 사고법』, 에쎄(2010)

함영복 · 이항수, 『법인결산과 세무조정 신고실무』, 경제법륜사

김규진 · 임우돈 · 장훈, 『경영자의 MBO 기업인수』, 첨단금융출판사(2013)

장하준, 『장하준의 경제학강의』, 부키

윤승환, 『자본시장법 강의』, 삼일인포마인

한국공인회계사회, 『2015 상속세 · 증여세 실무해설』

서울중앙지방법원 파산부 실무연구회, 『회생사건실무 3판(상 · 하)』, 박영사

『조선일보 Weekly Biz』, 2013~2015년

곽수근 · 이준일 · 최아름, 『론스타펀드의 극동건설 인수 및 매각사례(논문)』, 한국회계학회, 회계저널 제21권 제2호

성보경, 『M&A병법 36계』, 매일경제신문사(2013)

임대순, 『회사분할과 채무』, 한국세정신문사(2000)

저자약력

김 택 수 공인회계사

- 광주제일고등학교 졸업
- 한양대학교 경영학과 졸업
- 연세대학교 경영대학원 졸업(석사)
- 공인회계사, 세무사
- (현) 서울중앙지방법원, 수원지방법원, 인천지방법원,
  전주지방법원 조사위원
- (전) 대신증권 상무이사
  한국전력거래소 비상임 감사
  안권회계법인(현 딜로이트 안진회계법인)
- (현) 회계법인 새시대 대표이사(T. 02-2672-2055)
- 저서: 기업회생이론과 실무(삼일인포마인)
  부의 축적과 방어전략(삼일인포마인)

개정증보판 M&A 최후의 승자는 누구인가

2015년 11월 20일 초판 발행
2019년 9월 25일 2판 발행

저 자 김 택 수
발 행 인 송 상 근
발 행 처 **삼일인포마인**

저자협의 인지생략

서울특별시 용산구 한강대로 273 용산빌딩 4층
등록번호 : 1995. 6. 26 제3-633호
전 화 : (02) 3489-3100
F A X : (02) 3489-3141
I S B N : 978-89-5942-790-1 93320

♣ 파본은 교환하여 드립니다. **정가 35,000원**